教育变革的力量

——北京市延庆区“双名工程”实践探索

The Power of Educational Reform

—Practice and Exploration of the “Prominent Teachers and Prominent Principals Training Program” in Yanqing District, Beijing

主编　陈　丽

副主编　王秦生　高鹏玉

北京教育学院　组织编写

重庆大学出版社

图书在版编目（CIP）数据

教育变革的力量：北京市延庆区“双名工程”实践探索 / 陈丽主编. -- 重庆：重庆大学出版社，2019.11

ISBN 978-7-5689-1797-1

Ⅰ. ①教… Ⅱ. ①陈… Ⅲ. ①教育改革—研究—延庆区 Ⅳ. ①G527.13

中国版本图书馆CIP数据核字（2019）第190255号

教育变革的力量

——北京市延庆区“双名工程”实践探索

JIAOYU BIANGE DE LILIANG

BEIJING SHI YANQING QU SHUANGMING GONGCHENG SHIJIAN TANSUO

主编：陈　丽

责任编辑：唐启秀　　特约编辑：曾　容　　版式设计：原豆文化

责任校对：王　倩　　责任印制：张　策

*

重庆大学出版社出版发行

出版人：饶帮华

社址：重庆市沙坪坝区大学城西路21号

邮编：401331

电话：（023）88617190　88617185（中小学）

传真：（023）88617186　88617166

网址：http://www.cqup.com.cn

邮箱：fxk@cqup.com.cn（营销中心）

全国新华书店经销

重庆升光电力印务有限公司印刷

*

开本：787mm×1092mm　1/16　印张：15.25　字数：264千

2019年11月第1版　2019年11月第1次印刷

ISBN 978-7-5689-1797-1　　定价：43.00元

序一

市区携手，共助名校长名师群体成长

北京教育学院　何劲松

在国家科教兴国与人才强国发展战略指引下，在首都教育优质均衡发展中，北京市各区乘势而上，积极谋划与努力推进本区教育现代化，把队伍建设尤其是区域领军人才的培养放在重要位置。

“明者因时而变，知者随事而制”（《盐铁论》）。延庆区正面临从北京市后花园迈向国际一流生态文明示范区的重大历史发展机遇期，延庆教育也处于实施“十三五”规划大发展的关键时期。中共延庆区委教育工委、延庆区教委高瞻远瞩，设计了延庆区“双名工程”，委托北京教育学院承办。希望通过“双名工程”这个支点，培养一批在延庆区乃至北京市基础教育界有影响力的领军人才，撬动区域教育走向现代化、国际化、优质化，办人民满意的教育。

“君子藏器于身，待时而动。”（《周易》）北京教育学院作为全国有影响力的校长教师继续教育专业院校，非常注重名校长名师的培养，先后实施了北京市名校长工作室、北京市名校长发展工程、北京市优秀班主任工作室、教育部中小学校长“领航计划”、北京市名师工作室、北京市中小学教师“卓越计划”等培训项目，积累了丰富的名校长名师培养经验，探索了名校长名师培养规律，形成了名校长名师培养模式，出版了一批名校长名师研究成果。

服务市区，成就彼此。服务市区教育发展是北京教育学院的使命担当。北京教育学院积累了与区县合作的丰富经验，如曾经与西城区合作举办西城中小学校长“课程建设”专题研修班；与石景山区合作举办石景山中小学校长培训班、石景山区青年硕士培训班；与原宣武区合作举办宣武区中小学后备校长班、宣武区中小学新锐校长班；与顺义区合作举办顺义区小学校长“实学实用校长专业标准”研修班等。在常年与区县合作的过程中，推动了区县培训专业化与教育发展，得到了各区的认可与追随。

创新探索，引领前瞻。延庆区“双名工程”（2016 年开始洽谈与筹备，2017 年 1 月 11 日正式启动）是北京教育学院首次探索与区域联合培养名校长名师的项目，得到了北京教育学院高度重视，由交流培训中心主任陈丽教授为项目负责人。陈丽教授有着丰富的校长培训经验，在培训专业化、学校管理研究等方面具有较高的造诣与影响力。她整合北京教育学院与北京市优质教育资源，探索市区合作培养名校长名师模式，使延庆区“双名工程”富有成效，得到多方好评。

延庆“双名工程”有以下几个方面的特点：

一是实行“双导师制”。导师的价值不仅在于指导，还在于榜样示范与平台搭建。项目组精选了 22 名在北京市乃至在全国有影响力的专家、校长、特级教师作为市级导师团队，为每位学员配备一名理论导师与一名实践导师；理论导师与实践导师各有所长，指导各有侧重，旨在提升学员的理论水平与办学（教学）实践能力。22 位导师中，有 7 位是北京教育学院的专家，这种立足学院、超越学院的导师配备方式既体现了北京教育学院的开放格局与胸怀，也体现了北京教育学院对委托方的责任，体现了对学员成长的期盼，体现了培训的专业化追求。22 位导师不负众望，以自身为榜样，指导学员学习与研究，为学员发展搭建平台，发挥引领作用，促进学员成长。

二是共性管理与个性研修相结合。延庆“双名工程”人数虽不多，但对象多样化（10 名校长中，小学校长 6 名，中学校长 3 名，体校校长 1 名；9 名教师中，小学语文教师 2 人，小学数学教师 2 名，小学思品教师 1 名，小学体育教师 1 名，小学美术教师 1 人，幼儿园教师 2 名 ）、研修时间长（为期两年，300 课时）、研修要求高（在两年研修中有突破性成长，期待成为北京市名校长、名师，成为首都基础教育领军人物，学校管理或教学有较大发展与提升）。对这样一个复杂的高端研修项目，项目组采取了共性管理与个性研修相结合的原则，很好地应对了这种复杂挑战。共性管理是项目组“统”的地方，如果“统”得过多、过细，就会压制了导师的积极性，忽视了学员的差异性，遮蔽了研修的精准性，不仅研修的针对性与实效性要大打折扣，而且可能导致学员与导师的不满。但是如果只重视个性研修，忽视共性管理，虽然可以关照到每个学员与导师的需求与积极性，但是可能会因无统一标准，造成差异性过大，研修效果参差不齐的情况。因此，需要把共性管理与个性研修有机结合起来。项目组设计整体研修方案，进行集中培训、节点管理、标准管理与成果管理，学员在整体方案框架下，在导师的指导下，研制个性化研修方案与行动改进课题研究方案，进行个性化研修。这样就较好地解决了研修共性与个性、统一要求与个性化差异的关系。

三是形成“三线交织”的研修模式。项目组设计了三条研修线，即学习线（包括理论专题学习、跟岗学习、考察观摩学习、自学读书等方式）、研究线（各位校长、教师聚焦学校或教学变革的核心问题，确定行动研究课题，设计行动研究实施方案，推进行动研究过程，进行研究成果总结与提炼）、展示交流线（在市区进行展示，发挥示范引领作用）。三条线相互交织，以行动研究为主线，在两年四个学期研修过程中各有侧重。“三线交织”研修模式体现了“研修，让改变看得见”的理念，体现了立足实践场域、着力提升“实战”能力的研修价值追求。

四是市区互信，分工合作，彼此成就。合作的前提是互信，合作的基础是分工，合作的高境界是彼此成就。北京教育学院在与延庆区教委的合作中，无论是领导层面的共识达成、信任配合，还是交流培训中心与北京市延庆区教育科学研究中心项目组成员之间的分工合作、相互补台；无论是市级导师们与延庆区教委、学员之间，还是与北京教育学院之间，都建立起密切的互信、合作关系。这既得益于项目有关参与人员的情怀格局、大气担当，也得益于常年合作建立起的互信，还得益于项目设立之初对延庆区教委、北京教育学院、延庆区教研中心、导师、项目负责人、班主任、学员等职责所进行的细致分工。各方各展所长，各负其责，密切配合，彼此成就，共同推动延庆区“双名工程”卓有成效地开展研修活动，“为延庆校长和教师的发展、提高、成才创设条件，提供机会，搭建平台，滋养了他们的成长，推动了延庆教育的整体发展”[①]。

春华秋实，芳华绽放。本书收录的成果，是延庆区“双名工程”学员们课题研究阶段性成果。这些成果中，有些研究成为中国基础教育改革最前瞻的实践探索，有些则是农村学校面临的共性问题的体系化校本经验，对校长办学、对教师教学、对研究者研究学校变革都很有启发价值与借鉴意义。虽然有的成果或在理论高度上，或在逻辑严谨性上，或在思考深度上，或在思想先进性上，或在举措创新性上可能存在这样那样的不足，但这些成果是他们两年来鲜活的变革实践的理性思考，反映了他们直面问题、推动变革、引领发展的使命担当、智慧魅力与追梦情怀！

何劲松

2019.3

① 北京市延庆区教委原主任魏旭斌在延庆区“双名工程”成果展示会上的讲话。

PREFACE I

Municipality–District Collaboration for the Growth of Prominent Principals and Teachers

He Jinsong, Beijing Institute of Education

Under the national strategy of revitalizing through science and education and invigorating the nation through talented persons, all districts in Beijing take the opportunity in the quality and balanced educational development in the capital city, and have been actively making plans to promote the modernization of education within their districts. Therefore, all districts in Beijing have prioritized team building, especially the training of leading talents.

"Sensible people adapt themselves from time to time, and wise people adjust their approaches towards different things." (*Discourses on Salt and Iron*) Yanqing District is now facing a historical period with major development opportunities during its transformation from Beijing's backyard to a world–class demonstration area of ecological civilization. Meanwhile, the education in Yanqing District is in a crucial time period for the implementation of the 13th Five–Year Plan. The visionary cadres of the Education Working Committee of the CPC Yanqing District Committee and the Education Commission of Yanqing District have planned out the "Prominent Teachers and Prominent Principals Training Program (Dual Prominence Program)" in Yanqing District, which is co–organized by Beijing Education Institute, with the objectives of cultivating key influences in the field of basic education for Yanqing District or even Beijing, giving impetus to the modernization and internationalization of the education in this district, ensuring higher quality education, and enabling the education better serve the people.

“Hide your talent until the right time comes.” (*The Book of Changes*) Beijing Institute of Education, as an influential continuing education institute for principals and teachers in China, pays special attention to the cultivation of prominent principals and teachers. It has organized or is currently organizing Beijing Prominent Principals Workshop, Beijing Prominent Principals Development Program, Beijing Excellent Headteachers' Workshop, Ministry of Education's “Pioneer Plan” for Primary and Middle School Principals , Beijing Prominent Teachers Workshop and Beijing Excellent Primary and Secondary School Teachers Plan, through which, it has gained rich experience, explored the patterns and developed models for the cultivation of prominent principals and teachers, and published a large number of research findings.

We have achieved mutual accomplishment through serving the city and districts. Working for the educational development of Beijing is the mission of Beijing Institute of Education, which has gained rich experience in collaborating with districts and counties. For instance, the workshop on “Curriculum Construction” for primary and secondary school principals organized in collaboration with Xicheng District; the training workshop for primary and secondary school principals and the training workshop for young Master's Degree holders organized in collaboration with Shijingshan District; the training workshop for reserve principals and the training workshop for new prominent principals organized in collaboration with former Xuanwu District; as well as the training workshop on “practical professional standards” for primary and secondary school principals organized in collaboration with Shunyi District. Through years of collaboration with districts and counties, BJIE has helped promoting the specialization of trainings and the development of education in those districts and counties, winning their acknowledgement and endorsement.

We have taken the lead by innovative explorations. The “Dual Prominence Program” in Yanqing District (Relevant negotiations and planning started in 2016 and the program was officially launched in 11 January 2017) is the first time for Beijing Institute of Education to work in collaboration with a district to conduct a training program for prominent principals and prominent teachers. The Institute has paid great attention to the program and appointed

Professor Chen Li, Director of the Communication and Training Center, as the leader of the program. Professor Chen Li is very experienced in the training of principals and has expertise and influence in areas such as specialized trainings and researches on school management. Having integrated quality educational resources of Beijing Institute of Education and other institutes in Beijing and explored the collaborative training model for prominent principals and prominent teachers, she has made the "Dual Prominence Program" in Yanqing District fruitful and well commended.

The features of the "Dual Prominence Program" in Yanqing District are as follows:

First, the "Dual Tutors System" is applied. Tutors are not only there to give instructions, but can also set examples and establish platforms. The program team selected twenty-two influencers from Beijing and even from all over China, including experts, principals, and top-class teachers, to form a tutor team for the trainees, each of whom is assigned a theory tutor and a practice tutor with different specialization and focuses on helping to enhance his/her theoretical and practical teaching capabilities. Among the twenty-two tutors, seven are from Beijing Institute of Education. The composition of tutors' team from and outside the Institute demonstrates the Institute's open-mindedness, responsibility for the partners, expectation for the trainees, and pursuit for the professionalization of training. The twenty-two tutors live up to the expectations by setting examples for the trainees, instructing their study and research, establishing platforms for their development, and leading and promoting the development of the trainees.

Second, the unified management and personalized training are combined. Despite its limited number, the participants of the "Dual Prominence Program" in Yanqing District constitute a complex and diverse group. Among the ten participating principals, there are six elementary school principals, three high school principals and one sport school principal. Among the nine participating teachers, there are two Chinese teachers, two math teachers, one teacher of philosophy and morals, one PE teacher, one art teacher and two kindergarten teachers. The training also has a long duration (two years and 300 class hours) and strict requirements (The participants are expected to make groundbreaking improvement after two years' training and become prominent principals or excellent teachers of Beijing, taking lead in basic education in the capital city as well as promoting the further development of their units). For this complicated high-level training program, the program team adopts a principle of combining unified management with personalized training and deals with this challenge in a strategic way. Unified management refers to the general part of the program team's approach. If the training has too many generalized and detailed elements, that would stifle the tutors' enthusiasm while overlooking the trainees' individual differences and affecting the precision of the training, not only damaging the specificity and effectiveness of the training but also resulting in dissatisfaction of the trainees and the tutors. However, if the personalized study is given too much importance while unified management is neglected, that could result in great discrepancy and uneven training results due to the lack of a unified standard even though the needs and motivation of each student and tutor could be taken care of. Therefore, it is necessary to combine unified management with personalized training. The program team developed the overall training framework, carried out centralized training, and conducted regular management, standard management and result management. Under the overall framework and the instruction of the tutors, the trainees developed their personalized study plan, improved the proposal of their action research, and carried out personalized study. This approach ensures a balanced relationship between commonality and individuality as well as between standardized requirements and individual differences.

Third, the "triple-track" training model is formed. The program team developed three tracks for the training, i.e., the study track, including theoretical study, follow-up study, study tour and self-study; the research track, where the participating principals and teachers focus on the core issues either at school or in the process of education reform, decide on the topic of their action research, develop their action research plan, carry out their action research, and summarize/refine their results; and the presentation and communication track, where the trainees present their research within the district, and set examples for others. The three tracks are intertwined with action research serving as the main track, and are given different emphasis during the two years' training. The three-track training model embodies the idea of making changes visible through training, and demonstrates the pursuit of a training value to enhance practical capacity based on practical experiences.

Fourth, the win-win situation is achieved through mutual trust, division of tasks and cooperation. For cooperation, the prerequisite is mutual trust, the basis is division of tasks, and the highest achievement is a win-win situation. This is reflected in the collaboration between Beijing Institute of Education, the Education Commission of Yanqing District and, as shown in the agreement made between cadres at the decision-making level, the cooperation within the program team which is composed of members from both the Exchange and Training Center of BJIE and the Educational and Scientific Research Center of Yanqing District, the mutual trust and cooperation established between the city-level tutors and the Education Commission of Yanqing District, the trainees and Beijing Institute of Education. This is due to not only the ambition and foresight of the program team members, but also the mutual trust established through years of cooperation and the detailed division of tasks among the Education Commission of Yanqing District, Beijing Institute of Education, the Education Research Center of Yanqing District, the tutors, the responsible persons of the program, the head teachers and the trainees, at the beginning of the program. The various parties showcase their strength, take their responsibility, work closely, and make their achievement to support the "Dual Prominence Program" for fruitful results, thus "contributing to the self-improvement of principals and teachers in Yanqing District by providing favorable conditions, opportunities and platforms, and promoting the overall development of education in Yanqing District." ①

Glorious flowers bloom in spring and solid fruits are harvested in autumn. This book includes the periodical research achievements of the trainees in the "Dual Prominence Program" of Yanqing District. Among the results are the most forward-looking practical exploration of China's basic education reform, and systematic school-based experience of shared problems in schools in the rural areas. They are of instructive and inspiring values

① Speech at the Achievement Showcase of the "Dual Prominence Program" of Yanqing District, by former Director of the Education Commission of Yanqing District.

regarding school management for principals, teaching methods for teachers, and studies on school reforms for researchers. Although some of the researches might still have weaknesses in terms of theoretical foundation, logics, depth of thinking, progressiveness of thoughts and innovation, they result from the trainees' rational thinking of transformative practices in the past two years, and reflect their commitment, wisdom and dreams in their efforts to face the problems, make the changes and lead the development!

He Jinsong

March 2019

序二

“双名工程”芳华绽放

魏旭斌[①]

《教育变革的力量——北京市延庆区“双名工程”实践探索》正式出版，是值得祝贺的事，这不仅是延庆区“双名工程”学员两年来学习研修的成果展示，更是中共延庆区委教育工委、延庆区教委与北京教育学院合作培养区域领军人才的实践成果展示。

习近平总书记说，教育是国之大计、党之大计。而教师是教育之魂、教育之关键。“十三五”以来，延庆进入发展的快车道，2019 年世园会召开在即，2022 年冬奥会备战正酣，这两件绿色大事给延庆发展带来了重大机遇，对延庆教育事业提出了新的更高要求。要实现延庆教育“优质、均衡、开放、特色”的发展目标，迫切需要一大批优秀的学校教育教学工作的引领者，需要一大批优秀的专家型教师和专家型校长。“双名工程”正是我区立足当前，着眼长远，努力提升干部教师队伍素养而做出的一项重要举措。

为解决困扰延庆教育发展的最关键问题——人才问题，延庆区教育两委在全国最有影响力的校长教师继续教育专业院校之一的北京教育学院的帮助下，依托北京教育学院交流培训中心，启动了“双名工程”培训任务。

---

① 魏旭斌，时任北京市延庆区教委主任，现任北京市教委基教一处处长。

两年来的学习研修，北京教育学院为学员搭建了高起点、高水平的学习平台，为学员们营造了既有高深专业知识又有教育情怀的学习氛围，为学员们精心设计课程，开展多样化学习指导，带领学员们多次走进京城名校感受前沿的首都教育，走进国际学校与国际教育接轨，走进全国知名学校进行实践学习，参加高水平学术会议，以课题带动学习，以课题研究促进工作，学员们在研修中转变了观念，厘清了思路。

“双导师制”的科学配备，共性管理与个性研修相结合的学习方式，学习、研究、展示三线交织的研修模式，让“双名工程”这一研修项目区别于以往的各种教师培训，取得了显著效果。在此，我代表延庆区教育两委和延庆区的干部教师，对为此项培训付出辛苦努力的北京教育学院领导、交流培训中心的老师们表示真诚的谢意和敬意！

思想和理论是实践的前提。“双名工程”的研修，让参训的校长和老师的理论层次得到提升，教育实践有了新的突破和发展。“网络环境下的混合式教学”“小学项目化学术团队建设”“七彩阳光课程建设”“农村小班化课堂教学探索”“幼儿自主游戏研究”“情境教学探索”等研究课题在专家的引领下，延庆区的校长和老师们，结合自身办学实际和教学实践进行了深层次的思考，这些思考伴随校长和老师们融入自己的工作实际，一定会使学校得到新的发展，使教师迸发新的活力，学生得到快乐和收获。

“双名工程”研修成果在这个美丽的春天芳华绽放，带给延庆教育的必将是新的思考、力量和行动，我们有理由相信，在不久之后的秋天，“双名工程”一定会在妫川大地上结出更丰硕的果实，让我们共同期待！

魏旭斌
2019 年 3 月

PREFACE Ⅱ

The Blooming "Prominent Teachers and Prominent Principals Training Program"

Wei Xubin①

The official publication of The *Power of Educational Reform—Practice and Exploration of the "Prominent Teachers and Prominent Principals Training Program" in Yanqing District, Beijing* is an event worth celebrating. It shows not only the results of all participants' two-year study in the "Prominent Teachers and Prominent Principals Training Program" in Yanqing District, but also the practices of leading specialists training of the Education Working Committee of the CPC Yanqing District Committee, the Education Commission of Yanqing District and Beijing Institute of Education (BJIE).

General Secretary Xi Jinping once said that education is a grand plan of the country and of the Party. Teachers is the key element of education. Since the implementation of the 13th Five-Year Plan, Yanqing District has boarded the express train of development. The International Horticultural Exhibition 2019 will soon be held while we are also in the middle term of the preparation for the 2022 Winter Olympic Games. These two events have brought great opportunities to Yanqing's development and raised higher demands for education. In order to achieve the goal of developing a "high quality, balanced, open and characteristic" education, more leaders in school education and teaching as well as a large number of prominent expert

---

① Wei Xubin, former Director of Education Commission of Yanqing District, and current Director of Division I of Basic Education, Beijing Municipal Education Commission.

teachers and principals are needed. The “Prominent Teachers and Prominent Principals Training Program” is a significant approach we have taken to improve the capabilities and quality of our teaching team.

In order to solve the problem of talents cultivation, the most critical issue hurdling the education development in Yanqing District, and with the help of Beijing Institute of Education, one of the most influential institutes of further education for principals and teachers in China, the Education Working Committee of the CPC Yanqing District Committee and the Education Commission of Yanqing District have launched the “Prominent Teachers and Prominent Principals Training Program” relying on the support of BJIE Exchange and Training Center.

Over the past two years, BJIE has set up a high-level learning platform for all participants. The program has created an atmosphere rich in specialized knowledge and educational environment for participants, and carefully designed courses with diversified learning guidance. Participants have immersed themselves in the leading teaching methods of elite schools in Beijing and connected themselves to international teaching skills of international schools. Participants are also given opportunities to acquire first-hand teaching and learning experiences through attending high-level academic conferences, during which participants can enhance their study and promote their teaching through research. All participants have managed to upgrade concepts and sort out teaching methods during these researches.

The “Prominent Teachers and Prominent Principals Training Program” differentiates itself from previous teacher training programs in its “Dual Tutors System”, the combination of unified management and personalized training, and “triple-track” (study, research and presentation) training model, and achieved a number of remarkable results. On behalf of the Education Working Committee of the CPC Yanqing District Committee & the Education Commission of Yanqing District and the leading teachers of Yanqing District, I would like to express my sincere gratitude and respect to the leaders of Beijing Institute of Education and teachers of BJIE Exchange and Training Center!

Thoughts and theories are two prerequisites of practice. The “Prominent Teachers and Prominent Principals Training Program” has elevated the theoretical knowledge of principals and teachers to a new level and made breakthroughs and developments in educational practice: "Mixed Teaching in the Context of Internet" , "Primary School Project Academic Team Building" , "Colorful Sunshine Course Building" , "Small Class Teaching Exploration in Rural Area" , "Research on Children's Independent Games" , "Situational Teaching Exploration" ... Under the instructions of experts, principals and teachers of Yanqing District have combined their own teaching and schooling experience to deepen the thinking on education. Their thoughts are integrated into the teaching work, which will surely enhance the development of schools. The teachers will bring new vitality to the students, and the students will benefit from the teacher's new teaching.

In this beautiful spring, the research achievements of the "Prominent Teachers and Prominent Principals Training Program" will bloom, bringing new thoughts, strengths and actions to education in Yanqing District. We believe that in the next autumn, the program will surly bear fruits in Yanqing. The promising future remains to be seen!

Wei Xubin

March 2019

目录

上篇　延庆区名校长的变革

Contents

Part I The Reform Launched by Prominent Principals in Yanqing District

下篇　延庆区名师的探索

Part II The Exploration Conducted by Prominent Teachers in Yanqing District

上篇　延庆区名校长的变革

本部分是北京市延庆区 10 位名校长分别在教育信息化、现代学校组织建设、学校特色建设、学校课程建设、学校教学变革方面的体系化变革与思考，展现了北京市延庆区名校长群体应对社会与教育变革的智慧与担当。

Part I

The Reform Launched by Prominent Principals in Yanqing District

This part is the systematic reforms and thinking of ten prominet principals in Yanqing District of Beijing in the aspects of educational informationization, modern school organization construction, school characteristic construction, school curriculum construction and school teaching reform. It shows the wisdom and responsibility of the group of prominent principals in Yanqing District of Beijing in coping with social and educational changes.

网络环境下混合式学习实践探索[①]

孟宜安[②]

信息化给学习带来巨大便利与挑战，需要学校智慧应对。北京市延庆三中，在这种应对中开展了基于网络环境下的混合式学习。为提高混合式学习的有效性，本文以立德树人为出发点，分析了混合式学习的相关理论基础，论述了课标、核心素养、学科改进意见、教材、高考等要素在混合式学习中的意义和作用，介绍了学校开发的混合式学习云平台，提出了混合式课堂教学的基本原则（引导学生参与学习、发生学习、深度学习、高标准学习、持续学习），开发了教师个人信息化水平评价表。分享了学校采取小步快速迭代推进策略与学校进行信息技术的应用必须在好的理念指导下才能发挥正向作用、技术的不可替代性和亲民性是能被需要和被推广的核心、学校要综合多种要素来制定可行的推进节奏、力度等经验。

---

① 本文是北京市教育科学规划领导小组办公室批准的立项课题《构建网络学习平台　开展学生自主学习的研究》（课题编号：CBHA17114）的阶段成果。该课题也是本人在延庆“双名工程”研修中所进行的行动研究课题。

② 孟宜安，北京市延庆区第三中学校长。理论导师是北京师范大学程凤春教授，实践导师是北京二中钮小桦校长。

Blended Learning Model Exploration

Meng Yi' an

Informatization brings great convenience and challenges to learning, which requires the wisdom of schools to deal with. Beijing Yanqing No. 3 Middle School has carried out a network-based blended learning model. In order to improve the effectiveness of blended learning, this paper, with fostering character and civic virtue in mind, analyzes the related theories of blended learning, the meaning of blended learning and roles of the curriculum standard, the key competencies, subject improvements, textbooks and the college entrance examination in the blended learning. This paper introduces the development of our school' s blended learning cloud platform, puts forward the basic principles of blended learning, namely guiding students to participate in learning, ensuring learning is happening, in-depth learning, higher expectations of learning, continuous learning. In addition, this paper introduces the evaluation rubric of teachers' informatization level in our school. This paper claims that school' s adaptation of small-step rapid iterative promation strategy and application of information technology will only be positively effective under the guidance of good principles. Technology' s irreplaceability and user-friendliness are key to being used and spread, and schools should take a panoramic view and adopt feasible measures to promote the blended learning model.

2017 年，我有幸参加了北京教育学院陈丽教授主持的延庆区“名校长工程”，在理论导师程凤春教授与实践导师钮小桦校长的指导下，结合北京市教育科学规划领导小组办公室批准我校立项的课题《构建网络学习平台　开展学生自主学习的研究》，在延庆三中开展了网络环境下混合式学习的实践探索和理论研究，本文就是我们对实践成果和理论认识的系统阐述。

一、网络环境下混合式学习的背景

信息化对学校教育提出新的挑战。2015 年 3 月，李克强总理确定了我国“互联网+”战略。2018 年 4 月 13 日，教育部发布《教育信息化 2.0 行动计划》，指出信息化发展的总目标是：“到 2022 年基本实现‘三全两高一大’的发展目标，即教学应用覆盖全体教师、学习应用覆盖全体适龄学生、数字校园建设覆盖全体学校，信息化应用水平和师生信息素养普遍提高，建成‘互联网 + 教育’大平台，推动从教育专用资源向教育大资源转变、从提升师生信息技术应用能力向全面提升其信息素养转变、从融合应用向创新发展转变，努力构建‘互联网 +’条件下的人才培养新模式、发展基于互联网的教育服务新模式、探索信息时代教育治理新模式。”

在当今，技术的发展是渐进的，是逐渐成熟的，从开始提出到成熟应用是一个潜移默化的过程，而且技术成熟并不代表每一个人都会自然地使用它，即成熟的技术不会自然地成为人生活的一部分，它需要人们主动地获取，还要符合人们工作和生活本身的需要。

所以，网络环境下学生如何学习、如何发展，绝不是改变单个要素的事，需要系统考虑各种要素以及它们之间的相互作用关系，确保可持续发展。混合式学习就是系统考虑的一种选择。

本校网络环境下的混合式学习就是在网络环境下借助北京市延庆三中混合式学习云平台所进行的在线学习、面对面学习与移动学习相结合、教师面授和学生自主学习相结合、在校学习与校外学习相结合的混合式学习。

二、网络环境下混合式学习的相关指导理论

混合式教学（混合式学习）是随着对网络学习的反思和传统课堂学习的回归而逐

渐被关注的一种学习策略和学习理念。混合式学习指以教学目标为导向，在多种学习理论指导下，根据学习内容、学习者及教师自身条件，混合“面对面教学”“网络学习”和“实践学习”三种主要方式来实施教学的一种策略。它将面对面教学和网络在线学习有效整合，旨在促进学生的发展。

混合式学习强调深度学习，以学习者为中心设计教学活动，关注个性化学习与发展，是 4A（anyone，anytime，anywhere，anydevice）的泛在学习。混合式学习强调建立以数据为基础的学习分析与评价，对个人学习信息的完整性记录和管理，以数据为基础的学习进展与技能水平的时时评价。在课堂上重视思维达成度，在低阶目标完成的基础上，兼顾高阶认知目标的完成。实现网络开放、生成性开放、学科前沿开放的有机结合，实现有意义学习，即真实、合作、建构、主动、有意图的学习。

混合式学习强调学生的主动参与。爱德加·戴尔提出“学习金字塔理论”（见图 1）。

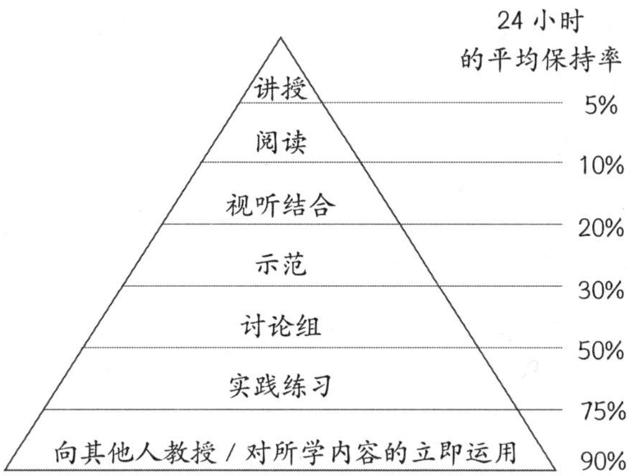

图 1　学习 24 小时后不同指导方法的材料平均保持率

爱德加·戴尔认为，学习效果在 30% 以下的几种传统方式，属于个人学习或被动学习；而学习效果在 50% 以上的，是团队学习、主动学习和参与式学习。混合式学习需要团队合作学习。合作能力是中学生应具备的关键能力之一，如果把人的成长看成社会化的培育过程，合作能力就是人的社会化的最终成果。我们谈的合作是指以下几层意思：能够互相督促和检查学习任务，在班级生活中能够互相帮助，完成任务；能够恰当地向同学表达自己的想法，并能够认真听取别人的意见，对问题进行沟通和磋商；能够就复杂的学习内容和学生活动，进行角色分工、进程设计、绩效管理；能就问题求助社会资源并加以解决。我校的合作学习主要指课堂上两人组解决人人过关的内容、四人组解决合作完成学习任务、八人组完成活动和班级任务；在合作中培养沟通能力、组织能力和设计规划能力；核心是营造讨论交流的良好氛围。合作学习还体现在，构建师生有效交流的网络平台。

综上所述，我们强调的网络环境下混合式学习是指既注重网络提供的查询快速、工具便捷、交流及时、资源丰富、信息展示的强大优势，又结合传统学习优势的学习，这一过程强调学生学习体验的深度学习、主动学习和合作学习，具体体现在课堂上的学习流程，就是要引导学生参与学习（老师设计情景和任务引发学生思考与行为参与）、发生学习（学习内容和设计一定是对学生有增量的）、深度学习（学生需要做复杂的脑力劳动才能完成的任务）、高标准学习（学得会、讲得出、用得好）、持续学习（围绕长远目标引领学生的学习能力、习惯培养）。

三、网络环境下混合式学习的相关要素准备

网络环境下混合式学习不是一个单一任务，而是对学校课程、管理、环境、流程、教学、生活方式等学校教育系统一个全新的再造过程，是学校教育生态的可持续发展的重塑过程，因此对相关要素进行分析、研究，重新定位和认识是网络环境下混合式学习能否顺利推进的关键，也是推进的目的。

（一）学校课程准备

首先是对国家课程的深度理解，对课标、教材、中高考进行深入研究分析。学校必须有自己的课程体系，各学科的系统学习是人类快速继承文明成果的有效途径，课标、教材就是教学的依据，因为要用中高考引领学生的努力方向，所以，对中高考考题的研究就成了正确地理解课标、教材、考试能力要求的资源，从而成为指导学生学习的有效载体，所以，我们的系统知识体系学习既存在于国家的课程体系之中，也是学生利用主要时间、主要精力学习的内容。

此外，除了系统地学习国家课程之外，还需要建构丰富多彩的校本活动类课程，比如：爱国和革命传统教育活动（清明烈士陵园祭英灵、烈士纪念日、一二·九全校合唱节、抗日战争纪念日、五四青年节、升旗仪式，举行扫墓、诗会、宣示、演讲、合唱、手抄报、入团仪式等）、社会实践活动（学雷锋、志愿者、社会大课堂、社会

调查、安全教育周、研究性学习、国际理解教育周等，为学生提供广泛的认识社会、生活的平台，提升对培养和践行社会主义核心价值观的自觉性）、理想和励志教育活动（人生规划、同伴教育、名人传记的阅读、成功校友的采访、国际友好学校的互访、国内国际夏令营的游学、入学仪式、十四岁生日、成人典礼、毕业典礼等，帮助学生设计人生理想、提升情感水平、寻找实现途径）、提升品位和兴趣的综艺活动（各种艺术社团、元旦联欢、英语晚会、科技节、艺术节等，为学生提供了提高才干、展示自我、提升心智的平台）、传统文化体验活动（学科体现、清明诗会、端午包粽子及穿汉服演出、中秋打月饼、上月演出、读书交流会、演讲会、辩论会等，提升思想认识和情感体验）。这些活动课程的开设需要校内资源、校外资源的综合运用，所以，学校中的每个人都应清楚其在整个课程体系建设和实施中的位置和作用。这样才能综合运用各种技术资源解决教育问题。

图 2 为北京市延庆三中的课程建设结构图。第一级为基础性课程，旨在培养学生掌握基础知识、基本技能、基本思想，让学生学会学习、学会做人、学会做事，养成良好的行为习惯和打下坚实的道德基础。第二级为拓展性课程，旨在丰富学生学科知识，拓宽视野，培养广泛的兴趣，促进其全面健康成长。第三级是发展性课程，让这些学生在某一学科、某一项目、某一兴趣上学有所成，有所建树，助其个性成长。

图 2　北京市延庆三中课程建设结构图

（二）开发网络资源、平台和工具

学校开展网络环境下的混合式学习，必须具备良好的支持环境，如通畅的无线网络覆盖，满足学习需要的电子资源，方便的学习工具，解决问题的移动学习 App，功能强大的学习平台。

我们常用的资源网站有：国家教育资源公共服务平台、北京市中小学教育资源网、北京市中小学数字图书馆、中国知网、学科网、无忧无虑中学语文网、21 世纪英文报、可可英语、中国科普网、生物探索。

我们常用的学习工具有：电子汉典、百度百科、电子词源、电子《古代汉语词典》、几何画板、英语趣配音、百词斩、口袋单词、每日英语听力、欧路词典、有道在线词典、喜马拉雅、地理中国、航拍中国、谷歌地图、虚拟实验室等。

我们常用的 App 有：地理小课堂、国家地理中文网、薄荷阅读、慈怀读书会、物道等。

我们常用的在线学习平台是延庆三中网络学习云平台，它为每一节课都准备了教学资源，供老师选择；教学环节可根据学习需要任意组合，整个流程的每个环节教师都可控，便于教师课堂实时交互教学；整合了班级空间和学习监控系统，实现了教师所有的核心业务都能在网上进行。

同时，网络的流畅性、学习终端的丰富性、平台校内外的开放性都会成为制约学校开展网络学习的因素。

（三）研制教师开展网络环境下混合式学习的评价表

为了更好地激发教师开展网络环境下混合式学习的积极性，也为了给老师自我进步搭建一个晋级的阶梯，我们仿照游戏的分级特点制定了一个分级评判标准，为学校管理者、学科教师在开展混合式学习中的努力目标、进阶路径提供一个参照标准。见表 1。

表 1 北京市延庆区第三中学教师教学信息化水平评判标准

身份	等级	名称	能力描述
跟随者	1	初窥门径	会使用常见软件、会完成电脑日常办公
	2	略有小成	能借助多媒体、社交软件，使用信息资源辅助教学
	3	乐学致用	会使用云平台备课、上研究课，辅导学生学习
同行者	4	驾轻就熟	习惯网上学习、交流，能制作网络学习资源
	5	融会贯通	能借助网络学习 App 及网络工具，指导学生学习
	6	登堂入室	熟练使用云平台、网络资源、组织开展网络环境下的混合式学习，借助数据改进学习过程

续表

身份	等级	名称	能力描述
先行者	7	专家风格	开发教育资源、创造性地使用云平台，系统有效地组织学生开展学习活动，有效利用大数据指导学生学习
	8	名家气度	在信息环境下开展深度学习的课堂，引领学生全面发展、特色发展，素质教育理念端正，教学效果突出
	9	大师风范	润物无声，指导教师高质量地开发资源，获得深度发展，引导学生实现自主学习、自主发展

（四）搭建混合式学习云平台

为了更好地开展网络环境下混合式学习，我们和康邦公司联合开发了延庆三中网络学习云平台。该平台突出以下几点：

1. 方便备课（让老师喜欢）

（1）提供充足的资源选择：学科网、跨学派等资源网站，公共、开放的资源供老师使用和选择（体现教师选择资源、改造资源、使用资源的素养）。

（2）流程模块化组合：图文模块（直接录入）、文本模块（整文件放入，Word、PPT、Excel 等）、视频模块（知识微课、实验、典型问题）、组卷模块（统计功能）、讨论模块、问卷模块、学生端输入模块（作业提交）等自由组合，完成学习流程设计，且具有生成教案功能。

（3）生成电子课程：长期的积累构成完整的多媒体电子课程，可以指导学生自主学习。

2. 课堂交互（让学习者喜欢）

（1）流程控制：每个流程都可以控制开启和关闭，便于面对面授课时调整学习节奏，灵活处理各种生成的新问题。

（2）局部全屏放大（正在探索）：便于学生没有终端时面对面的授课使用。

（3）数据监控：学生学习流程使用情况数据、学生解答问题数据、学生提出问题的提炼数据。

（4）电子学习工具：习惯借助有道词典、几何画板等学习工具提高学习效率。

3. 课后自主学习（让想拓展学习的人喜欢）

（1）课上模糊问题在线学习：围绕在线课程进行学习，看微课视频。

（2）拓展学习：对于学有余力的学生，设置拓展学习模块（文本阅读、实验探究、问题解决等）。

（3）问题交流：课后利用讨论区互相交流，如小先生讲题、音频作业上传、问题讨论等。

4. 移动学习（让学习交流无处不在）

开发了教师端 App、学生端 App、家长端 App，让学习交流无处不在。

5. 学校社区建设（让所有相关人喜欢）

开发个人空间、班级社区、积分榜、信息宣传、办公系统等学校社区，服务于学校不同人群。

6. 协同创新系统（让创新者喜欢）

协同开发课程、协同研究活动、协同社会实践活动等。

7. 人工智能的引入（让有思想的懒人喜欢）

逐渐引入虚拟实验室、语音自动判别、作文自动修改、成绩分析、学习评价和学习任务自动推送等人工智能项目，提升学生自主学习的能力。

学校开发这样的云平台，既能像 MOOC 平台一样实现实时在线学习，又能便于师生面对面地互动与交流；既便于教师备课又便于学生自主学习；既能提供老师备课的资源还能提供学生学习的网络工具；既方便展示教师多媒体课程又便于学生每节课的自由选择、查找；既能在计算机上学习，也能在平板电脑、手机终端上实现移动学习；既能开展学科学习也能开展班级文化建设；既能获得学生学习过程的实时数据，也能对学生参与学习的学习过程进行评价；既能帮助老师构建系统的网络课程，也能提供教师间协同备课的资源；既能记录师生校内交流，也能吸引家长旁观和参与社区建设，非常便捷。

四、网络环境下混合式学习的推进策略

学校的发展是这样设计的，如果以实现学生的自主学习为目标，我们可以把讲授 + 落实的时代叫作自主学习 1.0，其主要特点是重视学生的基础落实，提倡教师精讲、学生精练，提高获取知识的效率，那么以师生互动、学生合作学习为主旋律的模式可以称为自主学习 2.0。它提倡教师课堂设计要关注学生的学习特点，要设计合作学习的学习活动，通过合作小组的集体评价提升学生合作能力和学习的积极性，实际上

就是对 1.0 的迭代升级。我把基于互联网 + 翻转课堂 + 合作学习的模式称为自主学习 3.0。它的特点是充分利用网络资源、网络学习空间、网络学习工具、网络为人际交流提供的便捷性，开展深度学习。随着网络学习课程的完善、人工智能的引入，学生的学习将获得极大的自由度，那便是自主学习的顶峰，真正实现自我规划、自我教育，极大地满足人的个性化学习需要，我们把它称为自主学习 4.0。

学校开展网络环境下的混合式学习策略是快速小步的“迭代”。以每个学期为单位进行迭代。每一次迭代力争网络环境、技术提升、平台使用、功能开发、使用效果、普及程度、师生信息素养都是一次系统的优化和提升。这一过程遵循的依然是：普及培训、重点推进、典型推广、总结提升的实践逻辑。所有的事情能否成功不在于一次力度有多大，而在于持续的努力，前进一步就是一步的收获，迭代五六次必有小成，迭代十次以上必有大成。

五、网络环境下混合式学习的主要经验

两年来，互联网背景下的混合式学习取得显著成效。主要经验如下：

（一）好的理念才能保证技术使用的方向

我们倡导的理念是：信息技术必须服务于学生的学习，服务于教师的核心业务。我们对教师备课过程要素和学生学习过程要素加以分解研究，开发了基于模块化、资源便利化、学习过程可监控化、学习和备课统一化的自主学习框架，很好地满足了学生的需要。

（二）新技术必须能够解决问题，才具有应用价值

信息技术的引入必须体现它在学习中的作用，如：电子资源要丰富（各家评论、考试题库、相关文章等）、电子学习工具要提供（电子字典、几何画板、虚拟实验室等）、师生随时交流的平台要搭建，这些使网络环境下的混合式学习不再受时间、空间、学生层次的限制。

（三）提供可行的操作方案，才能被人真心接受

我们倡导教师先把学习内容变成学生要解决的问题清单，在设计学习路线时把问题清单转化为任务清单，根据任务清单去安排和选取学习资源、设计学习过程中的讨论和交流、测验，及时完成对学生学习过程的激励和评价，布置好拓展学习任务，解

决学生的自主发展问题。这样就把技术的支持变成了工作中的需要。边完善硬件、边修改软件、边提升使用要求、边总结使用经验，实现小步迭代，逐步推进。

（四）通盘考虑、综合推进，才能确保成果的保持和推广

综合推进，立足高远，持之以恒。对办公系统（OA，内部）、区域系统（综合素质、学籍管理、教务管理、排课系统、资源系统）、学校系统（网络硬件、一卡通系统、无线覆盖系统、多媒体系统、电子阅卷系统）、社会学习平台（App、资源网站、微信、QQ等）、设备更新等进行综合考虑，才是一个完整的现代化路径。而且，我们把课程改革、课堂教学改革、云平台的使用合在一起推进，所以，教师的教育观念、教育技能和教育行为都在发生缓慢的变化。

开展网络环境下的混合式学习是一个全新的课题，在推动的过程中还存在老师认可但行动缓慢的问题，究其原因：一是网络资源还不充分，二是网络硬件环境还不能完全给人以舒适的感受，三是大家还是喜欢面对面的授课方式，四是学生的学习终端配备还不充分，五是担心在网络环境中学生的自制力不足。从推动者来说，我们只有不断地改进管理要求和流程，不断地完善平台，不断地引入新资源，不断地组织老师学习交流，陪大家一起进入与使用，关键还是用学生的学习需要来促进应用。一切永远在路上！

导师点评

孟宜安校长的研究论文《网络环境下混合式学习实践探索》以“互联网＋教育”在学校落地为研究主题，具有实践价值和前瞻性。

延庆三中网络环境下混合式学习云平台的设计非常细致，注重应用。平台关注七个方面，即方便备课、课堂交互、课后自主学习、移动学习、学校社区建设、协同创新系统、人工智能引入；努力让教师喜欢、学生喜欢、拓展者喜欢、让学习无处不在、让所有相关人喜欢、让创新者喜欢、让有思想的懒人喜欢。

延庆三中的“互联网＋教育”实践直抵学校教育的核心要素：课程和课程资源、教育教学活动、测量与评价，这样的成果也更具有参考价值。

该研究反映出孟宜安校长对教育未来发展方向敏锐的洞察力，反映出孟宜安校长很强的课程领导力和教学领导力，以及关注细节、强调落实的管理风格。

（点评导师：北京师范大学教授　程凤春）

主要参考文献

[1] 谢非，余胜泉 . 中学混合式学习的教学实施模式 [J]. 现代教育技术，2007(11).

[2] 徐亭婷 . 普通高中信息技术翻转课堂实施的现状与对策研究 [D]. 烟台：鲁东大学，2017.

[3] 李一楠 . 翻转课堂教学评价指标体系构建及应用之个案研究 [D]. 南充：西华师范大学，2017.

[4] 宋世俊，冉茂瑜，罗燕 . 我国混合式教学的研究热点与发展趋势分析 [J]. 黑龙江畜牧兽医，2018(16):229-234.

[5] 陈丽 . 校长领导力八讲 [M]. 上海：华东师范大学出版社，2011.

小学项目化学术团队建设的实践探索

——以延庆区第一小学品质阶梯课程研发为例的教师组织变革研究

吴小波①

北京市延庆区第一小学围绕学校校训“诚敬敏毅”开展品质阶梯课程研发工作，在过程中发现传统学校管理组织存在条块单一、相对封闭等方面的局限，开始进行项目化学术团队建设的实践探索，对教师组织进行变革，如成立课程专家委员会、课例研发小组等。这些项目化学术团队建设具有以开放性、项目性、学术性与行动研究为主的组织特征，推动着学校组织向扁平化、学术性、民主化等方向变革。

① 吴小波，北京延庆区第一小学校长。理论导师是《中小学管理》杂志社社长柴纯青，实践导师是北京小学校长李明新。

Practical Research on the Construction of the Project-based Academic Team in Primary Schools

—Taking the Development of "Quality Progressive Curriculum" in Yanqing No.1 Primary School as an Example to Explore the Transformation of the Teachers' Professional Learning Community

Wu Xiaobo

Based upon the school's motto of "Honesty, Respect, Intelligence, Perseverance", Beijing Yanqing District No.1 Primary School has been conducting the development of "quality progressive curriculum", during which period it finds the traditional school management rather linear and not open enough. To tackle these problems, the school has launched an exploration of building a project-based academic research team establishing such groups as curriculum expert committee and lesson research and development group. The project-oriented academic team is open, flexible, academic and action research-oriented, which promotes the school management to become flat, academic and democratic.

北京市延庆区第一小学在研发品质阶梯课程活动中，发现传统的教研组织很难支撑学校的课程研发，于是开始探索项目化学术组织建设，推动学校品质阶梯课程研发，也对教师专业成长起到重要作用。

一、品质阶梯课程研发催生项目化学术组织

延庆第一小学的前身是1755年由延庆知州芮泰元创办的冠山书院，院训“诚敬敏毅”熏染了一代又一代延庆学子。2004年，学校恢复院训为校训，并以此确定“诚敬修美德、敏毅成真才”的办学理念。如何“拨动学生的心弦”，让“诚敬敏毅”的品质培养落地、生根、开花、结果并使之成为学生的内在信仰呢？在进行物质文化建设活动之后，学校最终感到课程才是实现培养目标与办学理念的核心载体与路径，从某种程度上说，有什么样的课程就有什么样的师生。于是，学校开始研发以“诚敬敏毅”为核心的学生品质阶梯课程。

如何开发学生品质阶梯课程也成为领导者思考的一个重要问题。是请文化公司来做？还是请专家来开发？还是我们教师自己来开发？经过慎重思考，延庆一小决定采取由干部、全体班主任及相关学科教师参与为主、专家为辅的课程研发模式。

（一）品质阶梯课程架构对原有组织结构提出挑战

品质阶梯课程以校训“诚敬敏毅”为四条主线，是综合性、开放性课程，既要包括学生品德培养的内容，又要以校训为统领整合学科综合实践活动和学科课程；既要解决学生现阶段成长过程中遇到的问题，又要对学生未来发展中可能遇到的问题有一定的指导作用；既包括学生的校园生活内容，又要容纳学生家庭、社会生活；既要通过课程研发实现育人目标，又要在研发过程中促进教师的专业发展。这个结构体系打破了年级的隔阂、学科的封闭。学校原有课程设计与实施组织主要是教导处、教研组、学科组、年级组，品质阶梯课程的综合性和开放性需要协调、调动多部门的资源和人力，这些传统组织很难胜任要求。

（二）品质阶梯课程的系列性对原有组织结构提出挑战

学生品质阶梯课程以校训“诚敬敏毅”为核心（见表1）进行架构，形成小学低中高年段围绕24个关键词、目标螺旋上升的体系。

表1　北京市延庆区第一小学“诚敬敏毅”素养分解表

校训	年段	关键词	目标
诚	低年级	诚实　真诚	做一个诚实、真诚的人
	中年级	诚恳　诚信	做一个诚恳、守信的人
	高年级	虔诚　忠诚	做一个虔诚、忠诚的人
敬	低年级	孝敬　恭敬	做一个懂得孝敬、恭敬的人
	中年级	尊敬　敬爱	做一个懂得尊敬、敬爱的人
	高年级	敬重　敬仰	做一个懂得敬重、敬仰的人
敏	低年级	敏捷　敏达	做一个敏捷、敏达的人
	中年级	机敏　聪敏	做一个机敏、聪敏的人
	高年级	敏锐　敏慧	做一个敏锐、敏慧的人
毅	低年级	毅力　刚毅	做一个有毅力、有坚持力的人
	中年级	坚毅　勇毅	做一个坚毅、勇毅的人
	高年级	庄毅　忠毅	做一个庄毅、忠毅的人

同时，与中小学19个德目（奉献、利他、诚信、宽容、和平、感恩、尊重、孝亲、爱国、勤劳、节俭、环保、合作、创新、规则、自律、知耻、公正和责任）进行有机对接，确定36个主题（见图1）、研发课例与资源包。

36个主题既关注儿童生命发展中的真问题，又兼及与自然时序（如四季、天气、物象等）和社会文化背景（如节日文化等）的同步性；既关注同一时间内各年龄段研究主题的发展性、关联性、延伸性和研究工作量的相对均衡性，又兼及“诚”“敬”“敏”“毅”总纲下各年龄段内选题数量的均衡性和不同年龄段之间选题内容和教育目标的螺旋上升。纵向看，36个活动分布在6个年级，不同年级目标要求螺旋上升。横向看，课程涉及语文、数学、科学、品德与社会等多个学科。每一个主题都安排为期一个月的实践内容，与星级学生评定、“冠山风采杯”优秀学生评比等形成完整的评价体系，以规范学生的言行，让“诚敬敏毅”价值观外化为行动。面对学生整体评价、不同年级教育目标、多学科协同推进的系列研究，学校现有管理系统中的组织很难胜任要求。

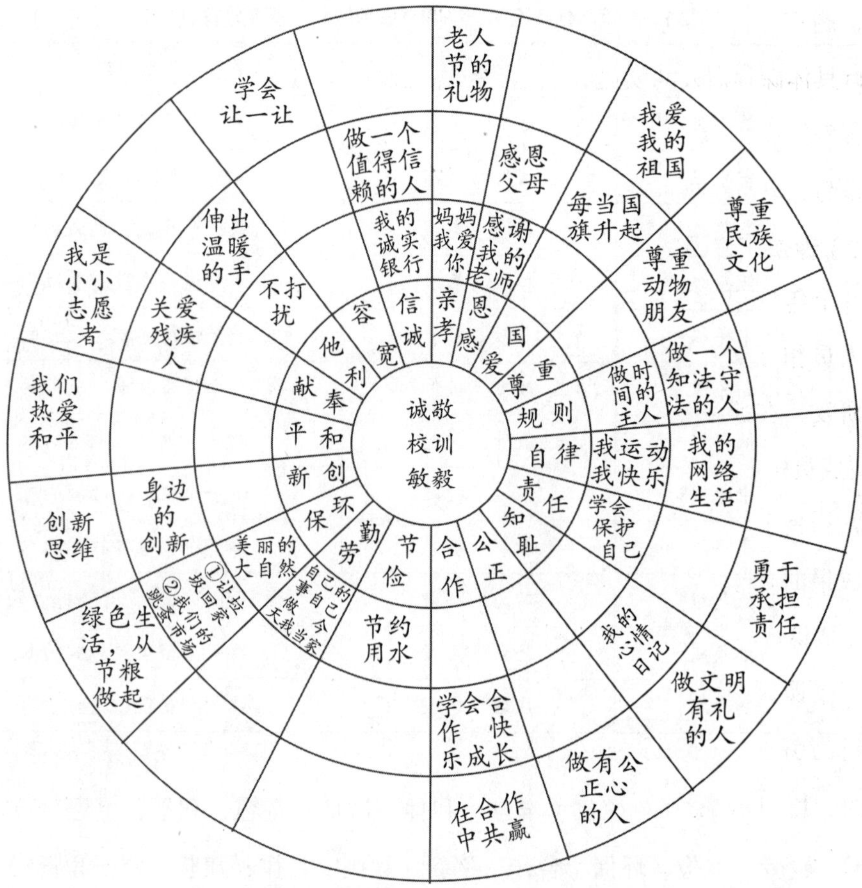

图 1　北京市延庆区第一小学品质阶梯课程结构图

（三）课程研发的组织管理对原有组织结构提出挑战

谁来组织管理课程研发？谁来具体实施课例研发？谁来检验研究与实施效果？组织管理既要保证研究的规范性、科学性，又要保证实施的有序推进、条件的充足，高效协调多个部门人力，调动多方资源，现有条块分割的部门管理难以胜任这些要求。

二、品质阶梯课程需要项目化团队运行

学校课程建设领导小组经过研讨，成立品质阶梯课程专家委员会与课例研发小组。

（一）课程专家委员会

课程专家委员会人员构成是开放的，主任由校长兼任。专家委员会由学校内部核心学术力量与外部专家构成。校内人员主要是科研和德育负责人。

课程专家委员会的主要职责有三个方面：一是在课程研发之初，确定品质阶梯课

程架构，制定课程整体研发方案；二是在课程研发过程中指导课程开发小组（项目小组）进行具体课程研发与实施；三是评估课程研发与实施的效果。

课程专家委员会确定的品质阶梯课程实施路径是：部门携手、项目团队合作、教师广泛参与、分批次成型。

（二）课例研发小组

在6个年级组建6个项目团队，负责本年级6个主题课例研发。每个项目团队又形成人员相互交叉、相互协作的6个课例研发小组。课例研发小组以课题研究的方式推进研发，在课程专家委员会指导下开展研发活动。每个课例研发小组由负责人与1～3位成员构成。课题负责人由班主任承担。每个班主任作为引导者负责一个主题活动的研发，其余与主题实施相关的教师作为助教参与研发与实施。最先在组内展示课例研发成果的是年级组长、教研组长、德育骨干教师，逐渐向青年教师、新任教师过渡，在完成课程研发过程中，成就一批教师。

每一个课例的课程结构包括活动体验、开放式对话、生命叙事、核心认知、生态智慧、行为引领、课后延伸七个基本环节。“活动体验”环节是通过创设活动形成真正的感悟，比如：“感恩父母”主题中的“心灵之旅”活动、“做一个值得信赖的人”中的“春风小草”活动、“我的责任我来负”主题中的“爱与责任”活动等。“生命叙事”环节主要是摘取古今中外最经典的故事；“核心认知”环节是从“是什么、为什么、怎么样”三个方面阐释对主题的认识；“生态智慧”环节是在哲学、思想上提升学生认识；“行为引领”环节是引导学生从认识走向行动。

每个主题研发负责人带领小组成员进行自主研发，在初步成型后，专家委员会与教师进行集体备课，确定实施方案。之后，研发小组进行课堂实施，专家委员会参与实施与课堂观摩。每节课下课时，专家团队都对学生进行访谈，收集学生感受最深的活动、本节课最大的体会以及改进意见。课后，研发小组结合专家、学生的意见进行反思与研讨，修订课例，制定再次实施的方案，进行第二轮的实施与研讨。这样，每个课例都经历三到四轮的研讨，最终形成主题课程实施方案与课例资源包。

最后，学校组织课例研发小组按照统一的结构编写校本教材《冠山教育例话》。每个课例负责人参与编写本课教材。在教学中，可以从网络或其他渠道选用活动和故事的图片或用于播放的视频，但教材编写要考虑故事的精炼与著作权等问题。这样，编写者又将每个故事浓缩成 4 至 6 张图的连环画。学校组织美术教师、美术院校师生进行配图，几百张图片增加了教材的可读性。在编写教材过程中我们还发现，不同课例的“行为引领”环节多是约定、倡议书的形式，而“课后延伸”环节多采用表格和星级评定的方法，形式较单一。因此，负责人在成书的过程中又进行修改，采用倡议书、承诺卡、钟面棋、飞行棋、约定、给风景画涂色、红旗插顶峰等多种形式开展相关活动，进一步增加校本教材的趣味性。四年多的时间，开发出低、中、高三个学段三册教材，共计 36 个课例及配套的资源包。

三、项目化学术团队呈现的特点

延庆区第一小学在品质阶梯课程研发项目化学术团队（课例研发小组）建设过程中呈现出如下的特征：

（一）课例研发小组是围绕主题组成的开放性组织

品质阶梯课程以主题方式组织课程内容、选择实施方式。主题的设计凸显了开放性与跨界，突破单一学科局限。这样我们在项目化学术团队组成上不但打破学科局限、年级局限，还突破学校内部主体局限，引入了外部专家，如“跳蚤市场”主题课例研究团队包括语文、数学、品德与社会、科学等多学科教师参与。在实施时还邀请了社区工作人员向学生介绍“一元捐”活动，号召学生把自己不需要的物品通过跳蚤市场售出后，转化成爱心传递出去。

（二）课例研发小组是以项目形式运作的组织

项目是为了创造独特产品、服务或成果所进行的临时性工作。学校每个课例研发任务都是一个项目，具有目标属性、任务独特性与时间属性。目标属性是指项目有自己要完成的目标；任务独特性是指项目有自己要完成的任务；时间属性是指项目都有启动、计划、实施、总结提炼等流程与时间要求。课例研发小组是以项目运作的形式进行组织，每一个课例研发小组都有自己要实现的目标，要完成的任务，要经历的过程。

（三）课例研发小组是围绕课程进行研发的学术性组织

课例研发小组是学术性组织，主要职责就是进行课例研发，小组运行依托的是学术权威，而不是行政权力；团队成员的沟通不是自上而下的单向命令，而是成员之间的互动、对话和交流。这种团队是一种学术性组织，它采用的是咨询、帮助、引领和指导的管理方式，不追求管理的层次和权力，对成员的作用不是靠外部的强制要求，而是靠唤醒内部成员的心灵来实现。

（四）课例研发小组是以行动研究为主要方式的学术性组织

课例研发小组采取的主要研究方式是行动研究，流程是：小组自主研发—专家修订—小组课堂教学实践—反思修订—小组课堂教学再实施—再反思—总结提炼，固化成果。研究过程就是行动过程，该过程具有开放性，邀请课程专家委员会成员或其他有关专家介入指导，避免小组团队智商局限。同时，还注重学生主体作用的发挥，除了课程研发视角中的学生视角外，另外在行动研究过程中，注重从学生视角审视，如“反思修订”环节，不仅有课程专家委员会成员、小组其他成员观课反思，还有基于学生调研的反思。每个课例实施之后，我们还会第一时间聆听来自学生的声音，了解学生最深的感受、最喜欢的部分、对课程再次实施的建议等。每个课例的最终形成都经过组内成员的共同研讨，采纳学生的意见和建议，更加关注学生需求，关注教与学方式的转变。

四、项目化学术性团队建设带来教师组织管理变革

在四年多的课程研发过程中，尤其是近两年参加北京市延庆区“双名工程”之“名校长培养工程”之后，在导师与项目组指导下，延庆第一小学一直探索如何激励、管理课例研发小组这些项目化学术团队。学校把项目化学术团队看作介入正式组织与非正式组织的一种半正式组织，管理上强调以下四方面：

（一）扁平化管理

课例研发小组这些学术团队在管理层级上，不属于年级组，也不属于教研组，而是在课程建设领导小组直接领导下，在课程专家委员会指导下自主开展主题课程研发。课程领导小组与课程专家委员会二者共同为课例研发小组提供保障，课程领导小组主要提供行政保障，如经费、管理、政策、资源等方面的保障；课程专家委员会主要提供研发品质阶梯课程架构指导，课例研发与实施指导。

这种扁平化管理使校长可以直接了解课例研发小组的需求与问题，能够提供有效的指导与管理，成为品质阶梯课程研发的重要组织保障，同时又不给教务处、教导处等职能处室增加过多负担。具体见图2。

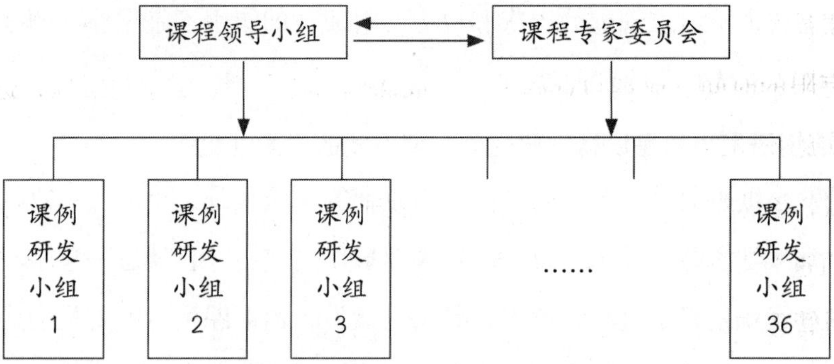

图2 北京市延庆区第一小学品质阶梯课程研发组织管理图

（二）学术性管理

课例研发小组属于学术性组织。对于学术性组织的管理，需要强调学术性。首先，课例研发小组负责人是这个主题研发的首席专家，而不是行政领导（当然也不排除一些有学术权威的行政领导作为负责人，但此时其身份是学术身份，而不是行政身份）。其次，遵循课程研发的逻辑而不是行政管理的逻辑进行成果管理与过程管理。最后，倡导研讨交流、质疑探究的学术氛围，而不是命令与遵从的行政要求，从而改变了学校行政取向的组织生态，形成了浓厚的研究文化。现在，学校内部由“同主题多学科综合实践活动项目”“智慧课堂构建”“学生评价体系”等项目团队带领教师在学术研究之路上前行。

（三）民主化管理

课例研发小组是课例研发的主体，学校非常重视课例研发小组成员的专业地位，尊重他们的专业权威。在课程研发过程中，注重听取他们的建议与心声，并提供尽可能多的支持。如许多老师都表示愿意参与课程研发，但缺乏相应的知识与能力，于是在调研基础上学校聚焦教师关注的问题，邀请专家进行有针对性的指导，着力提升教师的课程研发能力，开阔视野，提高学术素养。学校不仅对课例研发小组进行民主管理，而且延展为学校整体治理的民主化，如注重校务委员会、教代会、家长委员会、少先队、学生社团等组织建设，学校治理主体多元化；注重协商与沟通，听取教师、学生的建议，学校治理过程民主化；等等；从而使得学校治理呈现民主化特质。

（四）项目化管理

每一个课例研发都是一个项目，需要进行项目化管理。课例研发小组都有要完成的课例成果质量要求，需要进行任务管理、人员管理、资源管理、时间管理、成本管理等，在有限的时间、成本与资源下，完成课例内容研发、资源包研发，进行专家修订、课程实施反思修订等工程，当一个课例及其资源包得到专家、学生、学校的好评而被固化后，该课例研发小组的历史使命也就完成了。

学校通过对课例研发小组进行项目化管理的探索，积累了项目管理经验，也运用到其他项目管理中，突破了学校单一行政性管理的局限，使学校管理更加灵活。

导师点评

延庆一小作为北京市延庆区小学界的龙头学校，校长吴小波这些年一直都在努力探索。多年前，就基于学校培养目标进行顶层文化理念设计，并且构建品质阶梯课程。随着这一项目的深化，她认识到传统的学校组织结构已经不适应课程变革的要求，因此，学校着手推进以“项目化”“学术团队”这两个关键词为核心的教师组织变革。这既是改革的规律使然，也是北京市延庆区第一小学的自主探索，极富价值，对当前学校组织变革具有借鉴意义。

希望这一探索在今后能够放置于“未来学校”建设的框架之中，进行更加系统、更有效率的研究。

（点评导师：《中小学管理》杂志社社长　柴纯青）

主要参考文献

[1] 陈丽，李希贵，等 . 学校组织变革研究 [M]. 北京：教育科学出版社，2013.

[2] 陈丽，吕蕾，等 . 赢得未来的学校教学组织变革 [M]. 上海：华东师范大学出版社，2016.

[3] 刘惊铎 . 道德体验论 [M]. 北京：人民教育出版社，2004.

实施扬长教育，助力内涵发展

——我校实施扬长教育的实践探索

刘 全[①]

北京市延庆区体育运动学校开展了扬长教育的探索。在明确扬长教育内涵的基础上，确定了学校办学的理念体系。结合学校实际，从师资队伍优质化、课程研发、课堂教学改革、学生社团活动四个方面进行实践探索，提炼出扬长教育的实施措施。

① 刘全，北京市延庆区体育运动学校校长。理论导师是北京师范大学教育学部博士生导师赵德成教授，实践导师是北京二十一世纪国际学校范胜武校长。

Implementing Strength-driven Education for Students' Better Development

—Our School's Exploration of Strength-driven Education

Liu Quan

Beijing Yanqing District Sports School has carried out the exploration of strength-driven education (to give full play to students' strengths). On the basis of clarifying the essence of education, the principles of running our school are worked out. Combined with the actual situation of the school, the author has carried out practical explorations from four aspects, including the optimization of teaching staff, curriculum research and development, classroom teaching reform and students' association activities, and extracted the implementation measures of strength-driven education.

北京市延庆区体育运动学校是一所从小学五年级到初中三年级的五年一贯寄宿制学校。建校多年来，学校始终秉承“让体育改变你的世界”的办学理念，努力实现“把孩子培养成‘兴体报国’的特长人、‘崇文尚武’的文化人、‘明德仁义’的文明人”的育人目标，呈现出良好的发展态势。

一、文献研究，明确扬长教育基本内涵

扬长教育作为一个流派，有不少学者进行研究，如湘潭工学院的刘坤华、刘德顺认为：“扬长教育理念可概括为：从学生禀赋和个性出发，引导和激励学生发现和发挥自己所长，在创新中扬长，在扬长中形成优势和特色，实现自身的社会价值。”[①]冯荣认为：“扬长教育体现了以激励和引导为主的教育理念，在某种程度上，也是一种赏识性、个性化的特长教育。扬长教育承认个体之间的差异性，以凸显个性、彰显个性为出发点，通过积极介入、启发诱导、因材施教等方式，促进个体自由而全面地发展。”[②]湖南科技大学丁金山教授认为：“扬长教育是以学生个体的长处为核心，通过‘以长促长，以长促全’之教育方法，培养在某一方面具有突出优势、人格健全的学生的教育观念、教育方法、教育模式、教育体制等的总称。”[③]陶西平认为，“所谓扬长教育，是指学校要充分发掘和发挥每个学生的长处，因势利导，让学生在‘扬长’中走上成才和成功之路”。[④]

从专家们的研究中可以看出，关于扬长教育的内涵，大家共同的观点有：强调“扬长补短，以长促长，以长促全”的教育方法，强调挖掘学生潜能，促进学生全面而有个性的发展的价值追求。

扬长教育不仅有理论研究，也有一批中小学进行实践探索。如在1987年沈阳市实验小学进行扬长教育，使“教有特点、学有特长、校有特色”变成了现实。[⑤]

再如北京市石景山区实验小学耕耘28年，秉承“扬长教育”办学理念，以“培养

① 刘德顺，陈坤华，等．扬长教育的理念、体系构建[J]. 高等工程教育研究，2003（4）．

② 冯荣．扬长教育论[M]. 北京：知识产权出版社，2017.

③ 金山．扬长教育内涵及其发展的内在原因探析[J]. 当代教育理论与研究，2009（5）．

④ 陶西平，梅汝莉，赵钰琳．开发学生潜能与扬长教育[N]. 中国青年报，2004-03-29.

⑤ 沈阳市实验小学．搞好幼小衔接，实施和谐、扬长教育[J]. 人民教育，1993（10）．

具有自信、求索、创新品质的英才少年”为育人目标，逐渐形成了“扬学校和谐管理之长、扬教师专业发展之长、扬学生个性成长之长、扬家长资源协作之长”的“四扬长”办学特色，使学校在短时间内快速成长，成为石景山区窗口师范学校。

分析理论研究与一些学校实践探索，结合我校实际，本人认为，扬长教育是根据学生兴趣、特长、性格、智力等开展有针对性、差异性的教育。

二、理论思考，丰富扬长教育理念系统

学校办学理念系统回答“为谁培养人、培养什么样的人、怎样培养人”的问题。针对扬长教育的内涵特征，我们对学校顶层办学理念系统进行重新梳理。

办学理念：扬长教育。

办学目标：扬师生之长，争创区级名校。

育人目标：把孩子培养成“兴体报国”的特长人、“崇文尚武”的文化人、“明德仁义”的文明人。

教育理念：尊重个体、张扬个性；挖掘潜能、持续发展。

校训：崇文尚武，兴体报国。

在办学理念系统指导下，进一步提炼扬长教育理念下的学生观、教师观、教学观和课程观的内涵。

扬长教育的学生观就是要以学生全面发展为本，注重个性差异，发挥主体作用，激发学生兴趣，挖掘自身潜能，通过体育专长的扩张和转移不断地增强学生的成就感与自信心，促进学生德智两方面的健康发展。

教师观主要包含三个方面：一是教师的角色，二是教师的行为，三是师生关系。扬长教育的教师观在教师角色上要求教师是学生学习和发展的帮助者、促进者和指导者；在教师行为方面，要求教师要尊重每一位学生的尊严和价值，平等对待，因材施教，学会赏识；在师生关系上要体现“学生主体，教师主导，学生主演，教师导演”的定位。

扬长教育的教学观重点体现在要关注学生的实际获得和情感体验。教师要善于张扬学生的个性，增强学生的成就感与自信心；教师要积极创设学习情境，激发学生的学习兴趣；教师要重视学生的个体差异，因材施教。

扬长教育的课程观就是构建适应学生内在发展需求，体现激发兴趣，发展特长，激活潜能的扬长课程体系，使之成为体现办学理念、实现教育目标、促进学生全面发展的重要载体。

三、实践探索，凝炼扬长教育实施策略

我校学生与普通学校的学生相比，具有文化课基础较差、学习自信心不足、缺少良好学习习惯等劣势，但他们吃苦耐劳、思想活跃、感情丰富，有强烈的竞争意识和合作意识。针对上述特点，在学校办学理念系统的指导下，系统构建扬长教育实践体系。

（一）优化师资队伍是实施扬长教育的前提

实施扬长教育的主体是教师。教师对学生的影响深刻且巨大，教师的发展决定教育成败。“想学生扬长，教师务必有所长；想让学生成功，教师必须先成功。”①

学校在扬长教育实践研究中，开展以打造“扬长教师”为主题的系列培训活动，优化师资队伍，提升教师实施扬长教育的专业素养。

首先，学校为教师购买了《扬长教育论》《教学与行为干预（RTI）》《怎么上课，学生才喜欢》《专业资本：变革每所学校的教学》《写给教师的心理学》等相关理论书籍，为各学科教师配齐了《义务教育学科课程标准》《课程课标解读》《课程标准解析与教学指导》《学科能力标准与教学指南》四本必读书目，倡导教师学习教育理论，研读课程标准，把握扬长教育内涵，做好理念上的引领。

其次，建立扬长文化建设大讲堂，开展每周一次的扬长教育智慧沙龙活动，分享教育智慧，开阔教师视野，提高教师理论认知与扬长技能。

最后，通过典型引路、任务驱动、活动推进等方式，拉动教师专业素养的快速提升。先后开展了两届“最优杯”课堂教学评优展示活动，组织开展了“同课异构”“观课议课”以及骨干教师展示课、青年教师汇报课等研修活动，为教师提升扬长教育技能搭建了实践展示的平台。

（二）研发校本课程是实施扬长教育的载体

课程是学校教育思想、教学理念的集中体现，也是实现教育目标、促进学生全面

---

① 马锐雄 . 扬长教育，让每一位学生都体验成功 [J]. 广东教育，2012:7-8.

发展的重要载体。作为以人本为核心的扬长教育，其课程安排与实施必然要以“追求人的和谐发展为目标，希望人的本性、人的尊严、人的潜能在教育过程中得以实现和发展”。[①]

因此，课题组依据体校学生的自身特点，坚持课程育人导向，以兴趣性、拓展性、扬长性为原则，完成了扬长教育创新性课程和拓展性课程的研发与编写。

《语文与体育》《数学中的体育》《英语与体育》《物理中的体育》《生活中的化学》《延庆的人文与自然》六本校本教材，是国家课程的延伸和拓展，均以体育、运动为重点特长的切入点进行选材，以促进学生自主发展和满足个性发展需求为主旨，从学生感兴趣的事物和知识入手，激发学生的学习兴趣，开发学生的潜能，在落实国家课程目标、促进学生的全面发展同时，促进学生体育特长的形成。

“妫川健儿——滑向 2022”是学校的创新性课程，是为在冰雪运动方面具有特长的学生开设的课程，是以发展学生优势和专长，参加高水平竞赛，为高一级学校和专业团体培养和输送优秀特长生为目标的课程，着眼于有潜质学生的专业发展。本教材将浅显易懂的文字和直观清晰的照片进行有机结合，可读性和示范性强，适合有冰雪特长的学生们进一步提升。

（三）提高课堂实效是实施扬长教育的核心

课堂是学生学习的主要场所，也是教师教书育人的主渠道。因此，扬长教育必然要在课堂教学环节体现其理念的魅力。在教学中，教师必须立足于学生的认知水平、多元智能发展情况和个性特点，选择相对适合的教学方法予以施教和引导，以发挥学生的主体性和能动性。从而激发学生的主动性和自觉性，构建起学习自信，最终促进自我发展。

1. 唤起学生的学习兴趣是提高课堂教学实效的关键

“知之者不如好之者，好之者不如乐之者。”（《论语》）可见兴趣是学习知识、培养能力的前提，只有激发学生的学习需求和兴趣，才会促进他们积极地参与教学过程，实现课堂教学的实效。

激发学生的学习兴趣，提高课堂教学实效可从创设良好的学习氛围、建立融洽的

---

① 唐之亨．人本教育论 [M]. 北京：教育科学出版社，2015:173.

师生关系、把握主体性原则、采用激励性评价四个措施激发学生的学习兴趣。

2.“低、小、多、快”教学法是提高课堂教学实效的有效方法

多元智能理论揭示了教学应该根据每个学生的智能优势选择最适合学生个体的教学方法，即因材施教。针对体校学生文化课基础差、个体差异大这一特点，我们总结出“低、小、多、快”教学法。即：低起点，把教学目标降至学困生能接受的位置；小步子，减小练习坡度，循序渐进，稳步提高；多活动，尽量给学困生创造和提供更多的活动机会、实验机会、训练机会、表达机会；快反馈，发现问题及时进行指导和矫正，帮助其清除学习上的障碍，减少掉队的可能。这种教学法的最大优势在于多数学生能跟上教学进度，学习任务便于完成，有实际获得感，能有效激发学生学习的积极性，增强学生自信心。

3.“五环”教学模式是提高课堂教学实效的有效途径

学校以扬长教育的教学观为指导，构建了扬长教育的“五环”教学模式（见图1）。

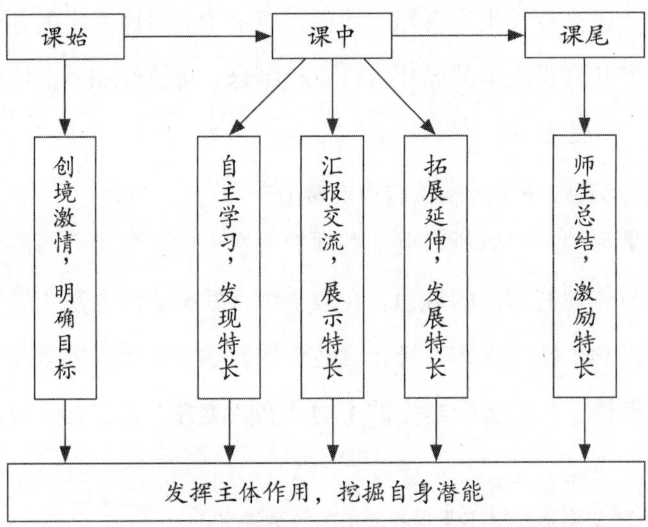

图1 北京市延庆区体育运动学校扬长教育“五环”教学模式基本流程图

“五环”教学模式以激发学生的学习情趣、张扬个性、发展特长为宗旨，通过“创境激情，明确目标；自主学习，发现特长；汇报交流，展示特长；拓展延伸，发展特长；师生总结，激励特长”的课堂教学基本程序，让学生直接参与、亲身体验和感悟知识形成的过程，从而发现问题，解决问题，形成结论。在整个教学过程中，教师不是“授人以鱼”，而是“授人以渔”，充分彰显了学生的主体地位，注重培养其特长。

（四）社团活动是实施扬长教育的推手

“教育的基本作用，似乎比任何时候都更在于保证人人享有他们为充分发挥自己的才能和尽可能牢牢掌握自己的命运而需要的思考、判断、感情和想象方面的自由。”[①] 社团作为学生组织，是以学生兴趣、爱好为基本发展要求的自由空间，是学生充分发挥自己才能、主动成长、增强自信的平台。

为此，根据学生需求，学校先后创建了拉丁舞社团、书法社团、国画社团、情景剧社团、广播社团、冰雪社团、轮滑社团、篮球社团、奥运小记者社团，开办了校园电视广播站，组建了延庆体校志愿者服务队，成立了延庆区青少年冰雪轮滑队等社团组织。内容丰富的社团活动，为学生搭建了“体艺熏陶、张扬个性、兴趣盎然”的筑梦舞台，满足了学生的个性化需求，提升了学生实际获得感，增强了自信，实现了“以长促长，以长促全”的教育效果。

作为一所体育学校，在探索扬长教育过程中进一步彰显了学校特色，促进了师生发展。2017 年张家口市第二届学生冬季运动会，我校滑冰队荣获冰上混合接力项目冠军，两名同学获小学组追逐赛男子组第一名，两名同学荣获女子组第二名；滑雪队四名同学获得迷你冬季两项第一名，五名同学获得趣味接力第三名。2017 年北京市第二届学生冬季运动会，我校荣获双板大回转猜时赛项目小学组第二名、初中组第一名、高中组第四名；荣获双板登坡绕障碍后直滑降项目小学第一名、初中第四名、高中第四名；荣获传球射门赛高中组第二名、冰上拼图赛初中组第二名；运球滑行接力赛初中组第二名、高中组第二名。2018 年学校滑雪队代表北京参加京津冀滑雪体验冬令营活动荣获一等奖和体育道德风尚奖。2018 年参加《谁是球王》——“新时代”杯全国青少年校园足球大赛，在中小学五人制足球赛中荣获高中女子组冠军。

导师点评

教育的核心目的是促进全体学生的全面发展，对于这一点大家基本达成了共识，但从哪些方面入手促进学生发展，是从短处着眼还是从长处入手，教育者有不同的思考与做法。在延庆区体育运动学校，刘全校长结合本校学生特点及发展实际，提出扬

① 联合国教科文组织．教育——财富蕴藏其中 [M]. 北京：教育科学出版社，1996：85.

长教育理念，希望从学生的优势点出发，以长促长，然后以点带面，以长促全，促进学生全面发展，这是校本管理智慧的结晶，是体育运动类学校治校的核心经验。我们欣喜地看到，在刘全校长的带领下，学校从课程、教学、德育、师资发展等多个方面做了很多积极的探索，助力学生扬长，让学生充满自信，让全体师生共同成长，形成欣欣向荣的“道人之长，越道越长”之势。希望延庆体育运动学校继续贯彻扬长教育理念，让学生的优势更明显，让学校的特色更鲜明！

（点评导师：北京师范大学教授　赵德成）

主要参考文献

[1] 冯荣 . 扬长教育论 [M]. 北京：知识产权出版社，2017.

[2] 霍华德 · 加德纳 . 多元智能 [M]. 沈致隆 . 译 . 北京：新华出版社，1999.

[3] 陈坤华 . 扬长教育，培养创新人才的一种选择 [J]. 高等工程教育研究，2001（4）.

[4] 陈坤华，刘德顺，朱川曲 . 扬长教育初论 [J]. 现代大学教育，2002（4）.

阳光教育理念指导下的“七彩阳光”课程建设与评价研究

陈计军①

我校实施的“阳光教育”意指“以阳光之心，育阳光之人”的教育。它是充满尊重、理解、赏识、激励的教育，是师生双方温暖和谐、教学相长的教育。学校在核心理念的指导下，以“多元、开放”的课程建构思想，构建了“七彩阳光”课程体系，打造“阳光”课堂，实施“阳光”评价，着力培养“阳光学子”。

① 陈计军，北京市延庆区沈家营中心小学校长。理论导师是《中小学管理》杂志社社长柴纯青，实践导师是北京小学校长李明新。

Research on the Construction and Evaluation of “Colorful Sunshine” Curriculum under the Guidance of “Sunshine Education”

Chen Jijun

The “Sunshine Education” carried out by our school means the education of “cultivating sunshine people with a sunny heart” . It is an education of respect, understanding, appreciation and encouragement, where teachers and students grow together harmoniously. Under the guidance of the core concept, the school has constructed a “colorful sunshine” curriculum in the thought of “multiple and open” education, created “sunshine” classrooms, implemented a “sunshine” evaluation system, and focused on cultivating “sunshine students” .

我校早在2012年，就以“阳光教育”为办学理念，在“培养什么样的人”“如何培养人”上下功夫，开始整体育人的探索。特别是2017年进入“延庆双名”工程以来，以“阳光教育理念指导下的‘七彩阳光’课程实施与评价”研究课题为主线，进行“阳光教育”课程体系建设与评价行动研究。对国家课程、地方课程、校本课程进行重组，对各学段、各学科、各育人环节、各育人环境进行整合，建构了多元、实践、开放的“七彩阳光”课程体系，并对“七彩阳光”课程实施动态评价，对学生学业水平进行多元评价。

一、“阳光教育”基本内涵

“阳光”是一种意象，喻指温暖、光明、希望、多彩。“阳光教育”是指“以阳光之心，育阳光之人”的教育，是充满尊重、理解、赏识、激励的教育，是师生双方温暖和谐、教学相长的教育。

（一）办学理念：阳光教育

我们的理解是：秉阳光之心，践阳光之行，育阳光之人。追求予己阳光，方可予人阳光；讲求师生互育、师师互育、生生互育、家校互育、成人成才。

（二）办学目标

依据阳光教育办学理念，学校确立的办学目标是：构建“温暖幸福、和谐发展的‘阳光教育’特色学校”。通过“阳光”教育，力求使所有学生都全面而有个性地成长，每一名教师都内外兼修地发展，进而培育“阳光教育”特色学校。

（三）育人目标

培养品端身健、乐学善行、和而不同、阳光多彩的阳光少年。我们的阐释是：“品端身健”是坚实的做人基础，“乐学善行”是良好的学习品质，“和而不同”是全面成长中的个性发展，“阳光多彩”旨在促进学生全面发展，完全契合中国学生发展核心素养的相关指标要求。

（四）教育理念：普惠众“生”，润泽生命

该理念是指为每一名学生提供均等的教育机会和资源，尽享阳光。生命之树得以润泽，生命之花得以绽放。

（五）校训：阳光共享，智慧共生

其目的是让师生及家长共同培育阳光教育，秉持阳光之心，实践阳光之行，予己阳光，予人阳光，互相成就，教学相长，进而共生人生成长之智慧。

二、“七彩阳光”课程体系建设

（一）学校课程体系建设目标

我校致力于构建“温暖幸福、和谐发展的‘阳光教育’特色学校”，通过一体化课程的整体设计，形成学校课程图谱，促进学校持续发展。

（1）构建“七彩阳光”课程体系。在已有课程建设的基础上，进一步深化课程体系建设，建立以基础型课程为核心、拓展型课程为重点、发展型课程为特色的“七彩阳光”课程体系，为实现学生全面而有个性的发展提供优质的课程资源，搭建学生健康成长的平台。

（2）促进学生阳光发展。通过“七彩阳光”课程体系建设、管理、实施的实践探索，构建为每一个学生提供多种学习经历、适应学生内在发展需求、体现时代特征的育人模式，努力使学生在全面、持续发展的基础上，个性特长得到精准培育，潜能得到充分发展，助推学生实现最大化发展。

（3）培养阳光教师团队。将“七彩阳光”课程建设与教师专业发展相结合，促进教师主动适应并参与课程改革，提升教师的课程开发能力、课程实施能力、课程评价能力，使教师的专业发展水平在课程建设中得到明显的增强和发展。

（二）学校课程体系建设原则

（1）整合性原则。整合国家、地方、校本三级课程，加强课程实施的操作性和实效性，整合学科教学内容，进一步提高教学效率，提升学生核心素养。

（2）选择性原则。尊重学生的兴趣和差异，增强课程的选择性，开设种类多、内容多、形式多的拓展类、发展类课程，满足不同发展层次、不同兴趣爱好、不同特点学生的多元化需求。

（3）活动性原则。落实“阳光教育”的办学理念，为学生提供多种形式的实践课程，让学生带着问题走进科技馆、博物馆、中关村科技园区、各种种植园等，在活动中学习，在学习中提升。

（4）开放性原则。课程建设主体开放，适时聘请市区专家诊断指导；课程内容开放，把最新社会发展、科技发展方面内容纳入学校课程建设领域，不断增补、开发适合我校学生的课程内容；课程实施方式开放，充分利用市区课程资源，打通学科壁垒，穿越学习环境。

（三）建构“七彩阳光”课程体系

学校遵循教育部、北京市基础教育改革有关精神，从学生不同需求出发，在阳光教育理念指导下，构建“三层七领域”学校课程体系，实现基础底蕴课程、多彩拓展课程、绽放发展课程的有效整合，构建了习惯养成、语言文学、数科探索、艺术审美、运动健康、实践活动、社会交往七大领域学校课程。“三层七领域”课程相互贯通，分层实施。形成学校课程图谱，见图1。

图1　北京市延庆区沈家营中心小学“七彩阳光”课程体系图

1. 课程结构的文化意象呈现——“太阳”

我校课程设置以立德树人，发展核心素养为统领。课程结构图为七彩阳光造型。意在“阳光教育”的理念指引下，以“三层七领域”课程培育追梦“阳光少年”。这一内涵与我校的办学理念和育人目标方向一致。

2. 课程体系的具象呈现——三层次课程结构（见表1）

表1　北京市延庆区沈家营中心小学“七彩阳光”三层次课程特点与层级关系

	基础底蕴课程	多彩拓展课程	绽放发展课程
课程特点	•面向全体学生的课程，着力培养学科核心素养 •学生掌握基本的知识内容与学习方法，培养基本素养	•满足学生多元选择与个性发展的需要，着力培养阅读素养、艺术素养 •以自主开发的多元融合课程为主，突出实践体验	•尊重学生差异，突出培养学生的可持续发展能力，科学探究能力、社会交往能力 •发挥学校师资优势，体现学校办学特色

续表

	基础底蕴课程	多彩拓展课程	绽放发展课程
层级关系	•是多彩拓展课程与绽放发展课程的基础和载体	•承基础底蕴，启绽放发展，为桥梁和纽带	•是基础底蕴与多彩拓展课程的深化、延伸

3. 课程设置总览

培养什么样的人，就需要什么样的课程作为支撑和保证。根据上述框架结构，学校将育人目标与深化基础教育领域综合改革相关系列文件精神融合，将学校原有课程进行深入整合，形成《北京市延庆区沈家营中心小学"三层次七领域"课程设置总览表》（见表2）。

表2 北京市延庆区沈家营中心小学"三层次七领域"课程设置总览表

学习领域	核心目标	主要实施方式	三层次课程设置		
			基础课程	拓展课程	发展课程
习惯养成	爱自己、阳光自信	采用"主题学习体验式"培养方法：依托《七星阳光少年评价手册》逐步推进，与主题教育活动、班会活动、少先队活动等有机整合	心理健康、德育活动课、班队会	社会大课堂	阳光少年
语言文学	爱阅读、善于表达	采用"个性＋多样＋分层"的教学方式： （1）基础型课程中关注学生的阅读能力和表达能力的培养 （2）在综合活动中精心设计经典阅读、慧雅书童等活动	语文、英语、中国梦、中华优秀传统文化	《弟子规》、《三字经》、宋词、《笠翁对韵》、英语绘本阅读	我爱阅读、"萌芽"文学社、"小小"戏剧社
数科探索	爱研究、求真求知	采用"活动式"培养方法：围绕"思维能力发展、科技创意制作"项目的建设，设计符合学生年龄特点的探究活动，按年级分层落实	数学、科学	观鸟、"我和菊园有个约会"种植课程	科乐思、航模、海模、电子插件、太空种子种植
艺术审美	爱艺术、情趣高雅	采用"普及＋提高"的培养方式： （1）依托基础型课程、艺术节活动，开展普及型的教育教学活动，如班班有歌声、书法等 （2）结合艺术社团建设，开展提高型教育教学活动，如古琴社团、古筝社团、软笔书法社团、工笔画社团等	音乐、美术	硬笔书法、软笔书法、舞蹈、工笔画、线描画、手工制作	古筝、古琴、合唱

续表

学习领域	核心目标	主要实施方式	三层次课程设置		
			基础课程	拓展课程	发展课程
运动健康	爱运动、阳光健康	采用“项目式”培养方法：如田径、足球、轮滑……供学生选择参加，学校配备相应的专业教师	体育与健康	围棋、象棋、田径、跳绳、足球	武术、滑雪、轮滑、滑冰
实践活动	爱思考、动手创新	采用“问题研究、活动设计”研究性学习、体验式学习方式： （1）依托市、区、校三级社会实践活动基地（东龙湾蔬菜基地，西王化草莓园，曹官营菊花园，井家庄中草药园等） （2）组织学生开展社区公益，参观考察、社会调查、各项研究、学农实践等社会实践活动	劳动技术、信息技术、研究性学习	社会大课堂活动、10%学科实践活动	传统节日课程
社会交往	爱交往、明礼诚信	采用“嵌入式”培养方法：依托道德与法治、品德与社会等学科，开展教育活动，培养学生良好品行	道德与法治、品德与社会、专题教育	阳光安全教育实践读本、妫川文化、世博、世园、园艺	仪式教育

“三层次七领域”课程，每一个领域重点关注一个或几个育人目标，如：“习惯养成、社会交往、运动健康”领域重点培养“品端身健、阳光多彩”；“语言文学、数科探索”领域重点培养“乐学善行”；“实践活动”领域重点培养“和而不同”；“艺术审美”领域重点培养“阳光多彩”。“阳光多彩”即涵盖了阅读素养、数学素养、科学素养、艺术素养、体育素养、沟通素养等多个方面。课程层次递进，又关注了不同层级学生的不同发展。自由温暖的阳光环境，合力培养的必将是“阳光少年”。

三、形成“七彩阳光”课程实施评价体系

（一）评价原则

（1）评价主体的多元性。采用学生自评、同学互评、教师评价、家长评价的方式进行。

（2）评价内容的科学性。通过对“七彩阳光”课程的梳理，把评价内容分给各个部门的主管主任，再由各部门主任制定标准和评价实施方案，布置给相关的教师去落

实，做到分层管理，分工合作，各负其责，保证评价工作的深入开展。

（3）评价操作的过程性。学校通过开展丰富多彩的活动，让学生接受教育，得到锻炼，获得发展。在每一次活动前，老师依据活动内容，制定评价的内容、标准与方法。在各类阳光活动中及时进行评价。

（4）评价效果的激励性。依托社会主义核心价值观教育及学生核心素养等具体内容，学校开发了“习惯养成”领域课程，培养“阳光少年”，并梳理形成了《七星阳光少年评价手册》。把这项争“星”活动与评价结合，激发学生的学习愿望和兴趣，帮助学生树立自信心，促进学生改进自己的行为，激励学生不断成长。

（二）“七彩阳光”课程的实施与评价

学校课程研发中心负责对教师开发的课程进行评价。一方面是对拟开设的某一门课程从开设的意义、开设的必要性、现实性、科学性和可能性等方面进行前期论证，确保开设课程的价值。另一方面是周期性地从课程结构、课程计划、课程教学进度、课程使用教材的适用性、课程实施成效等进行评价，形成课程不断革新的机制。

1.“语言文学”领域课程的实施

阅读是语言文学教育的核心。通过调查发现，我校学生在阅读方面存在缺乏阅读环境、阅读资料匮乏、选择读物缺乏技巧、学生阅读方法不多等问题。针对这些问题，我们积极采取措施开展阅读活动，指导学生阅读，学会阅读方法，提升学生阅读兴趣、改善阅读方法、培养阅读习惯等语文阅读素养，进而培养学生语言的建构和运用能力。

我们采用“我与老师、家长签协议”的方式，要求每一位签订协议的学生、教师、家长每学期阅读量不少于五本书，到小学毕业，学生最低阅读 60 本书，达到或超过小学语文课程标准中对学生课外阅读量的总体要求。在阅读过程中，首先完成学校规定的集体阅读书目，然后完成学科教师和家长共同推荐产生的阅读书目，最后完成学生自己喜爱的各种书目。

学校开设专门的阅读课。每天下午的课外活动时间安排 40 分钟的“阅读时光”阳光阅读活动，由学科教师组织学生阅读，指导阅读方法，开展丰富多彩的展示活动，如故事会、诗朗诵、辩论会等；全校举行“师生同台经典诵读”“弘扬长征精神，讲长征故事”等展示活动。

每周举行一次阳光“沈美”大讲堂活动，分别由学生和家长共同进行同一本书的阅读推荐，共谈阅读感悟。由教师和学生开展阅读分享的展示活动，低年级的“我讲——故事会”，中年级的“我演——课本剧”，高年级的“我说——整本书的阅读分享”。

学校制定阳光阅读评价标准的四项指标：一是持续阅读的习惯，二是专注文本阅读的习惯，三是主动反馈阅读体会，四是说出文本阅读的独特观点（见表3）。学期末，班主任统计学生读书情况，评出各班的读书之星，由学校进行集体表彰。

表3　北京市延庆区沈家营中心小学阳光阅读评价标准表

内　容 程　度	持续阅读的习惯（25分）	专注阅读的习惯（25分）	主动反馈体会（25分）	说出独特观点（25分）
完全符合（25分）				
比较符合（20分）				
基本符合（15分）				
不符合（0分）				

2.“实践活动”课程领域的实施与评价

（1）学科实践类课程的实施。

在落实国家课程“学科实践活动不少于10%”的基础上，要求教师跨学科整合的内容达到总学时的15%，走出教室进行实践性活动的内容不低于10%。每个学科组尝试基于国家课程的拓展性校本课程的实践开发，两年内每个学科都有一门拓展性的综合实践活动课程。每年开学之初，各学科教师综合研究学科教材内容，进行学科内容的整合，研究制订活动课程计划，集体研讨教学设计，以教研组的形式展示课堂教学，每学年学校都举行学科实践展示课活动。

（2）综合实践活动课程。

学校开辟“七彩”种植园，每班认领一块地，开展班级蔬菜种植活动；利用延庆区沈家营镇曹官营村菊花园、井家庄草药园，开发“我与菊园有个约会”的校本课程，开展栽培中草药和菊花、制作标本、了解药性、制作药膳、制作菊花茶和药茶等活动；借力太空种子种植、北京种植大赛，开展跨班级跨年级种植课题研究。数学、科学、语文、信息、劳技、美术、音乐等多学科教师指导学生全身心参与活动，在动手做、实验、观察、测量、拍照、写作、展示的过程中进行体验、体悟、发现、分析和解决问题，体验种植带来的快乐，分享种植收获的幸福，享受种植生活的美好，发展实践创新能力。

这两类课程的评价，均采用过程性评价和终结性评价相结合的方式（见表 4 和表 5），既关注学生活动参与的状态，又关注活动参与的结果。

表 4　北京市延庆区沈家营中心小学观察、准备评价表（40 分）

项　目 评价主体	观察态度（20 分） （是否认真、有记录）	资料查询（20 分） （是否参与查找，有无抄袭他人，组内交流时发言是否有记录）
自评（5 分）		
组评（10 分）		
师评（5 分）		
总　分		

表 5　北京市延庆区沈家营中心小学作品（手抄报）展示评价表（60 分）

项　目 评价主体	语文（15 分）	美术（15 分）	道德与法治（15 分）	制作精美、图文并茂 （15 分）
自评（4 分）				
组评（7 分）				
师评（4 分）				
总　分				

3.“习惯养成”领域课程的实施与评价

依托社会主义核心价值观及核心素养，开发阳光习惯养成课程，培养七星好少年。为切实保障核心价值观在孩子们的意识和行动上落地生根，学校制定了《北京市延庆区沈家营中心小学“七星阳光少年”评价手册》，分礼仪好习惯、卫生好习惯、学习好习惯、劳动好习惯、运动好习惯、饮食好习惯、安全好习惯、做人好习惯、礼貌好习惯共 9 个层面 81 项习惯养成要素（见表 6），采取各年级在家长、教师指导下，学生根据习惯发展情况自主评价，家长、教师、同伴实施评价的方式，强化学生习惯的养成，以争创礼仪之星、学习之星、文艺之星、环保之星、劳动之星、体育之星、科技之星，激励学生形成良好的行为习惯。

表6　北京市延庆区沈家营中心小学习惯养成表

9个层面	81项要素
学习好习惯	一、爱惜学具；二、专心听讲；三、学姿正确；四、学会倾听；五、善于思考；六、大胆质疑；七、主动实践；八、动笔不辍；九、勤于读书
做人好习惯	一、心态积极；二、孝敬老人；三、勤俭节约；四、持之以恒；五、充满自信；六、守时惜时；七、诚实守信；八、善待他人；九、乐于助人
卫生好习惯	一、饭前便后及时洗手；二、早晚刷牙面净容整；三、每晚洗脚定时洗澡；四、常剪指甲、定期理发；五、不可随意席地而坐；六、勤洗衣被干净无味；七、不随地吐痰、口香糖；八、垃圾分类不可乱弃；九、随手整理用具衣物
饮食好习惯	一、细嚼慢咽；二、饭时不语；三、爱惜粮食；四、不挑不偏；五、不吃腐烂变质食品；六、不可室外边走边吃；七、少喝饮料多喝开水；八、少吃零食定时定餐；九、多吃蔬菜多吃水果
安全好习惯	一、遵守交通规则；二、遵守公共秩序；三、不急追猛跑不逞能；四、不玩火玩电；五、不做危险动作游戏；六、离家离校打招呼；七、右行礼让文明骑走；八、有自我保护意识；九、不到危险区域游玩
运动好习惯	一、每天运动一小时；二、认真完成每一次练习；三、全面适度锻炼身体；四、经常走进大自然；五、体育锻炼循序渐进；六、锻炼之前做好准备；七、观看比赛文明喝彩；八、积极参加体育比赛；九、不断尝试新兴项目
劳动好习惯	一、自己的事情自己做；二、家里的事情主动做；三、别人的事情帮助做；四、按照操作规程劳动；五、劳动当中互相协作；六、劳动当中注意自护；七、勤找窍门探索巧干；八、劳动结束整理现场；九、爱护珍惜劳动成果
礼貌好习惯	一、进别人房间要敲门；二、不乱翻别人的东西；三、用双手接长辈东西；四、坐有坐相站有站相；五、微笑常在礼貌待客；六、不打断别人说话；七、学会使用礼貌用语；八、公共场合保持安静；九、见到熟人主动招呼
礼仪好习惯	一、尊师敬长，主动问好；二、谈吐文雅，彬彬有礼；三、着装合体，衣冠整洁；四、团结同学，互帮互助；五、缓步慢行，轻声细语；六、集体活动，安静整齐；七、观看比赛，不喝倒彩；八、文明游戏，安全牢记；九、上学放学，排队右行

（三）“阳光”课堂实施与评价

1.“阳光”课堂的建构（图2）

课堂是实施课程的主阵地。我们建构了教学目标饱满、教学内容丰实、教学过程灵动、教学能力扎实、学习方式多元、学习情感充沛的“阳光课堂”。“阳光课堂”就是遵循学生天性，把课堂构建为学生自主探究和自主发展的学习生态系统，要求教师以尊重、引导、培育和发展学生的好学天性为基础，以学生自主生成的问题为营养，以自由自然的学习状态为土壤，不断激发学生求知欲望、树立自信，培养学生学习能力、创新思维和团队意识、合作精神的一种人性化课堂。

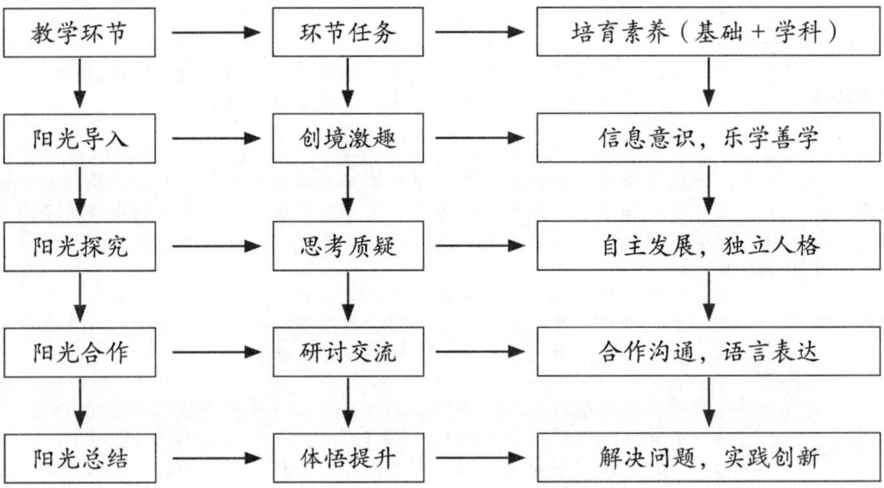

图 2　北京市延庆区沈家营中心小学“阳光课堂”教学模式图

运用自主学习、合作分享的学习方式。让学生在自主探究中学会思考，在交流互动中学会分享，在小组合作中学会交往，在解决问题中学会创新，增强学生实际获得，感受成功的幸福。

“培育素养”一栏阐述的是所有学科的共同素养，而学科本位素养需在涉及不同学科的教学设计时予以考虑。

2.“阳光”课堂评价（见表 7）

本着“以人为本”的原则，促进学生全面、和谐、健康的发展，促进学生综合素质的提升，遵循发展性、过程性、激励性、多主体参与的原则，对师生进行多元评价，突出评价诊断、激励和发展的功能，通过充分发挥阳光多元评价体系的功能，引领学生全面而有个性的发展，为学生终身发展奠定坚实基础。

表 7　北京市延庆区沈家营中心小学“阳光课堂”评价标准

一　级	二　级	评价要点（每个要点要赋分）	得　分
一、教师教（50分）	教学目标饱满（10分）	核心素养与三维目标明确（2分）、具体（2分）、可观察（2分）、可操作（2分）、有温度（2分）	
	教学内容丰实（10分）	教学内容安排合理（5分），从学生实际出发，关爱、尊重学生，难易适度（5分）	

续表

<table>
<tr><th>一　级</th><th>二　级</th><th colspan="2">评价要点（每个要点要赋分）</th><th>得　分</th></tr>
<tr><td rowspan="6">一、教师教（50分）</td><td rowspan="4">教学过程灵动（20分）</td><td colspan="2">1. 为学生创设主动学习的和谐情境，提供充分的思考、研究、研讨的自由时空（5分）</td><td rowspan="4"></td></tr>
<tr><td colspan="2">2. 恰当使用教学媒体和技术（5分）</td></tr>
<tr><td colspan="2">3. 尊重学生，面向全体，关注差异，使每个学生都能得到不同的发展（5分）</td></tr>
<tr><td colspan="2">4. 以鼓励学生发展为根本，适当运用评价策略（5分）</td></tr>
<tr><td rowspan="2">教学能力扎实（10分）</td><td colspan="2">1. 具有过硬的教学基本功和教学艺术，熟练地驾驭课堂和教材，有效调控教学过程（5分）</td><td rowspan="2"></td></tr>
<tr><td colspan="2">2. 板书清晰、有条理，突出重点，体现学生思维过程（5分）</td></tr>
<tr><td rowspan="4">二、学生学（40分）</td><td>学习情感充沛（10分）</td><td colspan="2">积极主动参与学习活动（5分），有勇于探究解决问题的欲望（5分）</td><td rowspan="2"></td></tr>
<tr><td>学习方式多元（10分）</td><td colspan="2">在教师指导下能进行自主学习（4分）、合作学习（3分）、探究学习（3分）</td></tr>
<tr><td>学习能力主动（10分）</td><td colspan="2">能够专注倾听（2分），积极思考，敢于质疑（2分），能够清晰地表述、交流（3分）。解决问题方法多样，策略灵活（3分）</td><td rowspan="2"></td></tr>
<tr><td>学习效果明显（10分）</td><td colspan="2">大多数学生能够完成学习任务(5分),达到课标要求(5分)</td></tr>
<tr><td colspan="2">三、教学特色（10分）</td><td colspan="2">教师：心态阳光（3分），教态民主（2分），情态人文（2分），努力展示自己独特的教学风格（3分）</td><td></td></tr>
<tr><td>课堂评价</td><td colspan="4"></td></tr>
<tr><td>总　分</td><td></td><td>评课人</td><td colspan="2"></td></tr>
</table>

（四）“阳光少年”评价（见表8）

表8　北京市延庆区沈家营中心小学“阳光少年”评价标准

阳光之星	年　级	标　准
礼仪之星	一、二年级	遵守学校纪律，不迟到，不旷课，不私自拿别人东西，课间不乱跑，右行礼让，举止文雅，主动问候长辈、老师、客人
	三、四年级	与同学友好相处，尊敬师长，学习用正确的方式表达自己的意愿，学会沟通，做错事情勇于承认，认真改正，礼貌待人
	五、六年级	遵守学校纪律，课间开展有益的游戏活动，尊敬师长，理解父母，做错事能够主动承担责任，礼貌待人
学习之星	一、二年级	热爱学习，按时完成作业，认真书写，学会倾听，积极发言，遇到问题想办法解决，学习成绩优秀

续表

阳光之星	年级	标准
学习之星	三、四年级	热爱学习，主动完成作业，书写正确，养成专心听讲和课前预习、课后复习的好习惯，学会思考，会借助工具书等资源解决问题，能从题目中提取有效信息，学习成绩优秀
	五、六年级	热爱学习，养成自主学习的习惯，认真听讲，学会合作学习，善于思考，敢于质疑，会审题，认真检查，学习成绩优秀
文艺之星	一、二年级	上好艺术类课程，认真完成相关任务，积极参加艺术类课外活动，掌握正确的绘画、演唱等技能
	三、四年级	上好艺术类课程，认真完成相关任务，积极参加艺术类课外活动，表现突出，协助老师开展相关活动，有一项艺术特长
	五、六年级	上好艺术类课程，出色完成相关任务，积极参加艺术类课外活动，表现突出，有一定的艺术鉴赏力，有一项艺术特长，并获市区校级奖
环保之星	一、二年级	能够主动捡起校园内、家里、社区内的垃圾，投放到垃圾桶
	三、四年级	主动承担学校公益劳动
	五、六年级	积极参与学校环保类公益活动，在活动中主动承担任务并获得好评
劳动之星	一、二年级	热爱劳动，讲卫生，学会并做到勤剪指甲，养成饭前便后洗手的好习惯，不乱丢垃圾，个人物品摆放整齐
	三、四年级	热爱劳动，保护环境，学会三项以上家务劳动，并积极实践
	五、六年级	热爱劳动，保护环境，讲卫生，不乱丢废弃物，会做简单的家务劳动，节约能源
体育之星	一、二年级	上好两操一课，动作规范，每天坚持体育锻炼一小时，体育成绩优秀，体质监测成绩90分以上
	三、四年级	重视两操一课，动作规范有力度，每天坚持体育锻炼一小时，有自我保护意识，体育成绩优秀，体质监测成绩90分以上，至少有一项体育专长
	五、六年级	重视两操一课，动作规范有力度，养成自觉锻炼身体的好习惯，自我保护意识强，体育成绩优秀，体质监测成绩90分以上，至少有一项体育专长，并获得市区校级奖项
科技之星	一、二年级	上好科学类课程，认真完成相关任务
	三、四年级	上好科学类课程，认真完成相关任务，积极参加科技类课外活动，表现突出
	五、六年级	上好科学类课程，认真完成相关任务，坚持参加科技类课外活动，表现突出，每学期读两本科技书，参加科技竞赛取得好成绩

通过“七彩阳光”课程的研发与实施，我们深刻地感受到：在课程改革中，教师

学会学习、学会反思、学会创新，成为实践的研究者；学生在知识、品质、潜力、个性等方面得到比较和谐、全面、可持续的发展，具有更广阔的发展空间；学校以课程整合、课题研究、特色项目为基点，彰显特色文化，提高了办学品质。

导师点评

陈计军校长的《阳光教育理念指导下的“七彩阳光”课程建设与评价研究》系统阐述了延庆区沈家营中心小学“阳光教育”的实施与探索的历程。由“阳光教育”的理念定位开始，建构学校文化理念体系。在此基础上，着力打造学校的“阳光七彩课程体系”。为了保障课程的实施，学校又建设了“阳光七彩课程评价体系”。

延庆区沈家营中心小学虽然是一所农村小学，但校长眼光是开阔和长远的，从一开始就将“学校整体发展”作为战略考虑，从理念到评价，所有环节的思考和设计放在前面，而不是零碎的改革。

由“阳光”的七彩为基点，提出学生学习的七个“领域”，明确了“领域—培养目标—实施方式—评价方式”，使得课程的理念到实施形成一个完整的链条，有利于教师更好地理解学校课程，理解自己所教课程的位置，以及与其他老师的关系，有利于推动学校今后的教研改革和教师跨学科协作。

（点评导师：《中小学管理》杂志社社长　柴纯青）

主要参考文献

[1] 吴少平，张丽娜 . 近二十年我国“阳光教育”研究综述 [J]. 南方论刊，2013（3）.

[2] 包丹妮 . 浅谈阳光教育理念的内涵 [J]. 新校园（上旬），2016（5）.

[3] 刘志军 . 发展性课程评价体系初探 [J]. 课程·教材·教法，2004（8）.

[4] 邓瑞芬，郭辉雄 . 阳光教育五彩课程——重庆市开县汉丰第五中心小学的课程实践案例 [J]. 基础教育课程，2016（3）.

农村小学构建校本课程体系的实践与思考

——以北京市延庆区大柏老中心小学为例

郭志强[①]

针对我校校本课程建设工作存在与学校办学理念和育人目标关联不够紧密、校本课程的丰富性与可选择性不够、学校各类课程之间缺乏有机整合、课程供给方式不能满足学生的个性化发展需求等问题，作者与学校干部、教师一起，重新定位学校发展方向，梳理办学理念体系，重新组织编排校本课程，构建“四维域，五梯度”的校本课程框架，并在课程实施过程中采取“营养配餐，精准定制”式课程供给方式，有效协调三级课程之间关系，促进了学生、教师和学校的全方位发展。

① 郭志强，北京市延庆区大柏老中心小学校长。理论导师是北京教育学院杨雪梅教授，实践导师是北京市海淀区翠微小学许培军校长。

Practice and Reflection on Construction of School-based Curriculum in Rural Primary Schools

—Based on the Example of Yanqing District Dabailao Central Primary School

Guo Zhiqiang

With the development of our school-based curriculum, we find problems such as the school-based curriculum is not closely related to our school vision and mission statements, a lack diversity of school-based courses, which are insufficient in integrity; the supply of courses cannot meet the needs of the students' individualized development. In view of such a situation, the author, leading a professional learning community, retargets the school's development goal, reviews the mission statement and reorganize the school-based curriculum with a "Four Dimensions and Five Steps" framework. In its implementation, the courses are refined and custom-made to meet students' needs. In addition, the reform effectively coordinates the relationships among the three-level (i.e. national level, municipal level and school level) curriculums. All these strategies boost students', teachers' as well as the school's all-round development.

为适应深化教育领域综合改革的新要求，北京市延庆区大柏老中心小学积极探索通过校本课程建设来促进学生全面发展，彰显学校办学特色的有效路径与策略。

一、校本课程功能发挥不平衡、不充分的现象分析

课题组经过调研，梳理出学校校本课程建设存在以下问题：

（一）校本课程与学校办学理念和育人目标关联不够紧密

学校自 2003 年开始开设了几门校本课程，但多是零散的、无序的、碎片化的，没能从整体布局上进行规划与设计，课程建设过程就是简单地将校本课程叠加在一起，形成一个“积木堆”，有些课程还存在交叉、重复的情况，各类课程没有形成一个完整、清晰、稳定的课程构架，与办学理念、育人目标的关系不明显。

（二）校本课程的丰富性、选择性不够

2016 年，学校校本课程数量只有四门，即“葫芦的种植与艺术”“四德三规范”“葫芦丝”“太极球”，数量不足，存在单一化现象。究其原因是校内外课程资源没能得到合理地开发和利用，例如，学校每逢传统节日组织开展的教育活动就可以开发为校本课程；再如，学校足球工作成绩突出，已被评为市级足球特色学校，教师有着丰富的教学经验，但是这些经验做法没有进行整理、提炼与及时固化，如果足球教师调走，也就没人能够继续做好这项工作了。

（三）学校各类课程之间缺乏有机整合

国家课程、地方课程与校本课程的组织实施缺乏有效协调，校本课程在目标的确定、内容的选择、组织的形式、策略的运用上没有准确地与国家课程和地方课程的校本化实施实现对接，使其在课程功能的发挥上出现了“空白”和“重叠”的现象。

（四）课程供给方式不能满足学生的个性化发展需求

当初学校开发的校本课程，主要是为了突出“办学特色”，并不是出于满足不同学生的发展需求。学生家长对学校开设什么课程也不关心，他们一般只在乎学生的考试成绩。在学校课程管理活动中，教师没有成为课程的主要设计者，学生处于被动接受的地位，学校安排什么课程，学生就只能整齐划一地学习什么课程，学生没有自主选择的权力与空间，更不要说参与课程的开发。

二、我校构建校本课程体系的路径

本研究中"构建校本课程体系"是指在学校办学理念引领下，围绕学校育人目标的总体要求，结合学生的身心发展规律和全面发展与个性发展的基本要求，学校通过对校本课程的开发与实施，科学合理地编排与组织各类校本课程，使学校各类课程形成相互联系、相互补充的有机整体。

（一）准确定位学校发展方向

学校于2008年开发了校本课程"葫芦的种植与艺术"，其目的是通过学习葫芦的种植、养殖、管理方法，以及葫芦的艺术创作，让孩子们在劳动中接受教育，学会欣赏美、创造美。经过近十年不懈的努力，该课程已经成为学校的办学特色，提高了学校的知名度。在对学校进行SWOT调查分析时发现，学校94%的教师认为葫芦文化已成为学校的特色品牌，鉴于此，学校提出"创建传统文化特色鲜明的乡村优质学校"的办学目标。

（二）梳理学校办学理念体系

泰勒的课程原理[①]告诉我们，课程建设要解决四个问题：①学校应该达到哪些教育目标？②提供哪些教育经验才能实现这些目标？③怎样才能有效地组织这些教育经验？④怎样才能确定这些目标正在实现？要解决这些问题，研究工作必须回归原点，挖掘办学理念的内涵，细化学校的育人目标。

1. 挖掘"扶人至真，露润达彩"办学理念的内涵

（1）扶人，指立德树人，关注育人，意在成人。体现对生命价值的尊重与追求，以人为本，感知生命，提升自己。

（2）至真，指育人为真，关注求真，意在成真。正如教育家陶行知先生所言"千教万教教人求真，千学万学学做真人"，教育就是要追求真理与正义，培养具有真诚、质朴和纯洁品格的人。

（3）露润，指雨露浸润，着眼遵循规律，关注过程，意在成长。尊重生命成长的自然规律，尊重教育发展的客观规律。通过生命的交融、智慧的碰撞、心灵的沟通等

① 钟启泉，张华.课程与教学论[M].上海：上海教育出版社，2000：12.

点滴式供给，实现外润 + 内化。

（4）达彩，指绽放光彩，着眼最优发展，关注发展，意在成才。让每一个生命都精彩，做最好的自我。体现从量变到质变的过程，最终实现师生自我价值追求。

“扶人至真，露润达彩”体现由呵护生命成长到自我发展再到实现价值追求的过程，最终通过师生的成功，走向师生的自我教育和终身发展。“扶”与“露”合起来，谐音“葫芦”，对应学校特色。

2. 基于核心素养，细化学校育人目标

学校提出的育人目标为：做明理、乐学、健康、多彩的中国娃（见表 1）。结合学生核心素养要求，学校对每个领域目标进行细化。

表 1　北京市延庆区大柏老中心小学基于学生核心素养的育人目标体系

目标领域	核心素养	内涵表述	提炼校训
明理	仁	孝亲尊长，诚信友善，责任担当	和谐
乐学	勤	励志勤奋，乐学善学，探究求真	求真
健康	健	健康生活，珍爱生命，勇敢坚毅	发展
多彩	美	兴趣广泛，解决问题，实践创新	创新

（三）组织编排学校课程体系框架

1. 统整校本课程名称表述

为突出学校办学特色，充分借鉴民间故事《葫芦娃》中勇敢、智慧、善良的中国儿童形象，我们将学校校本课程名称进行了统整（见表 2）。

表 2　北京市延庆区大柏老中心小学校本课程名称统整表

	我学会	我参与	我选择	我创新
我明理	懂事葫芦娃	自信葫芦娃	爱心葫芦娃	葫芦娃剧场
我乐学	葫芦娃小书虫	葫芦娃农庄	智能葫芦娃	葫芦娃评书
我健康	知“足”葫芦娃	冰雪葫芦娃	葫芦娃心语	舞力葫芦娃
我多彩	葫芦天地	葫芦娃书画社	葫芦娃丝语	陶淘葫芦娃

2. 构建“四维域，五梯度”校本课程框架

在学习和借鉴布卢姆关于认知领域目标分类理论的基础上，将同一领域课程的教

育目标进行梯度设计，以“我学会、我参与、我选择、我创新”作为课程目标递进梯度表达，构建了一个完整、生态、立体化课程架构，如图 1。

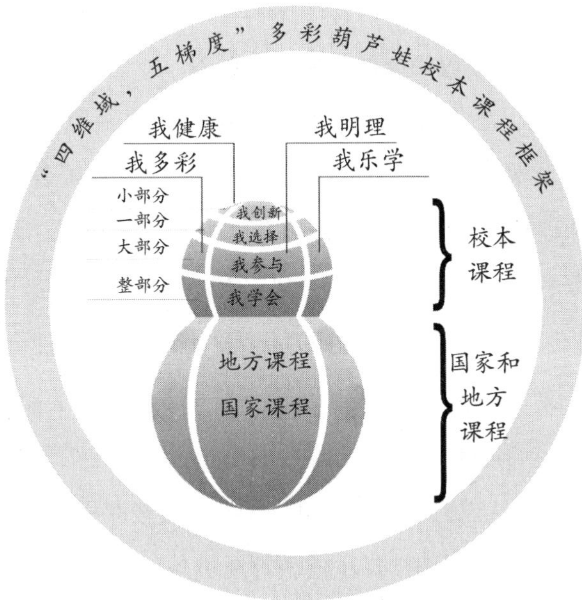

图 1　北京市延庆区大柏老中心小学校本课程架构图

“四维域”是指“我明理、我乐学、我健康、我多彩”四个目标领域。在葫芦上半部分分成四份来分别表达。

“五梯度”如下：

第一梯度：国家和地方课程（包括学科实践课程）标准中要求达到的课程目标的基础类课程。

第二梯度：“我学会”的标准是学生全员达到对校本课程的初步识记和领会。如“懂事葫芦娃”的课程目标是培养每一名学生的文明习惯。

第三梯度：“我参与”的标准是大多数的学生达到对校本课程较高水平的理解。如“懂事葫芦娃”课程目标是通过组织学生开展过中国节活动，增强学生的民族自信心。

第四梯度：“我选择”的标准是一部分学生能够应用所学知识解决实际问题。如“爱心葫芦娃”课程目标是选择组织一部分学生参与志愿服务。

第五梯度：“我创新”的标准是部分学生形成创造能力。如“葫芦娃剧场”课程目标是一小部分学生，能够将发生在身边和生活中的有意义的小故事编排成儿童剧，以表演的方式对其他学生进行教育，这是对学生综合能力的一种锻炼。

三、我校构建校本课程体系的策略

（一）课程供给方式体现以学生健康发展为中心

泰勒课程原理强调：怎样才能有效地组织这些教育经验？我们认为要达到“有效”，就是要真正满足学生差异化、个性化的发展需求。美国著名的课程论专家施瓦布提出了一种新的课程运作方式——集体审议①，所谓集体审议，是指在特定情境中通过对问题情境的反复权衡而达成的一致意见。集体审议的主体是“课程集体”，以学校为基础，成员由校长、教师、学生、社区代表、课程专家和社会学家等人员组成。我们从“课程集体审议”中得到了启发，从以下几个方面考虑学校校本课程的实施：

（1）家长希望孩子学习什么课程。学校通过家长座谈会、家长问卷调研、家访等渠道，了解家长对孩子的认识，收集家长对孩子学习哪些课程的意见和建议。

（2）孩子自己需求什么课程。班主任教师通过与孩子的交流与沟通，倾听孩子对自己的认识，了解孩子的理想与志向、兴趣与爱好。

（3）学校可以提供什么课程。学校在办学理念引领下，依据育人目标，结合学校实际，为学生提供尽可能多的课程选择。

（4）确定孩子适合什么课程。校长、教师、家长、学生、专家、教育督学集体进行研讨，从家长、学生、学校三方面的意见中找出这些集合的最大公约数，结合学生的性格特点、兴趣特长、认识基础，确定学生适合什么课程，并在今后的学习中不断调整和完善，见图 2。

我们称其为“营养配餐，精准订制”式课程供给方式，“营养”体现了课程资源的丰富多样，“配餐”体现对资源的合理选择。“精准”体现面向每一个学生个体，尊重学生的差异，“订制”体现教育服务供给的主动性。“营养配餐，精准订制”式的课程供给方式就是以学生的健康发展为中心，尊重每一个孩子的个性特点与发展选择，结合家长愿望、教师建议、学校实际、社会需求等各方面因素，为每一个学生量

① 万伟．课程的力量 [M]. 上海：华东师范大学出版社，2017：18.

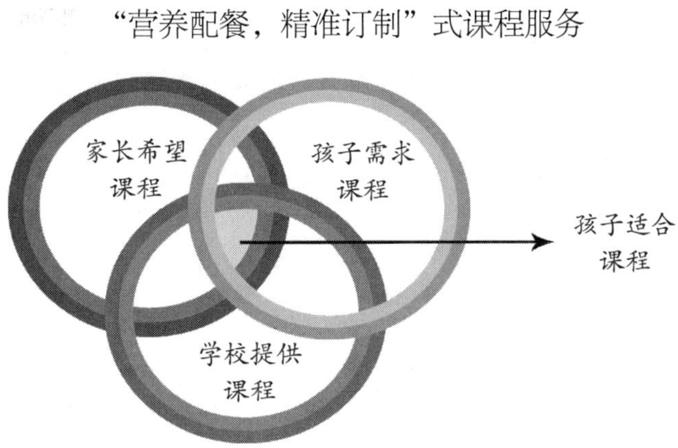

图2　北京市延庆区大柏老中心小学课程供给方式示意图

身订制的课程服务，从而真正满足学生的发展需求。

（二）协调好三级课程之间的关系

要使学校课程功能得到最有效的发挥，就必须协调好校本课程与地方课程、国家课程之间的关系，达成三级课程的融会贯通、优势互补和价值创生，我们在实践中总结出以下几点认识：

1. 校本课程在目标设计上注重对国家和地方课程进行内化和补充

对现有学科教材编排内容难以落实课程标准要求的情况，我们通过校本课程目标设计加以内化，如《小学语文》课标指出要"弘扬和培育民族精神""认识中华文化的丰厚博大，吸收民族文化智慧"，要实现这一目标要求，仅仅依靠语文教材内容是远远不够的，我校开发的校本课程"葫芦娃评书"，目的就是使学生在听评书、表演评书的过程中，不仅提高学生的语文素养，还能培养他们对传统文化的热爱之情、自豪之情。此外，对于国家课程标准中存在的空白或者薄弱环节，我们通过校本课程加以补充。例如，北师大资深教授林崇德先生所带领的研究团队通过对现行课标中核心素养指标的研究分析表明：现行课程标准缺乏对冲突解决能力的培养，35门现行学科课标中均没有提到冲突解决能力。为此，我校开发了校本课程"葫芦娃剧场"，学生通过展演发生在身边的生活琐事，理解人与人之间如何相处，学会并掌握化解矛盾冲突的方法和技巧，从而弥补现有课程在育人目标上的不足。

2. 校本课程在内容的选择上注重对国家和地方课程进行拓展和延伸

为突出学校办学理念和育人目标，需要对国家课程编排的有些教学内容进行拓展。

如人教版《小学科学》教材中安排了“齿轮”的学习内容，介绍了简单电路的组成、串并联电路等知识。我校开发的“智能葫芦娃”课程编排了光电传感器的知识与技能。在国家课程教材相对滞后，无法及时反映时代最新发展，教学内容与现实生活出现脱节的情况下，我们通过校本课程加以解决。再如，首师大版四年级《品德与社会》上册教材中安排了“通信沟通你我他”的专题内容，教材重点介绍了邮政通信和电信等通信方式。众所周知，进入信息时代的今天，可供人们选择的通信方式有很多，我校虽处农村地区，但是快递、物流、移动支付、互联网经济等方式已经较为普遍，为此在校本课程“爱心葫芦娃”中编排了互联网经济的学习内容。

3. 校本课程与国家和地方课程共同完善学校全面培养育人体系的本土化与生活化构建

习总书记在全国教育大会上指出：“要努力构建德智体美劳全面培养的教育体系，形成更高水平的人才培养体系。”学校一切的课程行为都是为了全面贯彻党的教育方针，落实立德树人根本任务，培养德智体美劳全面发展的社会主义建设者和接班人。我校地处农村地区，结合实际设计开发“葫芦娃农庄”课程，让学生通过农耕实践，培养学生爱劳动、爱科学、爱家乡的思想品质，学习和掌握本地区农业生产基本知识和技能。2019 年我区要承办世界园艺博览盛会，为此我们设计开发了“葫芦天地”课程，让学生通过葫芦的工艺制作培养学生的艺术审美素养以及工匠精神；2022 年我区要协办第 29 届世界冬季奥运盛会，我们开设了“冰雪葫芦娃”课程。再如，我校附近的盆窑村，有五百年的制陶历史，为了更好地传承和发展这项古老的工艺，学校开发了“陶淘葫芦娃”课程，让学生真正浸润在这古老而又神奇的乡村文化之中，将社会生活纳入课程、课堂，让学生的学习活动走向社会，走向生活。学生把自己的手工艺品摆到集市摊位上出售，在社会实践活动中得到了成长和锻炼。今天，学生们为游客讲解和表演陶艺制作的工艺流程，为村里制陶企业提供帮助，明天，他们就可能回到企业成为出色的技术人员，从而反哺社会。

四、我校小学校本课程体系构建的效果

（一）干部教师的专业素养得到提升

研究之初我校教师队伍存在的问题一是“老”，平均年龄 42 岁，绝大部分教师是一参加工作就在这所学校；二是“旧”，许多教师观念陈旧、落后，他们在潜意识里

都认为课程的编制是课程专家的事，教师仅仅是课程的执行者，专家对于课程的理解理所当然地能与教师对课程的理解相一致；三是“弱”，缺乏课程建设的相关知识，课程意识和课程建设的能力比较弱，视野还不能从“一节课”很好地走向“一门课程”；四是“惰”，在课程实践中缺乏积极性，存在一定程度的职业倦怠的情况。

为此，在课程实践过程中，我们从以下几个方面入手开展课程建设活动。

（1）价值引领：组织培训、讲座、研讨、拓展训练，每学期开学初校长亲自设计并组织拓展训练。

（2）党员干部带头：学校号召党员要争当业务先锋，每名干部带头参加课题研究，参与课程建设。

（3）深度交流：每学期按计划组织课程建设专题交流活动，为了提高研讨的效率，我们开展微信群交流活动，大家在群里发表各自的意见和建议，统一思想，形成共识。

（4）变革组织结构，建立年级教研组：建立跨学科研究团队，让课程统整成为教师的自觉行为。同一年级不同学科的教师聚集在一起开展交流互动，这样就打通了班级和学科之间的界限，形成了一个课程研究共同体。

通过这些举措，校长和管理团队在校本课程体系构建过程中快速转变观念，变换角色，使全校上下形成合力，从整体规划、系统架构入手，不断提高课程规划能力。教师们参与课程的设计与开发、组织与实施、管理与评价工作的全过程，实现了从关注一节课，到关注一个知识领域；从关注一本教材到关注课程整体架构的转变；从关注“教”走向关注“学”，从注重向学生传授知识走向对学生的能力培养……学校课程建设活动促进了教师的学生观和质量观的转变，最大限度地调动他们参与课程建设的主动性与创造性，使教师真正成为学校课程改革的主体和主力。

一年多来，学校教师的专业素养得到了发展，先后有劳技、数学、美术、英语、心理 5 位学科教师代表延庆区参加北京市教学基本功展示并取得好成绩。2018 年上学期，我校 9 名教师撰写的校本课程案例在市级评优活动中获奖，校长撰写的课题研究论文《课程滋养生命》刊登于《现代教育报》。2018 年下学期，我校教师参加市、区教学基本功比赛，其中有 17 人获得一、二等奖。在全区骨干教师评选中，我校 10 名教师被评为区级骨干教师，其中新增加 6 人。

（二）学生在校本课程实施中健康成长，全面发展

通过学校课程的有效实施，学生的综合素养得到了普遍提高。学生在区级艺术和科技活动中频频获奖，尤其是学生的实践能力得到发展和提高，学校“葫芦娃志愿服务小队”走出了校门，走进博物馆，走进实践基地，走进社区进行志愿讲解和宣传。每年9月3日抗日战争胜利纪念日、9月30日烈士纪念日，清明节以及七一建党纪念日期间，小志愿者们都会在平北抗日战争纪念馆进行志愿讲解。2018年一年，我校学生志愿者为13 000余人次的来宾进行了志愿讲解服务。在市委教工委、市教委组织召开的北京市中小学生社会大课堂十周年总结展示会上，我校代表全区进行参展，两名志愿者的精彩讲解，赢得与会宾客的阵阵掌声。

在课程体系建设过程中，多项校本课程形成了突出的特色：师生共同绘制的葫芦作品《水浒一百单八将》，震撼着每一位观众，学生们的手工作品还作为礼物赠给国际友人；低年级表演评书的学生穿着长袍，手握折扇，像模像样的表演赢得阵阵喝彩声；身着傣族服装的孩子们在同伴演奏的葫芦丝乐曲声中，翩翩跳起了孔雀舞，引得大家驻足忘返；学生们表演的情景剧，每次都是全校联欢会上不可或缺的压轴节目；那一块块陶泥在孩子们的巧手下，演变出“葫芦娃大战蝎子精”“米老鼠和唐老鸭”“西游记师徒取经”“喜羊羊与灰太狼”等众多栩栩如生的画面……

（三）学校办学特色得到彰显

为突出学校传统文化教育特色，学校校本课程开发的目标充分体现以弘扬爱国主义精神为核心，培养富有民族自信心和爱国主义精神的社会主义事业建设者和接班人的要求。例如，“爱心葫芦娃”和“葫芦娃剧场”等课程落实社会关爱教育目标，“葫芦娃评书”“舞力葫芦娃”“葫芦娃书画社”“葫芦娃丝语”等课程落实家国情怀教育目标，“懂事葫芦娃”“葫芦娃小书虫”等课程落实人格修养教育目标。此外，在课程实施过程中，将独特的校园环境开发为有力的课程资源，学校的环境文化可以归纳为：一场、二廊、三苑、四墙、五谷大观、多彩点缀。办学理念充分融入环境文化设计，使其有了生命意义的存在，让校园文化根植于中华大地。楼上楼下，屋里屋外，处处体现中国元素，处处都有学生展示的舞台，处处都是学生探究的园地，服务于学生的全面发展和健康成长。

导师点评

本研究是一个原汁原味的一线校长进行的行动研究的范例。首先，郭校长的研究基于学校真实问题，有敢于直面问题的勇气。其次，郭校长分析了问题的表现及产生的原因，有分析问题的技术与方法，比如校本课程与学校育人目标的关联性不够，校本课程的选择度有限等。最后，郭校长探索解决问题的路径和策略，有解决问题的智慧与谋略。在这个过程中，问题的解决呈循环提升的态势，效果不佳的时候就重新修正，继续研究，直到问题得到较好地解决。

本研究是一个实践与理论相互对话、转化的研究。郭校长在构建“四维域，五梯度”校本课程体系中的课程目标、探索有效的课程供给方式等方面，依据了布鲁姆的教育目标分类学、施瓦布的“集体审议”的课程运行方式。但是，郭校长不是简单地照搬照抄理论，而是依据理论与学校的问题和情境对话，并将其结合起来，最后把这些理论转化为赋有自己学校特点的课程目标和实施方式——“四个我”“营养配餐、精准订制”，体现了农村学校新一代校长的理论与实践结合的能力，也体现了一位年轻的农村校长锐意变革、不断创新，推动学校特色发展的责任担当与实践智慧。

（点评导师：北京教育学院教授 杨雪梅）

主要参考文献

[1] 张威 . 基于顶层设计理念的学校课程建设研究 [D]. 芜湖：安徽师范大学，2015.

[2] 张金芳 . 教师校本课程开发能力研究 [D]. 重庆：西南师范大学，2005.

[3] 李奕 . 北京“深综改”：基于供给侧结构性改革的整体性变革 [J]. 中小学管理，2016（1）.

[4] 张玮 . 论小学课程领导力和校本研究有效性的提升 [D]. 大连：辽宁师范大学，2014.

[5] 刘丽娜 . 以校本课程开发促进学校改进的个案研究 [D]. 重庆：西南大学，2014.

[6] 王旭阳 . 校长课程领导力研究 [D]. 沈阳：沈阳师范大学，2014.

[7] 李良华 . 教育供给侧改革视角下的慕课建设与发展策略 [J]. 西藏大学学报（社会科学版），2018（3）.

[8] 陈飞 . 农村小规模学校校本课程开发研究——以红丰小学为例 [D]. 长春：东北

师范大学，2018.

[9] 邹尚智．校本课程开发与管理 [M]. 天津：天津教育出版社，2015.

[10] 钟启泉，张华．课程与教学论 [M]. 上海：上海教育出版社，2000.

[11] 林崇德．21 世纪学生发展核心素养研究 [M]. 北京：北京师范大学出版社，2016.

[12] 李臣之．校本课程开发 [M]. 北京：北京师范大学出版社，2015.

[13] 万伟．课程的力量 [M]. 上海：华东师范大学出版社，2017.

小足球，大教育

——“适合教育”理念下的校园足球课程建设

纪桂武[①]

北京市延庆区康庄中心小学确立了足球育人的思想，提出了“小足球，大教育”的校园足球课程理念，确定了“以足球润德、以足球健体、以足球启智、以足球育美” 的校园足球发展思路，开发了足球文化课、足球运动课、足球整合课校本课程，实现课程整合，构建了特色校园足球课程结构体系，形成了“足球 +”课程体系。开创了一种新型的校园足球课程建设模式，走出了一条校园足球发展之路，促进了学生全面而有个性的发展。

① 纪桂武，北京市延庆区康庄中心小学校长。理论导师是《中小学管理》杂志社社长柴纯青，实践导师是北京小学校长李明新。

Little Football, Great Education

—School Football Course Construction with the Concept of “Suitable Education”

Ji Guiwu

Beijing Yanqing District Kangzhuang Central Primary School establishes the thought of football education, puts forward the themed “Little football, Great education” school football curriculum, lays out the development route of “school football course for students’ moral health, physical health, mental health and aesthetics”, develops courses on football culture, football in practice, school-based and football-featured curriculum, forming a “Football +” curriculum system. It has created a new model of developing school football curriculum, enabling students’ well-rounded growth without subduing their individualities.

北京市延庆区康庄中心小学位于举世闻名的八达岭长城脚下，现有25个教学班，726名学生，76名教师。学校以“让教育适合每个孩子”为办学理念，以“培养健康快乐的阳光少年”为育人目标，形成了系统的实践体系，即适合的环境、适合的教师、适合的德育、适合的课程、适合的课堂、适合的评价。在全国校园足球建设中，我校在“适合教育”理念指导下，进行课程建设，形成了“足球+”课程体系。

一、我校校园足球课程建设的背景

2009年，国家体育总局、教育部联合颁布了《关于加强校园足球工作的指导意见》。2014年6月，在上海召开的全国体育工作会上，国家正式明确了校园足球由教育部牵头负责，解决了谁来管的问题。2014年11月，国务院召开了全国校园足球电视电话会议，解决了为什么要开展校园足球、怎样开展校园足球等问题。2014年12月，教育部在北京市延庆区康庄中心小学召开的“校园足球神州行”“校园足球先锋”启动仪式，标志着一种新型的校园足球模式正式拉开序幕。2015年3月，国务院颁布了《中国足球改革发展总体方案》，2015年7月，出台了《教育部等6部门关于加快发展青少年校园足球的实施意见》。

延庆区康庄中心小学从2004年开展校园足球课程建设，到现在已进行了十多年的探索与实践。学校足球经历了“少数人的足球”“全员性的足球”“开放性的足球”三个发展阶段。

第一阶段从2004年至2008年，是校园足球课程建设初级阶段，是“少数人的足球”，当时学校只有一位足球教师和一支足球队；第二阶段是从2009年至2013年，是校园足球课程的普及阶段，是“全员性的足球”，校园足球普及每一个班，每一个学生；第三阶段是2014年至今，是“开放性的足球”，形成了“人人能踢球、班班有球队、周周有比赛，提高学生全面素质，培养全面发展人才”的延庆区康庄中心小学校园足球模式，属于校园足球课程体系发展并完善的阶段。进入2015年，伴随《中国足球改革发展总体方案》及《教育部等六部门关于加快发展青少年校园足球的实施意见》等文件的公布，以及延庆区成为全国青少年校园足球试点区，延庆区康庄中心小学校园足球改革迈出了基础性的一步，学校课程建设也明确了突破的方向。

二、我校校园足球课程研发

（一）确立校园足球课程建设理念

校园足球课程是由国家为主导，以学生为主体的综合性教育实践活动。我们对校园足球的认识，不是停留在“术”的层面，仅仅把校园足球看作一项简单的游戏项目，不仅仅是“法”的层面，是足球后备人才的培养问题，更重要的是，我们对校园足球的认识提升为“道”的层面，是学校立德树人的重要方式，是夯实足球人才根基的基础性工程，是具有中国特色的学校足球，是“大教育”。因此，2009 年以来，延庆区康庄中心小学确立了以足球育人的思想，提出了“小足球，大教育”的校园足球课程理念。确立了以“以足球润德、以足球健体、以足球启智、以足球育美”的校园足球课程目标，加强学校德智体美等工作的融合，促进学生综合素养的提升。

“以足球润德”就是要通过校园足球培养学生健全的人格，实现立德树人，促进学生全面发展；“以足球健体”就是通过校园足球，提高学生的身体素质，培养学生的运动兴趣和运动习惯，让每个学生掌握一项运动技能，让健康伴随学生的终生；“以足球启智”就是开启学生的智慧，培养学生的观察能力、想象能力和创造能力；“以足球育美”就是培养学生的审美能力、审美情趣和文明习惯。通过校园足球的开展，落实学校的德育、体育、智育和美育，落实素质教育，促进学生在德智体美劳方面得到全面发展。

基于这种认识，延庆区康庄中心小学校园足球课程的特点是全员足球、全面育人、全过程育人。全员足球，就是让全校的每个学生都参与到校园足球运动中来；全面育人，就是以足球育人，把校园足球作为育人的载体，实现学生全面而有个性的发展；全过程育人，就是把校园足球与其他学科及活动进行深度融合。

（二）校园足球课程建设的原则

1. 均衡性原则

切实落实教育部《义务教育课程设置实验方案》的要求，学校整合课程内容，在保证各学科教学内容的前提下，抽出一节课，进行足球整合课。保证开齐开足课程，均衡设置课程，促进学生和谐全面发展。

2. 全员性原则

立足学校已有的足球课程改革经验、高水平的教师队伍、具有多元化发展需求和发展潜能的优秀学生群体等课程建设优势，做到人人都踢球，形成符合学校发展实际的足球课程体系。

3. 多元性原则

尊重学生的兴趣和差异，增强足球课程的可选择性，学生自主选课，满足不同发展层次、不同特点学生的多元化需求。

4. 融合性原则

整合国家、地方、校本三级课程，加强足球课程实施的操作性和实效性；整合学科教学内容，进一步提高教学效率；在语文、数学、美术、音乐等学科中，可进行足球与课程的整合，推进全员足球在课堂教学过程中的落实。

5. 科学性原则

注重发挥教育科研的引领作用，以科学研究的态度和方法推进学校课程的开发、建设和实施；加强对足球课程实施效果的监控，形成科学化的足球课程管理机制。

（三）构建校园足球课程体系

1. 编制校园足球课程标准与教材

2010 年，我校编制了《校园足球课程标准》，强调了校园足球的育人性，注重校园足球课程教育功能的多元化，从足球运动参与、足球运动技能、学生身体素质、心理品质、思维能力、运动保健六个领域，明确了各年级校园足球教学的目标和内容。明确了校园足球课程的六个特征，即基础性、综合性、健身性、实践性、竞技性、趣味性。

2011 年，进行了校园足球教材的编写。2016 年，学校完成了《校园足球教与学》校本教材的编写，并得到教育部的认可，由教育部体卫艺司王登峰司长亲自作序，由北京体育大学出版社正式出版，现已被全国多所足球特色学校使用。教材编排遵循教育性、科学性、系统性、实用性、灵活性、差异性六大原则，分一二年级、三四年级、五六年级三个部分。设计了足球理论知识、足球运动技能、足球战术指导、足球教学比赛、足球学习评价等内容，明确了各年级教学目标，并遵循由易到难、由浅入深的规律，一二年级以足球游戏为主，三四年级以个人技术为主，五六年级以战术配合为主。

2. 构建“足球 +”课程体系

2009 年开始进行课程的研究与实践，2018 年形成了三个层次六类课程。学校把足球融入体育课，不仅在每个年级每个班每周开设一节足球课，而且将校园足球与语文、数学、英语、美术、音乐等学科进行整合，打破时间界限，打破空间界限，打破学科界限，形成了与多学科整合的校园足球综合课程，即足球专业课、足球语文课、足球数学课、足球英语课、足球音乐课、足球美术课六类课程。倡导学生踢足球、写足球、评足球、唱足球、画足球，通过开展足球赛、足球绘画、摄影、书法、作文、演讲等活动，提高学生综合素质。

（1）足球专业课。学校把足球课分为四大类，即足球文化课、足球教学课、足球训练课、足球竞技课。

①足球文化课。侧重于足球理论教学，为学生普及足球历史知识，培养学生足球兴趣，了解更多的足球文化知识。

②足球教学课。教学内容以足球技术、技能为主，并总结出足球教学课五段式课堂教学模式，即准备活动、技能训练、小组对抗、调节放松、总结评价。同时制订了《延庆区康庄中心小学足球课堂教学评价方案》，从场地设备的使用、课堂教学的结构、学生训练密度和运动量大小等方面进行综合评价，为规范教师 40 分钟足球教学课提供了依据。

③足球训练课。学校现有 24 支班级足球队，12 支年级足球队，6 支校级足球队。每周三次各一个小时的训练，提高了学生的训练水平。

④足球竞技课。定期进行班内比赛、班级联赛、校际比赛，培养学生竞争意识，提高学生竞技水平。

（2）足球语文课。学生把足球运动中的经历和感悟说出来、写出来，提高语文运用能力。

（3）足球数学课。将长方形、圆形等知识与足球场、足球相结合进行教学，提高学生在生活中运用数学的意识和能力。

（4）足球英语课。通过英语演讲、足球英语剧等活动，培养学生英语表达能力。

（5）足球音乐课。唱足球歌曲，创编足球队队歌，提高学生的艺术素养。

（6）足球美术课。在学校足球环境设计方面，师生共同参与足球文化长廊和校园足球展馆的设计。在足球队建设方面，师生共同设计了足球队的队名、队徽、队旗，队服。如学校足球队 logo，是由一只展翅的雄鹰和一个金色的足球组成，传递着延庆区康庄中心小学的足球梦想。学校足球队的名字为雄鹰足球队，寓意为延庆区康庄中心小学的孩子们像雄鹰一样，从延庆康西草原上起飞，飞向北京、飞向世界。通过学生亲手设计，培养了学生发现美、欣赏美等实践创新能力。

3. 统筹校园足球课程时间

足球文化课和足球教学课课时与体育课课时整合使用，每周安排一节足球教学课；利用每周一、三、五课外活动时间开展一小时足球训练课；利用每周三、周六日和寒暑假进行足球竞技课。与足球整合的语文、数学、英语、美术、音乐课，课时与本学科课时整合使用，每学期拿出一节课，开展相关教学内容。

4. 完善校园足球课程评价

制订《北京市延庆区康庄中心小学“足球 +”校园足球课程评价方案》，构建多元化、发展性的校园足球课程评价体系，充分发挥评价的激励、导向、诊断、矫正功能。

对学生的评价主要分为三个层面：学生自评、教师评价和家长评价。依据《小学生综合素质评价手册》、“三好学生”评选、学生体质健康监测标准，根据学生足球课堂表现、足球技术技能考核成绩、足球比赛成绩，对学生进行综合性的等级评价。在期末学生学习成果展示中，进行“足球小先生”“足球小明星”表彰（见表 1）。

表 1　北京市延庆区康庄中心小学“足球 +”校园足球课程一览表

<table>
<tr><th colspan="2">课程类型</th><th>课程目标</th><th>课时分配</th><th>评价对象</th><th>评价方式</th></tr>
<tr><td rowspan="4">足球专业课</td><td>足球文化课</td><td>培育正确的价值观，提升足球文化底蕴</td><td>每学期 2 节</td><td>一至六年级</td><td>课堂观察</td></tr>
<tr><td>足球教学课</td><td>培养健康习惯，运动能力</td><td>每周 1 节</td><td>一至六年级</td><td>技能考核</td></tr>
<tr><td>足球训练课</td><td>提高技战术水平，提高身体素质</td><td>每周 3 次</td><td>班级足球队
校级足球队</td><td>技术考核</td></tr>
<tr><td>足球竞技课</td><td>提高竞技水平</td><td>每周 3 次</td><td>班级足球队
校级足球队</td><td>比赛结果</td></tr>
<tr><td>足球语文课</td><td colspan="2" rowspan="5">培养思维能力，提高创新实践能力，培养审美素养</td><td>每学期 2 节</td><td>三至六年级</td><td>口语表达
纸笔测试</td></tr>
<tr><td>足球数学课</td><td>每学期 2 节</td><td>一至六年级</td><td>纸笔测试</td></tr>
<tr><td>足球英语课</td><td>每学期 2 节</td><td>一至六年级</td><td>口语表达</td></tr>
<tr><td>足球美术课</td><td>每学期 2 节</td><td>一至六年级</td><td>现场绘画</td></tr>
<tr><td>足球音乐课</td><td>每学期 2 节</td><td>一至六年级</td><td>现场歌唱</td></tr>
</table>

三、我校校园足球课程建设的效果

（一）校园足球课程促进学生全面发展

在学生身体方面，身体好了，“小胖墩”少了，“小眼镜”少了，体质健康水平提高了。在学生足球竞技水平方面，足球队踢球水平高了，2009—2018 年，学校足球队连续九年 16 次获得延庆区足球联赛冠军，在北京市组织的各项比赛中两次获得冠军，3 次获得亚军，9 次进入前八名；2017 年，获得京津冀男子足球赛冠军；2018 年，获得京津冀女子足球赛第三名。在学生人格培养方面，学生的荣誉感、意志品格、心理品质、文明素养、团队合作意识等明显增强，特别是抗挫折能力明显提升。

（二）校园足球课程促进学校特色发展

经过十年来的实践与创新，学校形成了“人人能踢球、班班有球队、周周有比赛，提高学生全面素质，培养全面发展人才”的延庆区康庄中心小学足球模式，得到了教育部的认可，并由教育部体卫艺司王登峰司长亲自提炼出来，在全国的足球特色学校推广。延庆区康庄中心小学先后被教育部授予“全国教育系统先进集体”“全国体育示范学校”“全国校园足球先锋学校”“全国校园足球特色学校”“国家基础课程改革先进学校”等荣誉称号。2017 年，学校被评为“北京市体育先进单位”；2018 年，学校成为首都师范大学延庆实验小学。

（三）校园足球课程带动区域共同发展

延庆区康庄中心小学的校园足球带动了区域发展。首先，校园足球辐射到了康庄的社区、街道，家长通过支持孩子踢足球，自己也逐渐参与进来，培养了家长的健康意识和运动习惯，提升了居民的文明素养。其次，延庆区教委在延庆区康庄中心小学多次召开全区校长现场会，举办区域校园足球启动仪式，带动了全区近 50 所学校校园足球活动的开展。近五年，学校先后 12 次承办教育部、北京教育学院在延庆区康庄中心小学主办的全国校园足球校长、教师培训会议，来自全国 32 个省市自治区的校长、教师、教研员以及高等院校的专家共 1.6 万余人次到学校进行观摩学习。

校园足球课程建设是一项系统性、创新性的工程，还需要学校更加深入地进行思考和实践。未来几年，学校将进一步深化校园足球课程建设，提升内涵，增加学生在课程建设中的实际获得，提高学生综合素质，促进学生全面而有个性的发展。

导师点评

纪桂武校长的《小足球，大教育——“适合教育”理念下的校园足球课程建设》作为延庆区“双名工程”的研修成果，系统总结了延庆区康庄中心小学以足球特色为切入口的学校整体发展情况，对其他学校富有启发意义。

第一，“足球”是全体学生参与的项目。不停留在足球的技能培养上，而是将足球作为育人的载体，将足球背后的育人价值，即纪校长在文中提到的“在学生人格培养方面，学生的荣誉感、意志品格、心理品质、文明素养、团队合作意识等明显增强，特别是抗挫折能力明显改善”作为足球教育的价值。

第二，“足球”是全体课程和教师参与的项目。和很多足球特色学校不同，延庆区康庄中心小学将足球作为载体，将其他学科融合进来，形成了足球语文课、足球数学课等，我们可以称之为“足球＋课程”，目的在于培养学生的核心素养。

第三，“足球”是促进社区共建的项目。相比于全国各地同人到学校参观，我们更应该看重延庆区康庄中心小学通过足球项目将家长和社区带进来，形成健康文明的社区环境，使得学校成为社区文化中心的价值得以凸显。

（点评导师：《中小学管理》杂志社社长　柴纯青）

主要参考文献

[1] 张文川．小学开展足球特色教育的实践研究 [J]. 新课程（上），2015（6）.

[2] 娄晓斌．校园足球推广背景下大连市东北路小学校园足球发展研究 .[D]. 沈阳：沈阳体育学院，2013.

[3] 黄德沂，丘乐威，焦峪平．完善我国青少年校园足球培养体系的对策研究 [J]. 体育文化导刊，2014（6）.

[4] 张爱红，游学军．推动小学校园足球持续发展的有效途径 [J]. 青少年体育，2014（10）.

[5] 吴明权，谢勇娟．我国足球文化建设与校园足球的发展 [J]. 当代体育科技，2015（12）.

[6] 王建海．立足校园足球文化特色　培育健全现代人 [J]. 上海教育，2014（2）.

[7] 李荣秀．足球文化视野下校园足球活动开展的新契机 [J]. 当代体育科技，2014（4）.

小学“校园魅力足球”综合实践活动课程建设的研究

尤帅武①

我校“校园魅力足球”综合实践活动课程就是围绕“魅力足球”所研发的多学科整合的主题综合实践活动，具有魅力性、综合性、活动性。近两年，我校对“校园魅力足球”综合实践活动课程的目标、内容、研发原则、实施安排、管理等方面进行了系统研究，开发并实施了足球与科学、足球与社会、足球与文化、足球与健康、足球与艺术五大领域三十多个足球主题的学科综合实践活动课程，形成了校园足球文化，提升了校园足球魅力，培养了学生的综合素养。

① 尤帅武，北京市延庆区第四小学校长。理论导师是北京教育学院杨雪梅教授，实践导师是翠微小学许培军校长。

Research on the Construction of the Comprehensive Practical Course of “School Charm Football” in Primary Schools

You Shuaiwu

The comprehensive practical course of “School Charm Football” in our school is a comprehensive practical activity focusing on the multi-disciplinary integration developed by “Charm Football”, which has the characteristics of charm, comprehensiveness and hands-on experience. Over the past two years, our school has conducted systemic research on integrated practical activities’ goals, curriculum, development principles, implementation and management. We have developed and opened more than thirty football-related courses, such as football and science, football and society, football and culture, football and health and football and art. These courses support a culture of school football and develop our students’ comprehensive abilities.

“校园魅力足球”综合实践活动课程建设将足球（包括足球文化、足球技能、足球训练等）引入课堂教学，以培养青少年的足球兴趣为重点，让学生在快乐足球中强身健体，锻炼意志品质，在发挥个人天赋的同时培养团队合作意识和顽强拼搏的精神。学校不断进行顶层设计与课例研磨，找到了足球与各学科核心素养的联系，在实践中研究、积累，建设出易操作、效果好、成系列的“校园魅力足球”综合实践活动课程。

一、“校园魅力足球”综合实践活动课程内涵

延庆区第四小学是一所区教委直属的普通小学，占地面积3.27万平方米，运动场地面积1.66万平方米，学校硬件建设基本满足学校发展的需要。

学校坚持“让每一个孩子都能健康快乐地成长，让每一位教师都能全面主动地提高”的办学理念，以“彰显生态教育特色，创建全国知名小学”为办学目标，以显特色、创品牌为策略，以生态教育为特色，以开放办学为途径，以深化小组合作学习为突破口，以教师队伍建设为保障，深化教育综合改革，全面提升教育质量，促进学校内涵发展，坚持立德树人，培养“心中有爱，眼中有路，手中有为”的德智体美劳全面发展的学生。

2015年7月，学校被评为首批全国足球示范校，被选为北控足球俱乐部青训基地校，每名学生在校期间都有与足球接触的机会，“校园魅力足球”综合实践活动课程正是在这种契机下提出来的，旨在提升校园足球的吸引力，使学生享受“校园足球”魅力。

2017年，本人很荣幸地进入北京市延庆区“双名工程”之“名校长培养工程”，确定了“小学‘校园魅力足球’综合实践活动课程建设的研究”课题，整合北京教育学院协调创新项目，在延庆“双名工程”导师团队的引领、指导下，在北京教育学院“协同创新”专家的帮助下，带领教师开展了“校园魅力足球”综合实践活动课程研发，以足球为依托，引导学生在采访、调查、绘画、观赛、讨论、写作等活动过程中感受足球魅力，提高学生的综合素质。

“校园魅力足球”综合实践活动课程就是围绕“魅力足球”所研发的多学科整合的主题综合实践活动。它具有以下三大特点：

一是魅力性。“校园魅力足球”综合实践活动课程是在校园足球的基础上，增加

足球课程的趣味性与吸引性，彰显出足球的魅力，让更多的人享受足球带来的快乐。

二是综合性。“校园魅力足球”综合实践活动课程是多学科融合的综合性课程，不仅在学科教学中融入足球知识与运动，更是在有效运用学科知识，拓宽学生视野，创新学生思维，让学生从多视角了解与足球相关的文化内涵，提高学生的文化素养。

三是活动性。“校园魅力足球”综合实践活动课程，是不同年级教师按照不同学科知识特点开展与足球文化或运动相结合的主题实践活动，让学生通过自主选择主题，小组合作进行实践活动，让学生在参与实践活动中提高学生的多种综合素养。

二、小学“校园魅力足球”综合实践活动课程系统建设

课程建设是一个系统，我校在推进“校园魅力足球”综合实践活动课程建设过程中，系统考虑了课程目标、课程内容、课程实施安排、课程管理等要素。

（一）确定课程建设目标

目标是课程建设的出发点与归宿。“校园魅力足球”综合实践活动课程建设依据教育部关于《中小学综合实践活动课程指导纲要》与校园足球方面的文件要求，扎实落实国家对开展校园足球运动的精神要求，以“中国梦，我的梦”为动力源泉；以培养学生团结、合作、坚强、友爱的高尚情操，提高学生的身体素质，弘扬校园足球文化为宗旨；逐步提高全校学生足球水平，让积极向上的足球文化成为学生实现中国梦的正能量。

1. 总体目标

一方面，提高学校足球运动水平，打造足球文化品牌，普及足球运动知识，传播足球文化，培养优秀的足球后备人才；另一方面，通过建设系列“校园魅力足球”综合实践活动课程，培养学生的综合素养。

2. 具体目标

（1）多学科渗透足球文化。与新课程改革相结合，认真做好校本研究，加大足球的教学力度和足球文化的传承度，通过“校园魅力足球”综合实践活动课程及体育课普及足球运动知识。

（2）普及足球运动项目。充分发挥“校园魅力足球”综合实践活动课程的运动趣味性和观赏性强、深受广大学生喜爱的特点，做到班班有足球队，班班有足球 logo，班班有足球明星，做到周周有活动、人人都参与。在校学生 100% 参加足球活动；在

校学生每周足球活动时间不少于 3 小时。

（3）培养高水平足球后备人才。在大力普及足球运动的基础上通过校内班级联赛、市区有关比赛等形式，进一步培养和发现高水平足球后备人才，为学校足球水平再上新台阶奠定坚实的人才基础。

（4）建设系列“校园魅力足球”综合实践活动。在多学科实践活动课中，至少有 2 ~ 6 课时作为落实校园魅力足球综合实践活动课程，教师自主设计活动主题，灵活安排课程时间，构建“校园魅力足球”综合实践课程体系。

（二）确定课程研发原则

1. 综合性原则

注重知识、能力的综合运用，核心素养的全面提升。足球与语言文学、足球与科学、足球与艺术等的整合，让师生用科学的视角、多种表现形式了解足球知识，探寻足球的奥秘，分析足球与社会的关系，培养学生的科学精神、语言沟通能力、实践能力等综合素养。

2. 创新性原则

注重凸显校园足球文化、创新课程开发，助推学校足球特色可持续性发展，培养学生创新精神和实践能力。学校紧紧围绕校园足球特色，构建校园魅力足球特色综合实践活动课程，开展各种足球主题的社团活动，如毛猴社团制作足球运动场景作品、剪纸社团剪出一幅幅栩栩如生的足球运动图案等，让足球文化融入校园的每一个角落，融入每一位师生的心中，让他们在不断的实践创新中体味创新的乐趣。

3. 主动性原则

注重充分调动教师研发课程建设的主动性、学生参与课程活动的积极性，让每一位师生都能自愿、主动地参与到足球运动及校园魅力足球综合实践活动中去，在活动中提高学生的认知及文化素养。

4. 活动性原则

“校园魅力足球”综合实践活动课程属于活动课程。无论是课程内容的研发还是课程实施方式的设计都强调活动性，而且活动是基于学生视角的、学生喜欢的方式，如让学生参与到足球文化知识的调研中去，经历收集整理、分析的过程，让学生在实践活动中感受足球文化的内涵、广度与深度。

5. 趣味性原则

注重课程的趣味性，开发的课程让每一个学生都能积极主动地参与到活动中去，无论是综合实践主题活动设计、课程内容还是组织活动的过程都要关注趣味性，要能激发学生的参与实践活动，感受足球文化带来的乐趣。

（三）研发课程内容

学校整体研制了课程建设方案（《北京市延庆区第四小学三级课程实施方案》），在这个方案里，首先，每周要有一节足球课。基于学校足球特色的基础，学校一至六年级每周开设一节足球课，有专业的足球教师上课，让学生在课堂上得到足球技能技巧的专业学习、训练。每学期学校还从北京体育学院引进荷兰、阿根廷的足球队的队员到学校进行半学期的足球课程指导，提高体育教师的足球专业素养和足球训练技巧。其次，要求进行“校园魅力足球”学科综合实践活动课程的设计与实施。为了落实北京市 10% 学科综合实践活动课程要求，把足球特色融入学科综合实践活动课程建设，开发系列课程。从 2015 年 9 月起，学校教导处组织各年级分学科组进行研究，讨论制订出围绕不同学科开展的主题实践活动及与足球特色相结合的主题实践活动方案。近两年，在北京教育学院导师和专家、北京市海淀区翠微小学许培军校长的引领与指导下，学校在所有学科中逐步形成了五大领域（足球与科学、足球与社会、足球与文化、足球与健康、足球与艺术）的综合实践活动课程体系。各学科依据学科特点，根据“校园魅力足球”综合实践活动课程总体目标与研发原则要求，设计主题，确定本主题的具体目标，开发本主题下的课程内容，设计实施方式与考核方式。目前已经形成了“校园魅力足球”系列化主题综合实践活动课程（见表 1）。

表 1　北京市延庆区第四小学“校园魅力足球”综合实践活动课程一览表

<table>
<tr><th>课程目标</th><th>领域</th><th>整合学科</th><th>年　级</th><th>主　题</th><th>实施方式与课时</th></tr>
<tr><td rowspan="6">用科学的视角、精准的数据了解足球知识，探寻足球的奥秘，培养学生的科学精神和实践能力。</td><td rowspan="6">足球与科学</td><td rowspan="3">数学</td><td>低年级</td><td>初识足球、认识足球场</td><td rowspan="6">调查、研究、实验分析；3 ~ 6 课时</td></tr>
<tr><td>中年级</td><td>探究足球的秘密、足球场地的设计</td></tr>
<tr><td>高年级</td><td>球类质量对比探究、不同球类场地的对比探究</td></tr>
<tr><td rowspan="3">科学</td><td>低年级</td><td>小足球弹起来——充气量与弹力</td></tr>
<tr><td>中年级</td><td>趣味足球运动会——摩擦力的大小与哪些因素有关</td></tr>
<tr><td>高年级</td><td>《运动与呼吸》</td></tr>
</table>

续表

课程目标	领域	整合学科	年级	主题	实施方式与课时
用生动、形象的语言，描绘参与足球运动的乐趣，感受足球文化的魅力，提高学生的沟通、创新能力。	足球与文化	语文	低年级	一年级：说足球的快乐 二年级：我眼中的足球	参观、体验、搜集资料；2 ~ 8 课时
			中年级	三年级：我的足球产品 四年级：享受足球快乐，让梦想飞扬	
			高年级	五年级：领悟足球文化——走进球队队徽 六年级：关于足球的诗歌创造	
		英语	低年级	用英语讲足球明星故事	
			中年级	足球赛英语解说	
			高年级	“球星来到我们身边”	
通过观察、分析，感受足球与社会、国家的关系，提高学生的责任和担当意识。	足球与社会	道德与法制	低年级	足球场　守规则	活动参与、观察分析；4 ~ 8 课时
			中年级	足球运动　展美德	
			高年级	多方参与　影响世界	
		综合实践	三年级	足球大小	
			四年级	足球历史	
			五年级	足球球星	
			六年级	足球文化产业	
了解足球运动对健康的作用，增强学生参与的积极性。	足球与健康	体育	低年级	快乐足球，我参与	竞赛、观赛、参与；4 ~ 10 课时
			中年级	健康足球，我参与	
			高年级	魅力足球，我参与	
用多种艺术表现形式，展现足球的魅力，提高学生的艺术审美能力	足球与艺术	音乐	低年级	演唱足球歌曲	歌唱、赏析、创编、绘画、制作；2 ~ 6 课时
			中年级	赏析足球歌曲	
			高年级	创编足球歌曲、足球音乐剧	
		美术	低年级	多彩的足球挂饰	
			中年级	足球小报	
			高年级	足球动态之美	

学校魅力足球课程在北京市课程建设评比中荣获一等奖；曾多次面向全市、全区做实践活动展示，多位教师在三级课程建设课堂教学评优中，荣获一、二等奖。

（四）课程实施安排

1. 合理统筹“校园魅力足球”综合实践活动课程课时

为了使课程能够按时、有效实施，学校根据学科特点，统筹课程总表中挨着的两三个学科，进行整合，连起来上 2 ~ 3 个课时的综合实践活动。所以在课时上进行分类集中安排，不同学科的“校园魅力足球”综合实践活动分为每周一次，或分单、双周各一次。教师可以根据“校园魅力足球”综合实践活动课程的课时灵活安排，自主统筹协调学科实践活动课时，上好“魅力足球”综合实践活动课。表 2 是我校一年级学科实践活动课程表。

表 2　北京市延庆区第四小学低年级“校园魅力足球”综合实践活动课程表

星期	星期一						星期二						星期三						星期四						星期五					
节次 班级	1	2	3	4	5	6	1	2	3	4	5	6	1	2	3	4	5	6	1	2	3	4	5	6	1	2	3	4	5	6
一（1）									科活												英活				语活	数活		道活		
一（2）					英活					科活															数活	语活	道活			
一（3）									英活																语活	数活		科活		道活
一（4）										英活											科活				数活	语活			道活	
一（5）					英活													道活				科活			语活	数活				
一（6）					英活				道活														科活		数活	语活				
一（7）										英活	道活														语活	数活	科活			
一二年级：语文、道德与法制各 15 课时，每周一次；英语 6 课时，单周上；数学 9 课时，双周上；科学 4 课时，双周上。每学期共计 49 课时，平均每周至少三个学科共 3 课时。足球综合实践活动课程按课时要求，学科教师按照学科实践活动课时安排，自主选择时间段及融合学科。																														

2. 学科融合，拓宽实践足球课程空间

在专家的引领与指导下，学校在所有学科中逐步形成了五大领域的课程体系：足球与科学、足球与社会、足球与文化、足球与健康、足球与艺术，教师要结合学科实践活动的课时安排，自主选择时间或调整课时，进行多学科整合的综合实践活动课。比如：二年级周一上午语数外三个学科都是实践活动课，老师们就可以结合足球活动主题设计一次大的主题实践活动，时间可以是3课时。这样不仅拓宽了实践活动时间，打破了学科局限，更有效地促进了学生综合实践能力的提高。

三、注重课程管理

（一）多措并举，营造浓厚足球文化氛围

为了让足球文化融入校园的每个角落，学校在具有生态教育特色的校园环境文化基础上，加进足球元素，建成一条200多米的足球知识长廊，从足球的起源、发展、规则、阵型、比赛战术、重要赛事、校园足球等方面进行足球知识的普及。在班队活动中利用每班的多媒体在校园网上报道足球活动信息，在教室黑板报中增加有关足球的内容；在开展“一班一省队”活动中关注所在省份的足球消息；进行班级足球logo设计等，在校园中形成浓厚的足球氛围，让足球融入学校每名学生每天的学习生活。

（二）多样化展示评比，深入感知“校园魅力足球”综合实践活动课程内涵

在师生中开展足球征文、足球摄影、足球绘画、足球手抄报、观足球联赛有感、足球诗歌等评比活动，激励师生尤其是学生参与足球活动。

（三）家校合力，共创共享足球课程魅力

学校把足球发放到每名学生手中，让学生在课余时间与父母或小伙伴一起进行练习；积极组织学生和家长到北京奥体中心观看中国足球甲级联赛；欢迎家长到学校参观学生班级、校级足球联赛，或走进课堂生活，参与学生调查、研究足球相关知识与文化；通过多举措的家校合作，让孩子和家长共同感受、学习、了解足球文化，激发学生和家长对足球的热情，形成家校教育合力。

导师点评

本研究通过“校园魅力足球”综合实践活动课程建设，不仅增长了学生关于足球方面的知识，加深了学生对足球运动的了解和理解，而且以其为载体，增强了学生的体质，培养了学生的意志品质、思维能力和表达能力，一定程度上达成了育人目标，折射出“校园魅力足球”综合实践活动课程的育人本质。本研究进行的探索也是落实“校园足球”政策的有效尝试。

本研究以“校园魅力足球”综合实践活动课程建设为切入点，唤起了学校课堂教

学的活力，形成了以魅力足球课程为支点的综合实践活动课程框架，提升了学校的影响力，促进了学生综合素质的提升，使得本研究取得一定效果，实现了研究目标。本研究依据学校自身特点，探索出的“校园魅力足球”综合实践活动课程建设的措施对同类学校落实“校园足球”有一定的参考价值。

（点评导师：北京教育学院教授　杨雪梅）

主要参考文献

[1] 关莉，张宏家 . 影响青少年足球运动普及的家庭因素的调查与分析 [J]. 沈阳体育学院学报，2016（2）.

[2] 王崇喜 . 球类运动——足球 [M]. 北京：高等教育出版社，2005.

农村小学“生态种植”主题学科实践活动课程建设的实践探索

段金星①

延庆区第三小学基于教育发展需要，结合学校实际及地区文化特色，在广泛征询师生、家长意愿的前提下，开展“生态种植”主题学科综合实践活动课程建设。在课程推进过程中，明确组织领导与实施原则，采取以课题引领的方式，围绕“准备课、展示课”重点推进，有效带动了延庆区第三小学学生综合素质的普遍提高，提升了干部、教师设计、实施主题学科综合实践活动课程的理论水平和实践能力。

---

① 段金星，北京市延庆区第三小学校长。理论导师是北京教育学院杨雪梅教授，实践导师是北京海淀翠微小学许培军校长。

Exploration on the Practical Activity Curriculum Construction of the Subject of “Ecological Planting” in Rural Primary Schools

Duan Jinxing

Based on the needs of educational development, the actual situation of the school and local cultural characteristics and on the premise of extensive consultation and consent of teachers, students and parents, our school carries out the curriculum construction of integrated practice activity themed on “ecological planting”. In the course of the curriculum construction, we have clear responsibilities and implementation principles. We focus on prep-lessons and demo-lessons concerning the research project, effectively promoting the overall development of our students' well-rounded qualities while, at the same time, increasing our teachers' and leaders' theoretical and practical abilities in designing and implementing theme-based integrated practice activity.

学科综合实践活动课程在学校开展以来，如何使之有效落实、科学合理，成为学校一个亟待解决的问题。学校结合地区资源优势、学校现有情况和学生的需要，决定构建“生态种植”为主题的学科综合实践活动课程体系。

一、“生态种植”主题学科实践活动课程研发的背景

（一）主题学科实践活动课程内涵

“综合实践活动是从学生的真实生活和发展需要出发，从生活情境中发现问题，转化为活动主题，通过探究、服务、制作、体验等方式，培养学生综合素质的跨学科实践性课程。”[①]综合实践活动课程具有综合性、实践性、主体性、过程性、开放性、活动性等鲜明特点。[②]

学科综合实践活动课程是综合实践活动课程的一种，是以某一学科内容为主或综合相关学科内容开展的综合实践活动课程。学科综合实践活动课程具备综合实践活动的特点。

主题式学科综合实践活动是学科综合实践活动中的一种。王丽华等认为：“主题式综合实践活动即围绕某一主题从各学科的视角设计并开展一系列综合实践活动，将已经学过的或正在学习的学科知识融合在具体的情境中，将国家课程与学生实际相结合，使学习更加综合化与生活化。”[③]

借鉴他人的研究，本人认为“主题式学科综合实践活动”是指围绕某个特定主题，整合一个或几个学科有关内容所设计与实施的多次、彼此之间紧密联系、具有系列性的实践活动。它具备主题性、综合性、实践性、系列化等特征。

（二）学校进行“生态种植”主题学科综合实践活动课程研发的原因

从大环境看，学校所在地区多年来一直重视生态种植，形成了良好的生态种植文化。开展“生态种植”主题学科实践活动，具有得天独厚的人文环境优势。20 世纪 90 年代，延庆区就确立了生态保护优先原则，坚持做到一切与生态保护发生冲突的行为都必须为保护和建设生态环境让路。2002 年，北京 ×× 农业股份有限公司在延庆区成

① 教育部 . 中小学综合实践活动课程指导纲要 [EB/OL]. 中华人民共和国教育部官网 .

② 邹开煌 . 求索综合实践活动常态化之路 [M]. 厦门：厦门大学出版社 .2007:63.

③ 王丽华，于胜男，刘帅 . 基于学生综合素养发展的主题式综合实践活动探究 [J]. 创新人才教育，2016（02）:16-19.

立，主营有机蔬菜，被当时的国家外经贸部认定为“全国园艺产品出口示范企业”。2010 年 6 月，北京市生态农业科技示范基地落户延庆区，这也是北京市唯一一家生态农业科技示范基地。2017 年，延庆区作为北京市唯一的区入围首批国家生态文明建设示范市区。

延庆区第三小学共有 800 多平方米空地，开发成田地分给 32 个班，每班一块。除了校内的零散土地外，学校还在临近乡村（北京市延庆区广积屯村）租用了两间大棚，共占地两亩，一年四季都可以用作种植课程资源。

在北京 ×× 公司提供技术、种子、肥料等资源支持的前提下，学校决定组织学生开展“生态种植”主题学科实践活动。此外，在延庆区还有很多的“生态种植”大课堂单位，如青山园、立体葡萄种植园、北京北菜园等，他们为“生态种植”主题式学科实践活动提供了更好的资源保证。

二、“生态种植”主题式学科实践活动课程的研发

（一）明确课程目标

1. 总目标

通过“生态种植”主题式学科实践活动课程的开发和研究，进一步优化学校课程结构，丰富课程资源，加强中小学生劳动教育，传承中华民族悠久的农耕文化，促进师生综合素质的全面提高。

2. 具体目标

（1）提高师生对各种植物及其种植相关知识的理解、掌握及综合运用能力。

（2）提高师生“搜集信息”“分析”“观察”“动手实践”“解决问题”等能力，促进他们综合实践能力的发展。

（3）培养师生的探究精神、科学精神，并养成热爱劳动、珍爱生命、保护生态等意识。

（二）开发课程的内容

1.“生态种植”与单一学科进行整合

“生态种植”与单一学科整合，进行课程内容开发，一般采取两种形式：一是“生态种植”与 10% 学科实践活动课相结合；二是“生态种植”融入某一学科教学的某个

环节，在学科教学中合理利用“生态种植”资源。如在三年级语文“生态种植”主题学科实践活动中，教师安排学生观察他们喜爱的农作物，指导孩子们如何观察、如何有序描写、如何抓住植物生长的主要特征。

2.“生态种植”与多个学科进行整合

以主题形式整合语文、数学、外语、美术等多个学科内容，如一年级的“豆类农作物和根类蔬菜”、二年级的“谷类农作物和绿叶蔬菜”、三年级的“薯类农作物和茎类蔬菜”、四年级的“油料农作物和果实蔬菜”、五年级的“间作套种”、六年级的“绿色生态”等主题整合多学科有关内容，具体情况见表1。

表1 北京市延庆区第三小学“生态种植”主题学科综合实践活动课程体系表

年级段 学科	低年级	中年级	高年级
语文	种植中的字词与说话	种植中的句段与描写	种植中的真情与表达
数学	探究种植中的数量	种植与计量活动	分析植物的形与体
英语	农作物中找字母	农作物的英文名字	农作物中的西方文化
科学	农作物的名字我认识	农作物的性情我知道	农作物的陪伴我熟悉
品德	种植与生命	种植与生长	种植与生活
劳技	我认识这些农具	我会使用农具	改善农具促生产
音乐	种植中寻音符	辛勤劳作伴节奏	旋律优美颂农耕
体育	种植中的步调一致	植物生长需竞争	多种植物会合作
美术	植物轮廓画一画	善构植物图	植物色彩自然美

（三）设计课程教学主要方式

1. 小组合作学习法

注重充分调动孩子合作学习的积极性，让学生以兴趣为中心，自愿结成小组，以共同的研究任务为目标，开展小组合作学习。小组内有明确的分工，各负其责，基本能够达到自己的研究目标。

2. 自主探究法

在“生态种植”主题式学科实践活动课程实施的过程中，学校既注重小组集中研讨，也鼓励个人独立探究。我们让孩子自己确定研究的问题和任务，然后通过小组筛选、聚焦。孩子们通过自主探究，如持续对农作物生长进行记录，观察不同农作物的生长习性，并记录下来进行对比，从而形成比较深刻的认识。

（四）清晰课程研发原则

1. 全员深度参与

“生态种植”主题学科实践活动课程的开发，关注师生的全员参与、深度参与。校内每个班级都有自己的“一米田园”，都有自己的实践基地。孩子、老师都可以亲自耕种、管理、收获，并将这些资源引入课堂。

2. 明显的实践性

“生态种植”主题学科实践活动课程以实践性为基本特征，课程开发时特别注重实践活动的连续性、广泛性。从春种到秋收，其间穿插着多种形式的实践活动。

3. 注重深度整合

“生态种植”主题学科实践活动课程注重知识、能力等的整合，需要学生综合应用自己所学的知识、技能以及情感态度价值观。

三、“生态种植”主题式学科实践活动课程的实施管理

（一）以课题研究方式推动课程研发与实施

学校以科研课题方式推进“生态种植”主题学科实践活动课程的研发与实施。学校层面设立了“‘生态种植’主题学科综合实践活动如何与学科教学整合”“如何进行‘生态种植’主题式学科综合实践活动课程的评价”等课题；教师层面设立了“如何指导学生进行种植”“如何利用校园种植提升学生的生态意识”“如何利用‘生态种植’提升学生的劳动技能与劳动意识”等课题；在学生层面，给他们印发了种植手册，让他们以问题与任务为驱动，定期撰写观察日记；学生还要结合自己的兴趣以小组合作学习、自主独立探究等形式开展小课题研究。

（二）以“准备课”研磨交流方式保障课程实施的基本质量

“准备课”是为了提高学科综合实践活动的效率和效果，在活动之前上的一节课。在这节课中，师生会对学科综合实践活动的过程进行规划、对所用的物品进行准备、对活动的主题进行提炼、对所用的方法进行整理、对所要注意的事项进行归纳等。例如2018年5月，延庆区第三小学开始开展“生态种植”主题学科实践活动准备课研究。此次活动先由一名教师结合科学学科以“与大自然来个约会——走进北菜园探秘”

为主题，另一名老师结合英语学科以“Beijing Wild Duck Lake National Wetland Park”为主题作了三年级学科综合实践准备课；其后，两位老师结合语文、数学学科以“绿色种植”为主题作了六年级综合实践准备课。最后，人文、英语、语文、数学老师针对学科综合实践准备课的教学结构、教学中应注意的问题等开展了研讨。

活动结束后，教研干部整理出“主题学科综合实践准备课”的一般流程，即围绕活动主题，提前让学生查阅资料或者思考想要研究的问题—在准备课上用教师谈话激发兴趣—请学生简单分享研究问题及原因—教师根据资源情况对问题进行价值判断（进行问题择优取舍）—（根据问题）同质成组—研讨并初步制订研究方案（研究问题、组内成员、具体分工、资料准备、工具准备、研究过程设计、预期成果、注意事项或者实践后反思等）—分享研究方案（教师协助调整改进，让学生明确优点和不足）—各组完善研究方案，做实施准备（继续阅读资料、准备器材作参观各项材料和物品准备）。

（三）以“展示课”引领课程实施的方向

“准备课”旨在提高学生活动的效率和效果，避免活动的盲目性，让学生实践前拥有良好的心理准备、工具准备、方法准备等。而“展示课”旨在展示学生的实践成果，互相分享，共同成长。对于展示的小组和个人来说，展示课能够提高他们的自信心和自尊心，提高他们归纳总结、汇报表演等能力。而其他同学则可以通过展示活动获取更多的信息，向同伴学习并拓展自己的兴趣。在北京教育学院“协同创新学校”项目团队指导下，学校提炼出“生态种植”主题式学科综合实践活动成果展示课的基本结构，具体情况见表 2。

表 2 北京市延庆区第三小学“生态种植”主题式学科综合实践活动“展示课”基本结构表

具体环节	主要目的	形式举例
情景复现	通过简单再现，使学生回忆起当时活动的主要情节，唤起当时积极的情感体验，为后续的成果汇报作准备。	可以是电子相册、语言激趣、图片、幻灯片等，帮学生简单回忆活动过程
回顾问题	回忆研究的问题，引起交流的话题，创设交流的氛围。	教师语言激发、主持人回忆等
展示交流 教师点拨	各组进行成果交流和展示，促使学生获得成功等积极情感体验，同时在教师点拨下发现方法、规律以及改进之处。	专题汇报、PPT 展示、表演、操作、绘画等多种形式
总结提升	总结实践活动中的经验和教训，提升认识，丰富知识结构，获得实践经验。	学生评价、教师评价

围绕着“准备课”和“展示课”，学校以教研组为单位，将语文、数学、英语、科学、品德与生活、品德与社会等学科作为突破口，在课堂中采取“研究性学习”“小组合作”“独立探究”等形式，开展了大量的学科综合实践活动。一年来，学校录制“生态种植”主题式学科综合实践活动展示课6节，包括“一米田园”“科学规划巧种植”“怎么养护我们的苗苗”“收获快乐”“山楂丰收了”等。通过这些课堂研究与交流，大家对活动展示课的课堂结构有了更深的认识。

（四）明确种植要求，拓展种植品种

为了避免种植品种单一、样式重复，学校明确规定各年级种植对象。一二年级孩子比较小，因此操作工具要简单，农作物要好养。他们种植的粮食包括各种豆类、小麦、大麦、黍子、谷子、高粱、玉米等，蔬菜则种植茼蒿、生菜、香菜、菠菜、水萝卜、芝麻等。这些农作物种子可以直接开沟播种，粮食生长时间比较长，易于管理，蔬菜生长要求不高，还可及时更新换茬。

油料作物具有经济价值和观赏价值，香草具有保健、驱虫、观赏价值，薯类具有食用和观赏绿化功能。这些农作物从高到低，层次分明，管理难度也不高，正好适合三四年级。

对于高年级同学来说，他们的动手实践能力、探究解决问题的能力都比较强，因此他们主要以种植各种蔬菜为主。农村有句俗语：“一亩园，十亩田”，说明蔬菜的种植、管理是非常复杂的。将各种蔬菜种植的任务交给高年级，让他们以小课题的形式进行各种种植尝试，有效提高了他们的各种能力。

（五）完善评价机制，促进课程发展

对于“生态种植”主题式学科实践活动课程的评价，主要包括课程开发的评价、学生参与的评价和学生活动效果的评价。

课程开发的评价：关注学科内容和“生态种植”的结合程度，结合得越紧密，课程开发得就越好。

学生参与的评价：主要分为学生参与的深度、参与的广度、参与的主动性三个方面的评价。

学生活动效果的评价：主要看学生的收获、体会、实践成果等。一个班级种植基地的实际情况是最能反映学生活动效果的。对各班种植情况进行评比，在收获时进行各种展示，是学生活动效果评价的主要形式。

（六）落实时间、人员安排，保证课程正常运行

为了让“生态种植”这一活动落在实处，学校把学生早晨到校未集中上课前的20分钟时间、下午放学前文体活动的30分钟时间用于开展“生态种植”。在这些时间内，学生可以在教师的指导下或独自或合作进行“生态种植”综合实践活动。一般情况下，各班班主任为“生态种植”主题式学科综合实践活动的主要组织者、引导者，英语、科学、社会等教师辅助班主任组织指导。如五年级的种植活动和语文、英语、科学学科相结合，让孩子们为农作物设立标牌，使得学生认识农作物的中英文名称，并对农作物的生长习性有所了解。这个活动就由班主任组织，英语、科学教师配合开展。又如六年级的种植活动和语文、美术、摄影等结合，让孩子们制作种植小报，撰写图文日记，张贴在教室墙壁、楼道等。这个活动同样由班主任牵头，美术、信息技术教师配合开展活动。

总之，“生态种植”主题学科实践活动课程的实施，提升了学生对农作物相关知识的了解程度，让学生越来越热爱劳动，提高了“搜集信息”“分析问题”“观察”“动手实践”“解决问题”等能力，提升了孩子们热爱劳动、珍爱生命、保护生态等意识。

教师在开展这种有创新性、针对性、实效性的活动中，转变了教育理念与教学方式，建立了民主、和谐的师生关系，提高了能力。2017年由“清华大学教育研究院与培育学生核心素养研究与实验总课题组”联合组织的“全国学科综合实践活动课教案评比”中，学校教师有6人获一等奖、9人获二等奖、8人获三等奖。自实施本研究以来，全校有36位教师作了区级以上主题式学科实践活动展示课；有37篇论文获区级以上科研奖。

导师点评

本研究紧扣国家与北京市课程改革的方向，依据学校实际和地域资源，开发与实施“生态种植”主题式学科综合实践活动课程，优化了学校课程供给，让农村学生享受优质课程资源。

本研究体现整体育人的理念。“生态种植”主题式学科综合实践活动课程在把握学科知识体系的基础上，运用多种方式进行课程实施，强调学生主动参与活动，让学生生成经验，获得解决问题的能力，增强社会责任感，践行了整体育人的理念。

本研究需要进一步思考三个问题。一是需要明晰“生态种植”主题式学科综合实践活动课程的含义和性质；二是厘清“生态种植”主题式学科综合实践活动课程与学校整体课程体系之间的关系，与学校育人目标的关联性；三是进一步突显“生态种植”主题式学科综合实践课程的农村特性。

（点评导师：北京教育学院教授　杨雪梅）

主要参考文献

[1] 王丽华，于胜男，刘帅．基于学生综合素养发展的主题式综合实践活动探究[J]. 创新人才教育，2016（2）．

[2] 陈莉欣，刘美．小学主题式课程整合的价值追求与路径探究[J]. 教学与管理，2017（20）．

[3] 陈科峰．浅谈生态种植课程的开发[J]. 中国校外教育，2018（22）．

[4] 陈丹．基于 STEMA 视角提炼小学综合实践活动学科教育的学习理念[J]. 考试周刊，2018（68）．

[5] 佟笑竹．小学综合实践活动与学科教学的融合策略[J]. 祖国，2018（13）．

[6] 李景照，黄红慧，宋玉伟，等．利用校园生态资源进行课程教学——以李八庙小学为例[J]. 南阳师范学院学报，2019（1）．

精准定位，有的放矢

——以北京市延庆区两所高中课程开发为例分析远郊农村高中课程建设

焦文杰[①]

本文对北京市延庆区第一中学与延庆区第五中学两所高中分别从学校基本状况、学校课程价值体系、学校课程体系、学校课程资源、课程建设进程五个角度进行比较，分析远郊高中校课程开发的策略，指出远郊高中学校的课程建设要切合本校实际，精准定位，有的放矢，进行顶层设计、稳步推行，这样才能取得课程建设实效。

① 焦文杰，北京市延庆区第五中学校长，理论导师是北京师范大学程凤春教授，实践导师是北京市第二中学钮小桦校长。

Targeted and Definitive Goals in View

—Taking the Curriculum Development of Two Senior High Schools of Yanqing District of Beijing as Examples to Analyze the Curriculum Development of Rural Senior High Schools in Suburbs

Jiao Wenjie

This paper conducts a comparative research on the status of Yanqing No.1 Senior High School and Yanqing No. 5 Senior High School, the school curriculum' s value systems, the school curriculum systems, the school curriculum' s resources and based upon the comparison, this paper analyses strategies to the development of suburban high school curricula and points out that the curriculum construction of suburban senior high schools should take their own realities into consideration. Only with definite goals targeted measures, crafted designs and steady implementation will curriculum development be achieved.

课程是落实学校核心办学理念的主渠道、主阵地，是学生成长的平台、舞台。如何建设符合学校发展的课程体系，是学校工作中的一个重大课题。然而在学校课程建设实践中，有些学校尤其是一些远郊农村高中，存在着盲目性、跟风性等问题，存在着一阵风、高大上、“你有我必有”等现象，忽略本校实际，忽略课程建设根本意义。鉴于此，我把“北京新高考背景下，农村普通高中走班制实施方案的研究”作为本人在延庆区“双名工程”的研修课题，分为四个子课题组进行了纵深研究，分别是“课程建设”“走班制”“师生关系”“评价机制”。其中“课程建设”组从学校实际出发，成立了以校长为领导的课程实施规划领导小组、课程实施管理小组，在深入调研基础上制订了《北京市延庆区第五中学课程建设方案》《北京市延庆区第五中学课程评价方案》《北京市延庆区第五中学综合实践活动课程实施规划》《北京市延庆区第五中学综合实践课程实施路线图》《北京市延庆区第五中学选课走班实施方案》以及《北京市延庆区第五中学课程导师制实施方案及导师制管理制度》等系列文件，针对我校进入新课改的高一年级的三年课程，课题组进行了“顶层设计，翔实规划”，以课程有效实施为抓手，以培养学生核心素养为重点，稳步推进课程建设与改革，综合实践课程（考察探究、职业体验）稳步推进，社会服务、党团教育、校本课程都全面铺开，取得一定效果。

研究发现，学校课程建设应是在国家教育方针引领下，精准定位本校实际，面对学生基础及发展需求，有的放矢地开发、建设适应学校自身实际发展的课程。为此，以延庆区第一中学与延庆区第五中学两所高中课程建设的比较分析来进行说明。

一、两校基本情况对比

北京市延庆区第一中学，是北京市示范性高中，位于北京市优质高中的行列，在区学校分类中为一类校，生源质量为延庆区内顶层，学生入学成绩为全区第一，中考分数录取底线基本保持在 510 分以上，大部分学生为城区学生，学生基础扎实，学习品质较高、学习能力较强，学校拥有各类优质办学资源，学校的教学目标重在培育一本上线学生。

北京市延庆区第五中学是一所水平一般的全日制高中校，在区学校分类中为四类校，生源分数不高，学生中考分数经常位于 420 ~ 430 分，70% 为农村住校学生，学生的基础知识不扎实，学习习惯、学习能力相比其他高中学校都存在较大差距。学校办学优质资源相对较弱。

通过基本情况对比，可以发现，两所学校虽所处地域相同，但两校无论生源还是办学资源等差距较大，分属延庆区高中校的两个极点，但实际上两校的课程建设却极富有特色。

课程体系是培养目标的具体化和依托，它规定了培养目标实施的规划方案。一门课程的课程体系主要由特定的课程观、课程目标、内容、结构与实施方式组成，是教学内容和进程的总和。学校课程体系则是学校依据自己的办学理念、办学目标、生源状况等实际需求而构建的富于学校特色的课程架构和内容的综合。学校课程体系建设一定要精准定位于自身实际，有的放矢于学校发展方向。延庆区第一中学与第五中学各自的课程体系均能满足学校自身的发展和学生的实际需求，就在于此。

二、两校课程建设价值体系对比

课程价值体系指课程的特定价值观，包括学校的办学理念、办学目标、育人目标、校训、学校特色等内容。

延庆区第一中学的办学理念是：育人为本，追求卓越；办学目标是：立足北京，面向世界，打造优质高中教育品牌，成为在北京乃至中国基础教育的优质名校；育人目标是：培养具有国际视野，开放胸襟，熟悉社会，热爱家乡，全面发展，特长突出，富于创造，适应未来的优秀公民；校训是：让自觉成为生命的品质；办学特色是生态教育；课程建设特色是生态课程体系。

延庆区第一中学课程建设总目标是：深化课程改革；践行自觉文化；倡导生态教育。具体目标是：①教育的主客体与内外部环境和谐统一；②教育机制要具有亲和性、开放性、互动性、创造性；③生态课程要具有适应性、选择性、丰富性；④促进师生生态成长、学校绿色发展。

延庆区第五中学的办学理念为：挖掘潜能，突出特长，最优发展；办学目标为：到 2020 年，把延庆区第五中学建成高规格、高质量，以“体验教育、扬长发展”为显著特色的优质高中校；育人目标是：将学生培养为政治合格、品德优秀、学有所长、勇于担当的家乡建设者、社会主义接班人；校训是：明德、育智、健体、报国；办学特色是体验教育，课程特色是“体验探究，收获未来”特色课程群落框架，形成了筑基固本、体验过程，提升素养、体验情境，卓越发展、体验创新的基础、丰富、拓展性三级课程体系。

延庆区第五中学的课程建设总体目标为：因地制宜、深化改革、体验优先，突出特长。具体目标：①课程建设要符合学校的实际需求与发展；②突出体验教育特色，关注学生实际所得；③强化特长发展，实现一生一特长的目标。

对比发现，两校课程建设价值体系齐全，都形成了特色化的学校课程价值体系。但两校在育人目标的价值定位、办学目标的档次定位、办学理念特色定位方面存在差异，学校规模层次不同，学校发展定位不同，两校生源不同，学生层次的差异必定导致各自的培养目标不同。延庆区第一中学主要培养较为高端的人才，教学目标是为一本大学、重点大学而培育人才；而延庆区第五中学主要培养基础型人才，教学目标是：争取所有学生顺利完成高中学业合格性考试，圆满毕业，大部分同学升入高职专科院校学习，部分同学升入本科院校学习。因而依据学校实际定位，学校的课程建设体系必定不同。如延庆区第一中学的课程特色为生态教育，而延庆区第五中学的课程特色则是更接近学生需求的体验教育。

三、两校课程体系比较

学校课程建设有三个层次：一是开齐开足国家课程；二是校本课程体系建设；三是学校课程体系建设。目前两所学校建设都进入学校课程体系建设层次。

延庆区第一中学倡导生态教育理念（见图1），以“以人为本、多元开放、自主选择”为基本原则，开齐开足基础必修课程、必选课程，完善学科拓展类课程，开发探索创新类课程（见图2），构建充满活力的普通高中课程体系，实现课程建设三维目标，促进学生发展、促进教师发展、促进学校发展，最终实现人的绿色生长。

延庆区第一中学生态课程开展以来，建立起多元开放的课程体系，创新试验课程、学科高端拓展课程、小学段实践课程等做到了学术类课程与实践类课程相结合，校内课程与校外课程相结合，系统化课程与模块化课程相结合，高中课程与大学先修课程

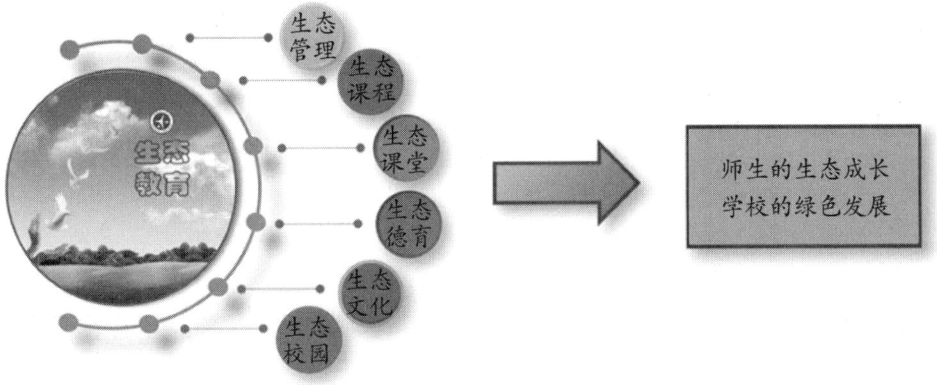

图 1　北京市延庆区第一中学生态教育结构图

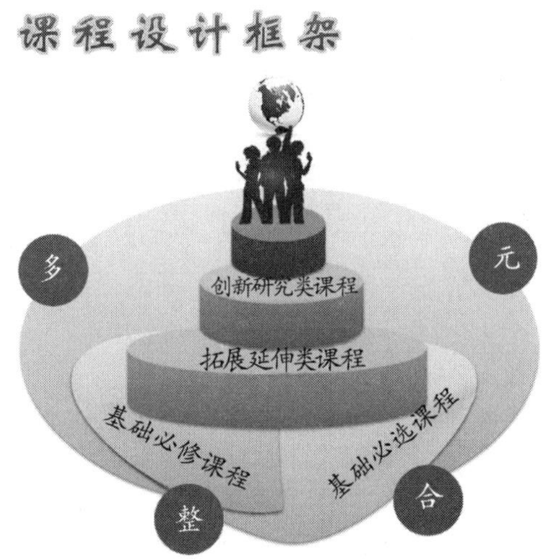

图 2　北京市延庆区第一中学生态课程体系结构图

相结合、教师课程与学生课程相结合；搭建起发展学生个性特长和综合素质的各种平台，支持学生组建和参加各种社团（50 余个社团，百分百学生参加社团），鼓励学生参加各种赛事（仅语文学科就有：全国创新作文大赛、新概念作文大赛、中华“圣陶杯”中学生作文大赛、“语文报杯”全国作文大赛等），组织开展各种节日、纪念日活动（如五四青年节、一二·九、元旦、清明节、中秋节等），设立各种特色系列活动（如体育节、科技节、艺术节、外语节等）；以生涯规划课程带动学生综合素质评价落地实施。

延庆区第五中学课程体系中三个“体验”层次既各有侧重，又递进发展（见图 3 和图 4）。“体验过程”侧重学科学习、素养习得中的过程体验。“体验情境”中的

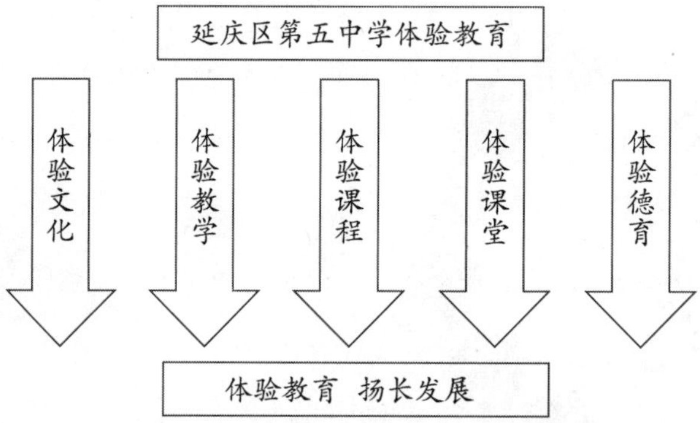

图3 北京市延庆区第五中学教育体系图

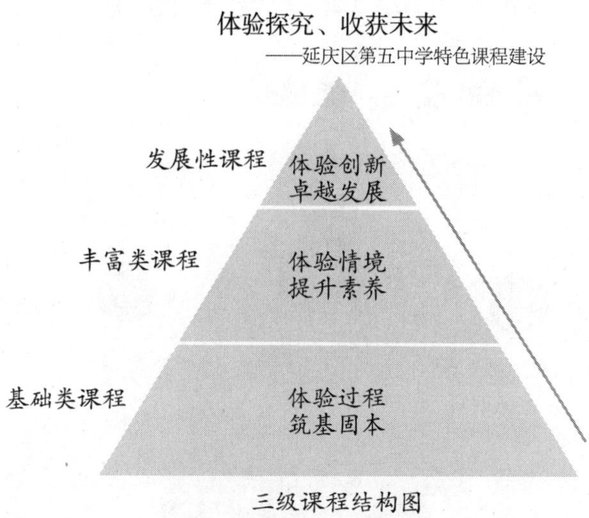

图4 北京市延庆第五中学校课程体系结构图

“情境”既包含真实的，也包含虚拟的；既包含人文的，也包含科学的；既包含单学科单一的，也包含多学科多元的。“体验创新”中的“创新”既包含文科思维的创新，也包含理科实践的创新，当然也包含学科融合的建构创新。基础类课程是指授给学生可再生长的基本知识和可再发展的基本技能的课程。基础类课程由学科知识课程和学科学习策略课程构成。丰富类课程是指以培养“全面发展的人”为核心，丰富学生生活、促进学生全面发展、提高学生综合素质和生活质量的课程。发展性课程指拓展学生能力，激发学生创造力的课程。

延庆区第五中学体验课程体系，兼容教育目标、课程目标、教学目标，聚焦学习主体的学生成长与发展的内在性和内生性，围绕着中国学生核心素养落实学本课堂，改进课堂教学，夯实学生基础，发展学生特长，彰显体验教育特色。

基础类课程重在学生体验过程，其结合学本课堂中结构化预习能力、一课三单、阅读六字诀、3715 复习策略等先进理念，建构学科课程三级群落，并重点提升语文、地理、政治、历史等学科质量，整体推进学校学科课程群落建设进程，目前学科课程群已开发课程 101 种。

丰富类课程以学校实际、学生实际、地域特点为基础，以弘扬社会主义核心价值观、传承中华优秀传统文化、培育学生核心素养为主旨，积极开发适合延庆区第五中学校情学情的校本课程、学科实践活动课程、社团活动课程，目前已开发成熟的富于我校特色的校本课程共 57 种，组建学生社团 20 余个，初步建成学科实践活动系列。如校园语文节、英语节、艺术节、科技节、学科知识竞赛、跨学科知识整合、过山车投石车、创意微拍、摄影摄像、电声乐队、模拟联合国、EV3 创意机器人、学科拓展活动体验等课程，涵盖了人文素养、社会经济、科学创新、艺术修养等方面。

学科拓展课程是课堂的实践与延伸，强调通过课堂学习的知识、技能解决生活实际问题。各学科教师积极研发以学生体验创新为核心的发展性课程，打破课堂界限是其主要实施方式。开设校本选修，组织学科拓展活动，指导学科竞赛。

对比分析两校的课程体系，我们不难发现两校在课程体系建设上的共性特点：一是建立了自己的学校课程图谱。二是都围绕办学特色进行。延庆区第一中学将生态教育的基本理念渗透到学校课程、教学、管理和评价的各个环节中，生态课程体系涵盖国家课程和校本课程，在开齐开足国家课程的基础上，学校不断推进国家课程的校本化实施。以创新实验班为主体，进行学科课程内容的有效整合，构建创新人才培养的课程体系。以小学段课程为抓手，打破校际壁垒，开发多元、开放性课程，建设生态课程体系，促进学生主动、和谐、全面发展。小学段课程、创新课程、校本选修、社团活动、春晖课程等，适应不同学生的需求和发展，让学校成为师生们心灵皈依的“生态花园”“精神家园”“文化乐园”。使师生在文明、和谐、安全、健康的绿色生态文化教育环境中得到生动、活泼、个性化的发展。

延庆区第五中学发掘学校的“体验”特色，根据学校特色项目资源（“体验式教学”、艺体特长发展等）和现有的教师水平，推行小班化、走班制等教学机制。保持对外开放办学，积极寻求合作伙伴，引入不同的办学模式，办好航空实验班等特色实验班。保持和发展体育、艺术、科技等方面的优势，保持传统校、特色校的称号；争取在艺术体操、书法、创客等项目上有所突破，完善课程结构，建立优势课程群，建立多层次、多类型、可选择的课程体系，打造符合学校办学理念的有特色的校本化课程体系。

两校课程体系建设的不同之处在于延庆区第一中学强化生态教育，侧重的是精英化教育，学生的高端发展，因而更具有前沿性、高端性、发展性等特点，而延庆区第五中学的课程强化体验教育，培育的是大众型人才、基础型人才，因而具有基础性、体验性、特长性等特点。

四、校外课程资源开发和使用情况对比

校外课程资源，主要包括校外图书馆、科技馆、博物馆、大专院校等文化类资源，网络、媒体等信息类资源与社区、企事业单位等社会资源，家长、校友等人力资源等。

从校外课程资源可能拥有的情况方面分析，理论上两校都拥有同样的外部资源。但是现实来看，两校外部资源还是有差异的。这种差异既有学校课程资源开发能力的差异，也有学校发展品牌效应带来的差异。如家长与校友资源的差异，延庆区第一中学作为延庆区唯一一所示范性高中，有着良好的品牌效应，延庆区多数部门领导大多毕业于延庆区第一中学，学生家长大多为城区工作人员，有着较高的文化水平。因而延庆区第一中学相对于延庆区第五中学来说，在社会资源方面有着较大的优势。

首先，从资源开发角度分析，两校都在积极开发资源。延庆区第一中学积极利用学校优质办学资源较多的优势，发挥延庆区唯一一所示范性高中的品牌效应，充分挖掘和利用北京市、延庆区优质资源。延庆区第五中学作为一所普通高中，尚未形成品牌效应，优质办学资源（如庞大的优秀家长、优秀校友资源）相对较少，但却积极深入挖掘北京市中小学生社会大课堂实践基地、高校、博物馆、科技馆、展览馆、纪念馆等资源潜能，并建立发展性联系，开设综合实践课程。

其次，从资源使用角度来看，延庆区第一中学结合每一位同学的职业规划和专业选择，为同学们联系了北京众多高校，为他们提供到大学、到自己喜欢的专业院系去体验、实践的机会。参观大学高端实验室、先进的教学设备、高大上的校史馆、博物馆、美术馆，动手制作机器人，感受同声传译，与学长对话，聆听教授讲座等。还有

聘请社会贤达、优秀校友做讲座等，使学生心中的大学目标更清晰，未来专业定向更明确。延庆区第一中学积极利用教师、校友（已毕业的优秀学生）、家长（社会资源）不同的经历、生活经验等宝贵的课程资源，积极开发主题课程、小学段课程，广泛开展社会实践活动课程，进行革命传统教育、环保生态教育、科技教育和艺术教育，培养学生熟悉社会、热爱家乡、服务家乡的思想品质，提高综合素质，形成了自己的办学特色。

延庆区第五中学以实践性主题活动为基本教学形式，以学生自主学习为主要学习方式，通过学生的现实生活、社会实践活动突出个性成长、社会参与、学科实践，培养学生核心素养。积极利用北京市中小学生社会大课堂实践基地、高校、博物馆、科技馆、展览馆、纪念馆等资源潜能开设生涯规划课程、研究性学习课程、主题探究课程、家乡文化课程、实践体验课程、艺术体验课程等，该类课程充分利用历史名胜、红色革命教育基地、科研单位开设游研学课程。通过职业体验、党团教育等形式落实课程活动。

就课程资源开发而言，两校都切合本校实际，结合本校发展需求，在精准定位的基础上，尽可能地挖掘外部资源，有的放矢地使其最大化为本校课程建设服务。

五、两校课程建设进程比较

课程体系是学校重要的育人载体，是学校办学特色的根本体现。因而学校课程体系建设首先要精准定位，要分析学校的历史、生源、师资、规模、区域位置、社会效应与期待值等因素，才能做好顶层设计，有的放矢地开发符合学校发展需求、学生成长与发展需求的富有特色的课程体系。

延庆区第一中学创建于 1956 年，1978 年被延庆县政府认定为县属重点中学，2004 年 4 月，被北京市教育委员会批准为北京市示范性高中，跨入了北京市优质高中行列。共有三万余名毕业生从这里放飞理想，其中六千余名品学兼优的毕业生迈入了清华、北大及各类大学的殿堂。在课程建设过程中，半个多世纪以来，延庆区第一中学坚持以学生的终身发展为本，适应学生发展需求和社会需求，在不断推进国家课程的校本化实施的过程中，打造生态课程，构建培养创新人才的课程体系。

延庆区第五中学学校的前身是延庆师范学校，成立于 1969 年，有着 30 余年的师范办学经验，2000年4月延庆区第五中学正式挂牌，顺利地实现了从师范向高中的平稳过渡。学校课程体系建设是在师范课程体系的基础上不断发展完善，以适应新时代学生需求的过程，“体验教育、扬长发展”办学理念指引下的体验课程体系是在精准定位的基础上，通过顶层设计，稳步推行下逐步形成的。

由此看来，学校课程建设不是一蹴而就的，而是一个稳步推进的过程，是不断实践、完善的过程。

总之，对比延庆区第一中学与延庆区第五中学两校课程建设情况，我们可以发现两所学校的课程建设均呈现课程体系有特色、课程目标切实际、课程内容较扎实、课程成果较丰富的特点，分析其原因可以发现两所学校都能根据学校自身规模、层次、生源等实际情况准确定位自己的办学理念、办学目标、育人目标等，并以此有的放矢地设计与之相协调的课程体系，稳步推进。

导师点评

焦文杰校长的论文以课程体系建设为主线，对延庆区第一中学和延庆区第五中学两所学校课程建设的价值体系、课程架构和内容、校外课程资源的开发与使用等进行了比较分析，试图得出关于中学课程建设的一些具有普遍意义的指导方略。论文选题具有理论和实践意义。

通过比较，作者发现：两所学校的课程建设呈现出课程体系有特色、课程目标切合实际、课程内容扎实、课程成果丰富等特点。论文的结论是，学校的课程建设一定要从学校的实际出发，切合学校的实际需要与可能。在学校课程建设的策略上，作者主张要精准定位，细化落实方案，稳步推进，力戒盲目跟风，力戒贪高求全。

延庆区第一中学与延庆区第五中学是处于两个极端的两所学校，选择这两所学校的课程建设进行比较，可以说作者用心很深，这也使得研究结论更具有普遍意义。

课程是学校教育的核心要素，选择课程建设进行研究，说明作者对学校教育有着敏锐的洞察力和牢牢把握住学校核心工作的意识。关于学校课程建设的策略方法的见解，说明作者有很强的课程领导力。

（点评导师：北京师范大学教授　程凤春）

主要参考文献

[1] 中华人民共和国教育部 . 普通高中课程方案和语文等学科课程标准（2017 年版）. 中华人民共和国教育部官网 .

[2] 北京市教育委员会 . 北京市普通高中 2017 级课程实施指导意见 . 北京市教育委员会官网 .

[3] 戴双翔 . 学校课程建设策略初探 [J]. 教育导刊（上半月），2013（3）.

[4] 杨九诠 .1978—2018 年：中国课程改革当代史 [J]. 课程 · 教材 · 教法，2018（10）：11–19.

农村初中“小班化”课堂教学的问题及对策研究

——以北京市延庆区下屯中学为例

张昕轶[①]

北京市延庆区下屯中学开展了农村“小班化”课堂教学改革实践，在实践中出现理解理论难、思想观念更新慢，突破惯性难、教学实践转变少，讨论交流难、学科教研条件差，调动学生难、改革创新意识低的问题。从问题出发，结合学校实际，从学习提升、成果记录、合作教学、鼓励创新四个方面进行改进，提炼了推进农村“小班化”课堂教学的十一条对策，并在实践中取得了较好的效果。同时，本文还分析了本校小班化课堂教学改革中四个应注意的问题，以及“引入高端研修项目、强化与时俱进意识、拓宽开放合作途径和鼓励学生家长参与”四个后续研究点。

① 张昕轶，北京市延庆区下屯中学校长，理论导师是北京师范大学赵德成教授，实践导师是北京二十一国际学校范胜武校长。

The Research on Problems and Countermeasures of “Small Classes” Teaching in Rural Junior High Schools

—Taking Xiatun Junior High School of Yanqing District of Beijing as an Example

Zhang Xinyi

Beijing Yanqing District Xiatun Junior High school has carried out a rural “small class” teaching reform. In practice, the following problems have emerged: difficulty in understanding theories, slow in updating ideas, difficulty in breaking through the inertia, few changes in teaching practice, difficulty in discussing and exchanging with colleagues, poor teaching and research conditions, difficulty in incentivizing students, and low awareness of reform and innovation. With the problems and realities of the school in mind, the school improves from four aspects, namely, learning promotion, achievement record keeping, cooperative teaching and encouragement of innovation, and proposes eleven measures to promote the “small-class” teaching in rural areas, which has achieved good results in practice. Besides, this paper also analyzes four key points in the reform of small-class classroom teaching. Four follow-up research points are suggested in the end: introducing high-end research and study projects, strengthening the awareness of keeping pace with the times, broadening the channels of opening up and cooperation and encouraging parents’ participation.

北京市延庆区下屯中学（以下简称“我校”）属于农村初中学校，因近年来初中生源自然缩减，以及行政村拆迁等原因，目前学校每个教学班只有不足二十名学生，已经属于“小班”范畴。一线教师平均年龄46岁，学校的课堂教学模式比较传统，近几年的学校教学质量一直不尽如人意。鉴于学校校情，我把“深综改背景下农村学校小班化教学改革探索”作为自己在北京市延庆区“双名工程”之“名校长培养工程”的研究课题，带着全体教师进行行动改进式研究，旨在找出适应农村学校自然小班特点的课堂教学方法，提高教学质量，促进学生发展。

一、我校“小班化”教学实践面临的主要问题

小班化教学是在学生数量在30人以下的教学单位中面向学生个体、围绕学生个体发展而开展的教学活动。我校在2016年就进行小班化教学探索，但效果并不理想，经过多轮教师研讨，总结出我校“小班化”教学实践面临四个主要问题。

（一）理解理论难，思想观念更新慢

小班化教学，强调的是合作学习、多元评价、差异发展等内容，我校老师虽然在近年的各种培训中也有接触，但在小班化条件下，如何灵活地理解和践行这些理论，则存在一些问题。如在理解合作学习的异质分组问题上，理论研究强调了因为学习者的学科优势、思维方式、性别特点各不相同，所以异质分组能创造多样化的学习环境。但是我们学校的一些老师认为尽管这种观点表面上看起来合情合理，但是在这种异质小组内，组员之间有时会缺乏共同语言，难以实现信息交流，难以形成对等对话的学习氛围。老师们的理解基于他们长期的教学实践，一定程度上有现实意义，但是合作学习的分组方式是多样化的，不同的学习内容、不同的课型，分组的方式也不同，因此，他们对合组学习中分组理论的理解，存在以偏概全现象，需要不断学习和实践，从而逐渐转变观念。

（二）突破惯性难，教学实践转变少

我校一线教师平均教龄为20年，已经形成了固有的教育教学惯性。因此，尽管老师们学习了小班化教学的相关理论和经验方法，但是在实际的课堂上，却经常回归到传统的、自己熟悉的教学模式上，致使合作学习流于形式、分组方法过于单一、探究

题目设定宽泛、分层教学区分度低；老师们还是将更多的时间用于自己讲解，教学实践变化少。

（三）讨论交流难，学科教研条件差

学校存在着很多的单科单岗教师，制约了集体备课等集体活动的开展。学科、年级之间的差异，影响了教师互助培训中共鸣的产生，学科间缺少专业交流。因此，学科教研氛围不浓厚，制约了课堂教学研究的深入性和互补性。

（四）调动学生难，改革创新意识低

农村学校部分学生的学习主动性相对较低，而家庭教育的督促引导作用又不能很好地发挥，因此出现了课堂参与不积极、课后作业不完成等现象，影响了课堂教学的效果，也影响了学生学业的发展；而教师不能积极地从改革创新的角度出发，改变诸如评价、奖励等与教学相关的环节，来提高学生学习的积极性、调动家长配合的主动性，这势必会影响教学改革效果的巩固和延伸。

二、我校推进农村“小班化”教学的具体策略

在一年半的改革实践中，我们将老师们认为有效的策略及时予以总结，并在全校予以分享和推广。这不仅有效推动了我校“小班化”教学改革，也增加了教师们的自信，促进了教师的专业成长。

（一）学习提升策略

理论学习方式要灵活，不仅要有理念的提升，还要有直观的展示、个人的实际体验以及同事之间的相互启发。这样多主体、多角度的学习，才能让教师融入其中，理论联系实际，达到学以致用的目的。

1.“接纳式”学习，注重方法引领

在学习小班化教学的理论和方法时，我们首先要采用“接纳式”的学习，即在不考虑实践、不提出异议的前提下，先专注于理论和方法的学习，为今后在教学中灵活应用或者提出质疑、进行变式探索提供基础。通过听专家讲座、读相关的理论书籍等方式，让老师们较全面地了解小班化教学的组织方式、优势、与传统教学的区别等。在这个阶段，学习是宏观的、抽象的。

2.“观摩式”学习，注重操作展示

在理论学习的基础上，直观形象的“观摩式”学习必不可少。借助我参加延庆区“名校长培养工程”这个平台优势，我们请来了导师学校的两位教师到校进行小班化教学展示。示范教师将小班化教学理论转化为课堂教学每个环节的教学技法，让学生的参与体现学生的主体地位，让课堂气氛和学生的收获昭示小班化的优势。课后，导师学校的教学主任又做了主题报告，导师范校长也就两位教师的两节课作了点评。我校老师随后对两节示范课进行讨论，找出实践的突破口。之后，学校内部老师之间又互相观摩，展示操作。

3.“体验式”学习，注重课堂实践

“绝知此事要躬行”，任何的改革都要从实践开始。经过教师们一段时间的摸索，我们第二次请来北师大赵德成教授与北京二十一世纪国际学校范胜武校长两位导师指导，但这次展示的主角则是我校老师。一位生物骨干教师做了一节小班化背景下的生物实验课，课后进行了专场评课活动，在理论导师的指导下，每位教师参与讨论，纷纷发表见解；授课教师也讲出自己教学上的遗憾；两位导师更是给出了细致和中肯的点评。因为是自己学校老师上的课，面对的是同样的学生，因此大家的感触和收获更加真切。在接下来的推进工作中，我们首先让生物老师又跟进做了一节改进课，大家听评课，共同成长；其次我们采用骨干教师引领课、教师自主申报课等方式，鼓励教师展示自己的小班化课堂教学推进成果。将学习放到课堂中，让每个教师都体验“小班化”教学，这种学习促进了学以致用。

4.“研究式”学习，注重互相启发

面对同样的学生和班级，教师之间的相互作用是很大的。因此，我们将小班化教学改革项目作为教研组、年级组活动的一项教研内容，教研组长和年级组长在每周的教研活动中，都会组织教师学习、研讨、相互听课评课，老师们觉得科研与实际工作紧密结合，容易接受，也收到了很好的效果。

（二）成果记录策略

教师的成长很多时候是通过日积月累完成的，因此，改革过程经常被“熟视无睹”。也正因为这样，老师们会有“忙了很久，也没有什么效果”的错觉。针对这一点，作为教学领导者，一定要通过多种方式让大家感受到日常点滴的进步，达到自我激励、相互激励的目的。

1.“放大式”记录，学校推广典型经验

首先，我和教学干部每周都要进班听课，都要参加学科组的教研活动，总结提炼教师的经验；其次，在第二周周一行政会上，干部通过交流研讨，找到老师们在教学中效果突出、值得推荐的做法；再次，校长在“聚焦星期一”的通报中，对具体教师的具体做法进行表扬、推广；最后，教学主任及时在教研组长群进行推广，号召所有教师都要学习经验，进行尝试。尽管教师的一个变化或尝试真的很微小，但是通过这种方式进行“放大”，不仅让这位老师有成就感，还激励其他教师从小处着手，逐步推进课堂教学改革，克服了畏难情绪。

2.“悦纳式”记录，同伴学习彼此经验

学校推行骨干教师引领课、教师自主研究课制度，要求教师全员参与。同时，同年级组、教研组也有相互听课的活动。我们在设计听课表时加入了“小班化教学观感”一栏，老师们在听课的过程中，要发现讲课教师在小班化教学过程中值得学习借鉴的方式、方法，记录在这一栏中，课后评课时要专项点评。同时，教学处定期收集这些信息，集中反馈表彰，达到固化优点、相互学习的目标。

3.“反思式”记录，自我总结成长经验

我校教师有每周写教育教学反思的习惯，学校鼓励教师在写反思时，将小班化课堂教学改革的尝试、得失、困惑、启示等，作为专项记录下来。学期末，当教师回顾自己在小班化教学中的改进研究时，会发现自己的进步和突破。这样，将一学期的反思总结整理形成了专项总结、论文、案例。学期末会有教学论坛，教师们进行自我成长展示，起到了自我激励的作用。

4.“问卷式”记录，学生反馈学习经验

“学生调研问卷”是我校的传统，德育处、教学处都会设计不同的问卷，了解学生一学期的收获，对学校、对教师的期待。自从开展了小班化教学研究，问卷上出现了“你觉得现在上课的方式有变化吗？跟以前相比，你觉得哪种更好？如果好，好在哪里？”等类似的问题。这些题目的设定没有评价指向性，学生答题也就会很客观。问卷统计显示：学生们对课堂教学、对老师、对自己都有肯定的评价。这是对教师的一种鼓舞；同时，学生提出的期待也是我们进一步改进的方向。

（三）合作教学策略

学校教师少，同科同年级教师往往只有 1 ～ 2 人。因此，如何在自然化小班的条件下拓宽教师合作途径、提高合作效果，最终实现师生之间、学生之间相互合作，取长补短，智慧共享的目标就至关重要。毕竟，任何改革都是要用效度来衡量的。

1. 同级同科班级合作教学

为了让一线教师尽量接受最新的教育教学锻炼，我校部分年级同学科有两名教师任教。他们的合作是十分密切的。在一些实验操作课上，两位教师并班上课，将 24 个学生分为六个组，一名教师主讲，另一名教师助教，提高了对每名学生的指导精确度；在一些活动实践课上，两位教师共同出方案，共同组织学生，确保了分组的多样性，提高了学生的参与热情。

2. 跨年级同学科合作教学

每个教研组在一年中都要在全校范围内组织一次大型的学科活动，每位老师都要有自己的活动分工，都要确定自己的活动目标。借助这个项目平台，教研组中的每位成员从计划制订到活动分工、活动准备、活动实施，再到活动评价，都要全程参与讨论和组织。这种合作方式促进了同学科不同年级之间的衔接，保证了对学生培养的连贯性。

3. 跨年级不同学科合作教学

随着学科实践活动的开展和开放性学科实践的推进，每位教师都承担着活动设计任务。我校史地政生四个学科的教师每个人都要教三个年级，尽管学生人数少，如果分年级分学科组织活动，工作量也是很大的，一定程度上影响了活动效果。因此，我们采用了跨年级不同学科的合作，实现对学生综合能力的提升。每逢大型活动，教学处就会召开教研组长会，介绍这次活动的地点和学习内容，并确定活动任务单的主要编写组。之后，教研组长就会召开本组教师会，分工合作，编写任务单。外出之前，教学处会收集、研究所有的分学科任务单，形成统一的任务单，师生人手一册；然后召开师生会，由主要负责的教研组长对任务单进行讲解。活动后，老师们再批阅孩子们的任务单并进行评价奖励。这种合作方式，也体现了"小班化"教学对学生综合能力培养的优势。

（四）鼓励创新策略

随着小班化教学改革的深入推进，教师们逐渐掌握了一些新的教学方法，已经愿意尝试一些新的方式方法来辅助课堂教学，促进学生学习的积极性和主动性，促进家长对学校教育的支持。于是我们进一步强化教育教学的融合，鼓励教师认领创新项目，给予政策支持，一些做法基本形成专项工作。

1.“积分评价”创新

从 2018 年开始，我们将原有的学生奖励制度改为“积分奖励制度”，目的就是让学生更真切地体验和记录自己的点滴成长。德育处和教学处制订了积分方案，每位教师都会有赋分的权限。每周，德育处与教学处会公布积分情况，包括班级积分和学生个人积分，由于学生人数少，保证了这项展示的及时性。每月进行积分换礼活动，积分总分、平均分高的班级优先兑换，提高了班级凝聚力，也促进了学生互相督促、相互帮助的氛围形成。积分展示，展示了学生成长的轨迹，便于学生及时调整自己的努力方向，形成自觉学习的习惯。

2.“学生自查”创新

我校学生每周要在班主任带领下进行“自查”，旨在培养学生学习的目标意识、反思能力和主动性。班主任布置自查的内容，包括行为习惯、考勤、课堂参与、作业完成、读书、学习效果等，学生周末在家逐项自查。周一班会，孩子们会逐一展示自查结果，并指出改进方案。另外，每月学生还要制订自己各学科学习数字化指标，每月底，学科教师会带领学生分析目标的达成度，并总结经验教训，制订新目标。这一方式旨在将小班化课堂教学改革的成果延伸到学生成长的全过程。公开展示，也有利于相互促进、相互督促。

3.“学期成果”创新

从 2018 年开始，我们推行了学期成果展示活动，旨在争取家长支持，让小班化教学改革的效果在家庭中得到强化。首先，我们会发邀请函邀请家长盛装出席孩子们的成长展示会。当天，学校的甬路两旁会有孩子们的成长影像，每块展板旁都有学生在讲解；主会场有展台，展示学生的各种作品，安排学生进行讲解；落座前，家长都能拿到一本学生的成长展示手册，里面记录了学生各种活动影像、获奖情况，我们保证每位家长在画册中都能找到自己孩子的笑脸。汇报演出重现学生一个学期中外出比赛展演的节目，让家长喜笑颜开；孩子们上台领取的一张张奖状，让家长心生自豪感。展示结束后，学校教师再提出今后努力的方向和希望家长配合的工作，每位家长都欣然同意，表示要积极配合学校工作。家校关系和谐，必将推进学生学习成长的速度。

三、我校推进“小班化”教学改革注意事项

（一）预见成果，明确目标很重要

老师们在学习小班化教学理论时，显得较消极，不是因为他们不愿意改变现状、提高教学质量，而是在无法预知结果的改革面前不知所措。因此，作为改革的推进者，要帮助老师们预见成果、明确目标，提供与大家普遍看重的目标相关联的正能量与激情，进而吸引更多的人参与到改革中来。

（二）及时反馈，消除焦虑很重要

《专业资本》①一书提到，“孤立的教师”在工作中充满焦虑，因为他们无法从他人的角度获得反馈，从而不知道自己所做的工作是否被认可。推进“小班化”课堂教学改革也是如此。若我们总要求教师做新的尝试，但不能及时参与其中、并给予及时的反馈，时间久了，老师就会焦虑：自己是不是做对了？自己的工作有没有效果？这种焦虑会因为没有得到正面的肯定而影响改革热情，也会因为没有及时交流而延缓改革进度。因此学校领导积极参与到改革中，及时给予教师反馈，让他们或受到鼓舞、或纠正偏差。

（三）跨越边界，团队合作很重要

通过研究，我们进一步认识到了专业学习共同体的重要性。我们设计了跨越不同年级的综合项目，使教师以团队的形式工作，分享并一起教更多数量的学生，使跨年级教课的教师与年级层面的教师在正规的课堂环境中合作。这样既利于教师成长，又解决了学生太少讨论交流难的问题。

（四）家长协作，社会资本很重要

人的社会资本影响其发展。学校里面的教师和学生的重要社会资本就是学生家长和学校所处的社区，教师的工作要取得理想的工作效果，争取和利用这两种资源是十

① 安迪·哈格里夫斯，迈克·富兰. 专业资本：变革每所学校的教学 [M]. 高振宇，译. 上海：华东师范大学出版社，2015.

分重要的。所以，我们一定要创造机会让学生们向家长、向社区展示自己在学校的成长成果，通过各种展示，让家长和社区认可学校的工作，进而为学生在校外的发展提供条件和支持，以此来补充和延展学校的教育成果。

四、我校“小班化”教学的后续实践点

如何让小班化课堂教学的操作更科学、效果更明显、学生的成长更全面，仍需要我们进一步研究、实践。我们准备从以下四个方面尝试开展后续实践。

（一）引入高端研修项目，提高教师专业发展的高度

在小规模学校，尽管高端培训投入大，受众少，但是作为学校管理者也不能产生“因陋就简”的思想，放低教师队伍建设的“标高”。今后学校要通过合理的方式引入高端研修模式，提高教师的教育教学思想站位，从而提高教育教学改革的效果。

（二）强化与时俱进意识，提高课堂教学改革的深度

在今后的小班化教学改革过程中，我们将“小班化”的教学优势与“学本课堂”的理论相结合，充分体现学生在课堂上和课堂下的主体地位，从课前结构化预习、四个问题清单（问题发现评价单、问题生成评价单、问题解决评价单和问题拓展评价单）的使用、小组合作团队学习三个方面入手，培养学生自主学习的能力。同时鼓励教师结合自己的优势和学科特点，将单一的新授课，细化为问题发现评价课、问题生成评价课、问题解决评价课、问题拓展评价课和问题综合解决课；将单一的复习课，细化为单元回归拓展课、回归拓展评价课、能力提升评价课、能力测试评价课和情感发展体验课，在提高自身的专业水平的同时，促进学生的全面而有个性的发展。

（三）拓宽开放合作途径，提高校际学习交流的频度

今后我们会创造更多的机会，让老师们能够走出校门，将规模类似的几个学校联合起来，进行合作学习；或者在协作区内，依托大的学校进行合作学习。同时，依托区域内教师交流制度，鼓励更多的老师到城区大校进行为期两年的顶岗学习锻炼，从而提高教师专业水平。

（四）鼓励学生家长参与，提高家庭教育支持的广度

我们将继续探究如何因地制宜挖掘家长群体的教育资源，力争结合学校“适宜发展的生态化”教育理念，让更多的家长参与到学校的劳动教育、职业体验、亲子读书

和亲子综合性实践活动中，从成长伙伴的角度，更好地理解教师的教育理念，更好地感知孩子的成长过程，形成教育合力，提升教育质量。

总之，在农村学校自然小班化现象普遍化的新常态下，校长不仅要将小班化教学改革推向深入，还要鼓励教师们总结小班化教学经验，不断将其与教育教学改革的大趋势进行融合，形成更加具有实效性与影响力的改进策略，这是对农村校长的新挑战。

导师点评

小班化教学研究并不是什么新鲜话题，国内相关研究也比较多，但在北京延庆区下屯中学研究这一问题仍然具有其独特的现实意义。由于城市化进程加快及附近行政村拆迁等多种原因，下屯中学的生师比相对较低，为小班化教学创造了条件，但教师平均年龄偏大，习惯于传统的教学方式，在新理念指导下推动教学方式转变又面临很大的挑战。张昕轶校长意识到这一问题后，首先对实践中的问题进行诊断性分析，然后以教师专业发展为突破口，通过四类十一条具体的策略引导教师更新理念和转变行为。特别是，张校长聚焦课堂教学，邀请北京市二十一世纪国际学校的教师来校做观摩示范课和指导听评课，对本校教师构成了思想的冲击和行为的引领，切实推动了实践的变革。这种努力需要持续进行下去，只要教师的教学方式变革了，把学习的主动权真正还给学生，让学生成为学习的真正主人，无论是小班还是大班，都将有效提升教学效率，使学生更加主动活泼，更能促进学生成长。希望下屯中学将来为我们提供更多的标杆经验！

（点评导师：北京师范大学教授 赵德成）

主要参考文献

[1] 李志福．农村小班化教学的思考 [J]. 新课程研究，2015（1）.

[2] 刘径言．农村小班化教学实施的策略探究 [J]. 江西科技师范大学学报，2012（14）.

[3] 宋广文，刘凤娟，杨超．论全面推行小班制教学的必要性与可能性 [J]. 教育研

究与实验，2013：30-35.

[4] 张小勇 . 现代教学模式在小班化教学课堂中的优势 [J]. 中小学电教，2014（8）.

[5] 陶青 . 美国联邦小班化教育改革述评 [J]. 外国教育研究，2008（1）.

[6] 安迪·哈格里夫斯，迈克·富兰 . 专业资本：变革每所学校的教学 [M]. 高振宇，译 . 上海：华东师范大学出版社，2015.

下篇 延庆区名师的探索

本部分是北京市延庆区 7 名小学名师（语文、数学、思品、体育、美术）与 2 名幼儿园名师在课堂教学改革方面的探索成果，展现了北京市延庆区名师群体在应对课程与教学变革时的智慧与担当。

Part II

The Exploration Conducted by Prominent Teachers in Yanqing District

This part is the exploratory results of seven prominent primary school teachers (Chinese, Mathematics, Morality and Society, Sports, Art) and two prominent kindergarten teachers in the classroom teaching reform in Yanqing District, Beijing. It shows the wisdom and responsibility of the prominent teachers in response to the curriculum and teaching reforms in Yanqing District, Beijing.

从“学科教学”转向“学科育人”

闫立华[①]

小学语文教学存在“教学”与“育人”分离的情况，窄化或泛化语文功能，需要从学科教学转向促进学生全面发展的“学科育人”。做到目中有人、腹有诗书、心中有标、手里有法，方可让学生在学习语文的过程中，情感回归真实、阅读走向丰实、语用训练扎实、学习方法落实，从而逐渐走向情感之美、文学之美、文字之美、思维之美。从“立言”到“立人”，通过听、说、读、写，全体学生获得基本的语文素养，小学语文教学便实现了从“学科教学”转向“学科育人”。

① 闫立华，北京市延庆区康庄中心小学语文教师。理论导师是北京教育科学研究院基础教育教学研究中心小语室主任张立军，实践导师是北京市东城区教师研修中心特级教师王文丽。

From “Teaching for Subject Content” To “Teaching for Well-rounded Students”

Yan Lihua

Chinese teaching in primary school puts too much emphasis on subject content knowledge whilst ignoring its function of refining people, which misinterprets the function of Chinese subject. It is necessary to shift from overly emphasized subject content knowledge to the idea of a subject as a means to refining people. In order to ensure students are learning a variety of authentic materials with real emotions and proper learning strategies for a solid foundation, teachers are expected to facilitate students' learning, be knowledgeable, familiar with the curriculum and adept in teaching methods. Students gradually appreciate the beauties of emotion, literature, words and thinking. Through listening, speaking, reading and writing, all students acquire the basic Chinese literacy. Chinese teaching's function of refining people will not be achievable unless the subject teaching shifts from solely focusing on subject content knowledge.

2017年，延庆区教委与北京教育学院联合组织的延庆区“双名工程”正式启动，我有幸成为“名师工程”的一员。在项目组的精心安排下，在理论导师张立军、实践导师王文丽以及北京教育学院陈丽主任等专家的指导下，确立了“核心素养导向下的语文教学观念与行为改进”研究课题，并通过读书交流、课堂观察、跟岗培训、参观考察、做研究课等方式开展行动研究。短短两年多的时间，我的教育理念、思想境界、认识水平、实践能力得到了快速的提升，同时也形成了小学语文教学要“从‘学科教学’转向‘学科育人’”的观点。

一、小学语文学科教学的主要倾向

（一）主要表现

小学语文学科是一门基础性学科，对学生的发展起到奠基性的作用。不少语文教师在教学中过于关注语文学科的知识体系，忽略了语文学科对于学生身心发展的重要价值。原本为一体的“教”与“育”，“教”成了学科教师、教研组的主要职能，而“育”则成了班主任、德育主任的主要职能。

“教学”与“育人”的分离，造成学科教学越来越窄化。具体表现在以下两个方面：其一，教师对语文“学科育人”理解的偏差，主要表现为对“育人”的窄化和泛化理解；窄化理解即将语文教学的“育人”理解为对学生进行的思想道德教育；泛化理解则是将语文教学当成无所不能、包打天下的学科，失去了语文的本真性。其二，将“育人”看作小学语文教学的附属品，将“育人”贴标签，而不是在语文教学的过程中发掘和实现“育人”，缺失对“育人”的过程性和深度性的把握。

（二）原因分析

结合以上现象，课题组召开了教师座谈会，开展了学生问卷调查。分析发现，出现以上问题的原因有四：

（1）目中无人。教师迫于考试压力，胸中有案，目中无人，没有真正做到以学生发展为本，把大部分精力用在如何提高学生应试技巧上，表现得急功近利。

（2）腹无诗书。知识影响德性，学问可以化人。教师自身读书匮乏，不能成为知识人格化的示范。

（3）心中无标。忽略了语文课标中要"在培养学生的语文能力与素养的过程中，塑造学生健全的人格"的要求。

（4）手里无法。虽然教师认同语文学科的育人价值，但在具体的教学实践中缺乏方法策略，屡屡"碰壁"，削弱了语文学科育人价值的实现。

二、"学科教学"转向"学科育人"的原因

每个人的成长只有一次，我们应该做的是给学生未来奠基。学科育人和学科教学不是对立的，是和谐统一的，德国教育家赫尔巴特就提出了教育性教学理论。教学的育人价值是通过学科核心素养集中体现的，认真研读核心素养的理论，从根本上树立育人的教育理念，才能实现立德树人这一根本任务。那么，什么是真正的学科育人？为什么要从学科教学转向学科育人呢？

（一）学科育人的内涵

教育的任务在于"育人"。"育人"是指对受教育者进行德、智、体、美、劳全面教育和培养。育人的目的是使教育对象获得全面发展、具备自身及社会发展所需要的必要品格和关键能力。

什么是学科育人？成尚荣先生认为："所谓学科育人，是从学科的性质、地位、任务出发，体现学科的特质，彰显学科教育人、发展人的特殊功能。学科育人说到底是用学科核心素养育人，换个表述就是培养学生的学科核心素养，进而推动学生整体素养的提升。"[①]《义务教育语文课程标准（2011 年版）》指出："语文课程是一门学习语言文字运用的综合性、实践性课程。工具性与人文性的统一，是语文课程的基本特点……语文课程还应重视提高学生的品德修养和审美情趣，使他们逐步形成良好的个性和健全的人格，促进德智体美的和谐发展。"[②]

综上观点，课题组认为，学科育人是以学科知识为载体，深入挖掘学科本身内在精神价值的过程。语文学科育人是通过"立言"来"立人"，也就是通过听、说、读、写，不断发展与丰富学生心灵世界，开发学生学习能力、思维能力、实践能力和创新

---

① 成尚荣.学科育人的意蕴[J].教育研究与评论（中学教育教学），2018（5）.

② 中华人民共和国教育部.义务教育语文课程标准（2011 年版）[M].北京：北京师范大学出版社，2012:02.

精神，使学生“初步学会运用祖国语言文字进行交流沟通，吸收古今中外优秀文化，提高思想道德修养，促进自身精神成长”。①

（二）为什么要走向“学科育人”

著名教育家陶行知先生曾经提出，先生不应该专教书，他的责任是教人做人；学生不应该专读书，他的责任是学习人生之道。德国教育家赫尔巴特认为，没有“无教学的教育”，正如没有任何“无教育的教学”一样。

可见，教学是形式，育人是内涵；教学是器，育人是道；教学承载着育人的根本任务，育人通过教学来实现。所以，以“教书育人”作为天职的教师，把“教”和“育”打通并充分融合在一起，是实施育人的关键。

教育的根本目的是育人，只有达到育人目标的教学才是真正有效的。课堂教学是学科育人的主阵地。让能育人的有效教学在课堂上落地生根，并不是看表演有多精彩，情感有多强烈，掌声有多激烈，而应该衡量在这堂课之后学生的情感表达是否更为自然，语言应用是否更加准确，文化积淀是否更加深厚。这些必须依靠语文教师勤勤恳恳地扎根于教学，使学生在学习语文的同时，逐渐走向情感之美、文学之美、文字之美、思维之美。

三、“学科教学”转向“学科育人”的策略

那么，教师应该如何在语文教学中，有效培养学生的核心素养，使之形成必备的语文能力，达到适合学生自身发展的品格与境界，从而实现学科育人的目标呢？

（一）目中有人，真情共鸣——育情感之美

苏霍姆林斯基认为，没有一条富有诗意的感情和审美的清泉，就不可能有学生全面的智力发展。情感教育必须做到自然、朴素、真实，矫揉造作的情感只会让教学虚无缥缈。要情感真实，就要“目中有人”。要摒弃重知轻人的陈旧观念，树立“学生为中心”的教学观，遵循学生的认知规律，开展基于学生问题的整体性学习，而不是以知识为中心的碎片化学习。

① 中华人民共和国教育部．义务教育语文课程标准（2011 年版）[M]. 北京：北京师范大学出版社，2012:02.

语文教材中有相当一部分内容是文学作品，在课题研究的过程中，我们充分发挥文学的审美陶冶功能，引导学生体会作品的语言、形象、感情，提高学生辨别真假、是非、美丑、善恶的能力，使之在美感共鸣中得到净化，达到育人的目的。

我在教学毕淑敏老师的作品《学会看病》时，抓住学生的认知障碍点、思维矛盾点、情感体验点和智慧生成点，引导学生开展基于问题解决的整体性学习，努力使学生先见森林后见树木，实现问题共振、情感共鸣和智慧共生。如第三板块引导学生“品悟母亲内心，感悟表达方法”时，我出示以下 PPT，引导学生经历三个过程，体会作者是怎样把母亲的矛盾心情写出来的：

独立“勾句子”，找到表达母亲心情的句子后，一是组内“说想法”，体会矛盾心情；二是绘制“心路图”：感悟心情变化；三是总结“新发现”，聚焦母亲心理（见图 1）。至此，学生的所有发现，都不是教师的灌输，而是在学习活动推进的过程中，学生逐渐发现，描绘母亲的心情是一种内心独白式的、一波三折的心理描写。

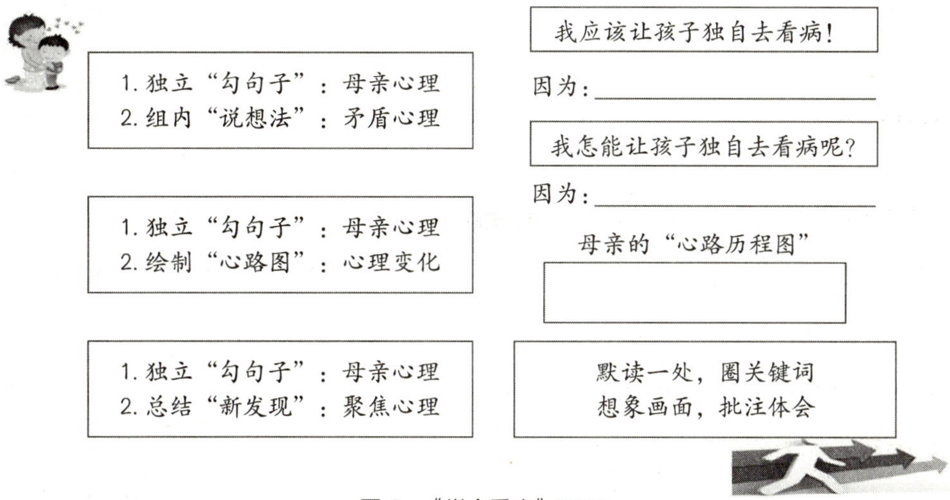

图 1 《学会看病》PPT

学生在字里行间中感受、体验，触摸到母亲忐忑不安的心情，在这样的触摸中，母亲的形象真实亲切。学生生发了真实的情感，明白了别样母爱的伟大。这样的教学避免了贴标签式的口号，不是把学生的目光聚焦到结果上，而是自始至终在真实的情感中体验语言文字。在不断发现的“真学习”过程中，学生的情感得到升华，思维能力得到提升。

教学理念最根本的改革是从物本到人本。真正树立为学生而教，根据学情而教，学生读有所感，思有所启，情有所动，练有所得，学有所获。课堂教学真正成为学生思想交流，情感沟通，生命对话的场所。“目中有人”，让学生走向了情感之美，是实现“学科育人”的前提。

（二）腹有诗书，丰实阅读——育文学之美

语文教学是语言与文学素养的教学，需要教师“胸藏万卷凭吞吐，腹有诗书气自华”。

1. 读语文教材

教师只有做到钻研教材，领会教材的编写意图，将它们贯通于脑中，而不是印在书里、写在本上，才能以文本为凭借，帮助学生提高语文素养。两年多来，我沉下心来研读教材，不仅读所教年级教材，还通读了一至六年级共 12 册教材，做到对小学语文教材全面系统的了解。在咀嚼教材的过程中，发现、选取典范语段，开掘蕴含其中的文学之美，在教学中得心应手地发挥其文学育人的作用。

2. 读教育著作

作为语文教师，教材只是腹中的一本“书”，还需要博览群书，特别是教育教学类著作。两年多的课题研究中，我阅读了导师推荐的《叶圣陶教育文集》《做一个大写的教师》《为言语智能而教》《现在开始上语文课》等教育教学类书籍，并努力完善自己的课堂。这让我更加深刻地体会到，教师底蕴深厚，课堂才会成为一支优美的充满工具性和人文性的旋律，激发学生爱上语文，爱上阅读。

3. 读相关作品

在教学实践中，我主动探索了整本书阅读、综合性学习、略读课教学、古典小说教学等多种课型。为了对教材进行深加工、美加工、巧加工和厚加工，我主动阅读与课文相关的作品，同时也鼓励学生和我一起阅读。如在备课《长征》时，顺势阅读毛泽东诗词；在研读《落花生》时，顺势阅读许地山先生的其他作品；在欣赏《慈母情深》时，顺势品味梁晓声先生的中篇小说《母亲》；在品味《“风辣子”初见林黛玉》时，顺势搜寻关于《红楼梦》的评说文章；在准备《最后一头战象》教案时，顺势阅读沈石溪先生的其他动物小说；在教学《毕业赠言》时，顺势整理赠言的各种形式……厚积薄发，助我成为学生创新火花的点燃者和智慧泉水的引路人。以一篇带多篇，以一篇带整本书。每个学期下来，我和我的学生都像“滚雪球”一样不断积淀。

知识人格化是一种美，一种力量，一种无言的召唤，一种若有若无又无处不在的教育场。根深则叶茂，教师“腹有诗书”，才能让学生走向文学之美，是实现“学科育人”的基石。

（三）心中有标，重视表达——育文字之美

《义务教育语文课程标准》（2011 年版）指出：“教师应努力改进课堂教学，整体考虑知识与能力、过程与方法、情感态度与价值观的综合，注重听说读写之间的有机联系，加强教学内容的整合，统筹安排教学活动，促进学生语文素养的整体提高。”①长期以来的阅读教学，我们习惯在内容上下功夫，而把“学习语言文字运用”当作阅读教学的一个附庸。致使学生没学会说和写，甚至怕说怕写，表达能力提升成了一个难题。我努力从教学观念到方法、策略进行改革创新，由“教课文”变成用课文学语言、用语言。也就是由分析课文内容的教学，转向建构以学习表达为导向的教学，提升学生的阅读理解和运用语言的能力。

如教学人教版五年级下册《金钱的魔力》时，在感受了小说内容和人物形象后，进入第三板块：感悟表达方法。这一板块分两个环节推进：一是聚焦托德之笑，二是聚焦老板之话，从中发现作者是怎样写出他们的特点的。

首先聚焦“托德之笑”。学生读第六自然段，看作者是怎样写出托德的见钱眼开的。在互动交流过程中，引导学生完成两个层次的发现。第一，发现作者运用打比方的方法，通过把托德的笑比作“维苏威火山边上的熔岩”等，感受夸张描写的效果，突出托德丑陋背后内心的见钱眼开。第二，通过把托德的笑读成两幅画，感受托德的表情变化之快。这一环节，聚焦托德这个人物形象，对语言的理解、感受，到写作手法的进行探讨，再到写作风格的感知，如抽丝剥茧，层层递进。最终水到渠成。

其次，聚焦“老板之话”。引导学生认真研究老板的话，看看他的见钱眼开是怎么表现出来的。这里，也引导学生完成两个层次的发现。第一，通过一口气体验朗读，感受老板的话特别长的目的是讨好顾客。在这长长的话语中，发现换衣服的内容和顺序是：衬衫—裤子—背心—上衣。在此，出示马克·吐温关于写作的一句话：“要使

① 中华人民共和国教育部 . 义务教育语文课程标准（2011 年版）[M]. 北京：北京师范大学出版社，2012:20.

用平常、简单的语言，短小精炼的句子。”引起学生质疑“为什么作者这样矛盾”，从而感受老板的“失常”。第二，学生默读对老板语言的描写，思考老板为了达到目的，用了哪些伎俩？学生在研究的过程中，发现老板长长的语言中，还隐藏着贬低同伴法、奉承拍马法、自吹自擂法、胡编乱造法等伎俩，目的同样是讨好顾客，突出了他的见钱眼开。最后分工朗读，感受老板的特点和作者的写作方法。

这一板块，典型的语言现象，凭学生的语感还无法发现。在循序渐进的还原中，学生蓦然发现作者写法的不寻常，悟得其匠心，即运用重复、毫无伦次的语言展现老板的见钱眼开，感受语言中透露出的讽刺意味。

这样的教学，准确把握和内化学科课程标准，提高了学生语言文字运用能力。“心中有标”，让学生走向了文字之美，是实现“学科育人”的核心。

（四）手里有法，学会学习——育思维之美

学科教学不仅培植核心价值观念、塑造学生灵魂，也不仅给学生一双观察、发现世界的眼睛，还给学生一个聪明的脑袋和一双勤劳的手，教给学生发现问题、提出问题、分析问题、解决问题的方法，学科育人的内涵自然包括用学法育人。

学法指导就是教会学生学会学习，是指教师在具体的学习情境中，通过各种有效的途径，引导学生感悟不同学习方法的价值，掌握不同学习方法，并能灵活运用，形成较强的学习能力。学法指导也要思考回答“培养什么样的人”“怎样培养人”等教育核心问题。语文学法有很多，本课题重点研究了以下几种学法：

1. 资料运用法

“初步了解查找资料、运用资料”①是《义务教育语文课程标准》（2011 年版）对小学高年级学生的要求，指导学生搜集、处理、运用资料是培养学生学习能力的有效方法。

如人教版五年级上册《圆明园的毁灭》是“勿忘国耻”主题单元的首篇课文。讲述了圆明园昔日的辉煌景观和它的毁灭，表达了作者对祖国灿烂文化的热爱和对侵略者强盗行径的痛恨，激发人们不忘国耻，增强振兴中华的责任感和使命感，是一篇爱

① 中华人民共和国教育部. 义务教育语文课程标准（2011 年版）[M]. 北京：北京师范大学出版社，2012:14.

国主义教育的优秀篇章。这篇课文语言简洁，无论是圆明园昔日的风采还是被毁灭后的情形，仅仅通过文本，学生是无法体会其中的含义和情感的。所以在教学中，我重点采用了运用资料感悟文本的方法。引导学生结合资料朗读、感悟、想象，在头脑中再现圆明园昔日的辉煌壮观，再现圆明园被英法联军烧毁的屈辱历史。

学习第三自然段，学生结合圆明园景观名称的资料感受其建筑宏伟，结合景点图片资料感受景观的美丽，对圆明园昔日辉煌的自豪之情流露其间。学习第四自然段，学生运用课前制作的PPT，为同学展示圆明园中收藏的历史文物，使同学真切地感受到圆明园是世界上最大的博物馆、艺术馆，激发了他们的民族自豪感。学生对第五自然段圆明园遭受英法联军烧毁的屈辱历史不够了解，便通过视频资料进行体会。

资料的充分运用，不但培养了学生搜集处理运用资料的能力，还丰富了学生的语言，更激发了学生对祖国文化的热爱和对侵略者的仇恨。

2. 质疑解疑法

学成于思，思源于疑。指导学生学会质疑、善于解疑是重要的学习方法。

人教版六年级下册《真理诞生于一百个问号之后》出现了三次读题，每一次读题都把学生带到一个更深层次。第一次读题，是在课的开头问：“‘真理诞生于一百个问号之后’这句话你信吗？”引导学生知道学习要会质疑，要养成质疑的习惯，对司空见惯的东西，不能全盘接受。第二次读题，是在讨论选材问题时，学生质疑发现，这个题目中，“问号”和“真理”是重点，所以重点写起因和结果即可。第三次读题，是在学完课文后，学生再次读题，进一步体会科学的辩证过程。三次读题，层层深入，带领学生从一开始的“相信”到“质疑”再到“确信”，这样的一个过程印证了这个课题，将科学的种子播撒在课堂，并深植孩子们的心田；更注重培养学生的逻辑思维能力，让学生学会自己判断自己思考，从而形成自己的见解，充分展示了语文教学的工具性和人文性。

3. 思维导图法

思维导图是一种有效的思维模式，在教学中，我把它作为一种学习方法指导学生学习语文。如人教版五年级下册《“风辣子”初见林黛玉》节选自古典文学名著《红楼梦》，五年级学生对《红楼梦》并不熟悉，对王熙凤的“话中有话”更难以理解。课文背景特别是人物关系，对深入感受人物形象至关重要。为了帮助学生学会通过思维导图学习，我鼓励学生课前搜集背景及人物关系资料，分组制作《红楼梦》人物关系图，在课上展示交流。各小组在制作思维导图的过程中，了解贾母、王熙凤和林黛玉的关系，知晓贾母和王熙凤在贾府中的地位，为体会王熙凤的“话中有话”，感受“凤辣子”的形象打下坚实的基础。以下是学生通过 PPT 制作的《红楼梦》人物关系思维导图（见图 2）：

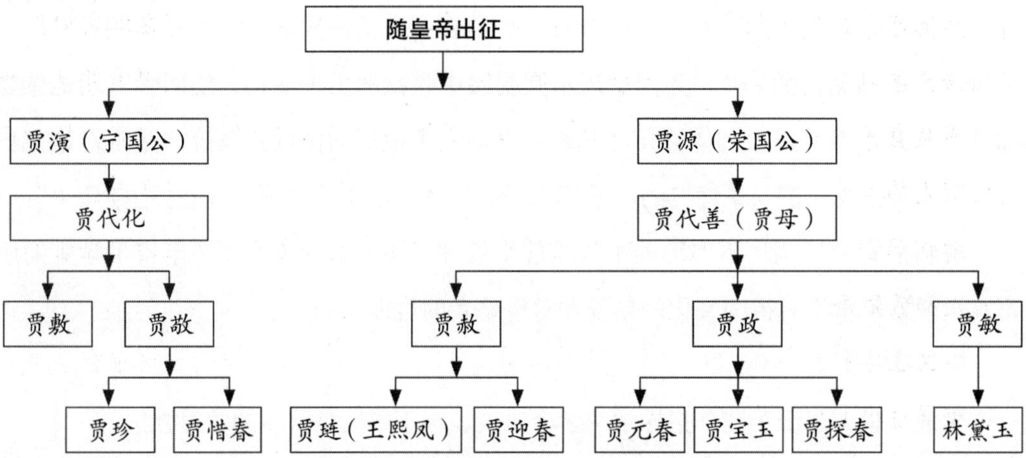

图 2 《红楼梦》人物关系思维导图

“学法”是学生终身发展的重要工具。好的学法直接影响学生“学得怎样”。“手中有法”，能获得“好学”和“学好”的效果，让学生在学习活动的过程中收获创新精神和实践能力。

综上所述，教师要教好书，需要先明白育什么人。一言以蔽之，就是要做到目中有人、腹有诗书、心中有标、手里有法，让学生的情感回归真实、阅读走向丰实、语用训练扎实、学习方法落实，从而逐渐走向情感之美、文学之美、文字之美、思维之美。学生在经历学习内塑的过程中，更好地完善知识、培养思维、外化实践、内塑灵魂，语文教学真正实现由“学科教学”转向“学科育人”。

导师点评

本文视角具有高度，谈“学科育人”是相对于学科教学功能窄化问题提出的，语文学科作为基础性学科，包含着为人的成长打好人生底色的育人功能，于是，这就要求我们必须跳出语文看语文。闫立华老师从语文的育人功能角度谈语文，既是当前核心素养怎样落地需要思考的问题，也是语文教学需要思考的问题。

本文谈“学科育人”这一主题，主要结合对语文学科的认识寻求几方面的育人功能。

第一，求真。闫老师强调语文学习要呈现出真实的学习过程，于是在教学环节的设计中给学生提供了较开放的学习空间，在这样的空间中，才可能有真实情感、真实语言、真实思考的产生，其实，在语文学习中，当解决了大量口号化、标签化的问题后，真情感、真语言、真思考自然就有了生命力。第二，求美。闫老师在本文中谈到了在语文学习中发现情感美、文学美、文字美、文化美，使学生善于发现美并学会创造美当是育人的归宿。教师能借助教学内容，时时为学生开启发现美的双眼，抓住了学科育人的实质。第三，求实。语文教学本身必须具备发展语言的功能，而这必需和实在地认识语言结合起来，所以，闫老师呈现的几节课例都在倡导朴素地关注语言，把育人和认知语言统一了起来。

本文在学科站位、主题定位上可圈可点，但就语文学习中寻求美，侧重在学生学习的获得过程上与主题更为契合。

（点评导师：北京教育科学研究院特级教师 张立军）

主要参考文献

[1] 中华人民共和国教育部 . 义务教育语文课程标准（2011 年版）[M]. 北京：北京师范大学出版社，2012.

[2] 武凤霞 . 语文学科育人价值的实现路径 [J]. 人民教育，2018（Z2）.

[3] 林崇德 .21 世纪学生发展核心素养研究 [M]. 北京：北京师范大学出版社，2016.

[4] 安洪彬 . 充分利用文本发挥语文学科的育人功能 [J]. 基础教育参考，2019（1）.

[5] 牟其明 . 如何充分发挥语文教学的育人功能 [J]. 语文教学与研究，2018（22）.

[6] 成尚荣 . 学科育人的意蕴 [J]. 教育研究与评论（中学教育教学），2018（5）.

[7] 成尚荣 . 用好统编教材　实现学科育人价值 [J]. 课程·教材·教法，2018（8）.

[8] 贾丽莉 . 浅谈语文学科的育人价值 [J]. 亚太教育，2015（30）.

[9] 张励 . 目中有人，胸中有书：对阅读教学新用语的反思 [J]. 成才之路，2009（15）.

[10] 柳夕浪 . 从课堂改革走向学科育人 [N]. 中国教师报，2018-06-06.

通过情境教学激发小学低年级学生语文学习兴趣的实践探索

贺艳霞[①]

本文借鉴李吉林老师的情境教学理论，基于教学内容和儿童的身心特点，依托多媒体，将相对枯燥的内容活化为更为直观形象的视听化情境；挖掘教材，把语文学习中听、说、读、写的基本学习行为，融入儿童喜闻乐见的游戏情境，增强学习的趣味性；创设故事情境，对学生阅读、识字、表达进行故事化的加工和转化，使学生爱上语文学习。

① 贺艳霞，北京市延庆区第二小学语文教师。理论导师是北京教育科学研究院基础教育教学研究中心小语室主任张立军，实践导师是北京市东城区教师研修中心特级教师王文丽。

Practical Research on Stimulating Lower Grades of Primary School Students' Chinese Learning Interest through Situational Teaching

He Yanxia

Based on the teaching content and children's physical and mental characteristics, this paper uses the Situational Teaching Theory of Li Jilin to turn the relatively boring content into audio-visual situations by means of multimedia. Through exploring the teaching materials, we integrate the basic learning elements of listening, speaking, reading and writing in Chinese learning into games that are more suitable for children to enjoy and enhance the fun of learning. We create story situations, through which students learn reading, literacy and expression. These measures help students fall in love with Chinese language learning.

《义务教育语文课程标准》（2011 年版）指出：“教师应以激发学生的学习兴趣，以学生为活动的主体，培养学生的学习兴趣。”“知之者不如好知者，好知者不如乐知者。”（《论语》）因此，教师创设趣味化、游戏化、生活化的教学情境，将教学任务融入其中，使学生对学习语文知识充满兴趣和热情，从而提升低年级语文教学的质量和效率。

李吉林老师指出：“情境教学法是指教学过程中，教师有目的地引入或创设具有一定情绪色彩的、以形象为主体的生动具体的场景，以引起学生一定的情感体验，激发学生学习的积极性、主动性，从而帮助学生理解教材，并使学生的心理机能得到发展的教学方法。”[①]在李吉林老师研究的基础上，结合低年级学生好玩好动的年龄特点，笔者认为：小学低年级语文情境教学要具有趣味性、故事性、游戏性、生活性以及画面感，让学生在课堂的情境中潜移默化地受到影响，在不知不觉中受到感染和熏陶，在寓教于乐中掌握语文知识，激发学生学习语文的兴趣。

一、创设视听化真实情境，增强学生学习趣味性

捷克教育家夸美纽斯说过：“一切知识都是从感官的知觉开始的。”[②]教师要创设一个可以观、可以闻、可以触摸、可以与之对话的多彩的世界吸引孩子。直观可以使抽象的知识具体化、形象化，有助于学生感性认识的形成，并促进理性认识的发展。特别是在小学阶段，学生形象思维占优势，教师更应该注重创设生动的教学情境，让抽象的语言文字活化，变成学生看得见、听得真、摸得着的视听情境，使学生的各种感官积极参与到学习之中，增强学习的兴趣。

（一）运用多媒体，创设“真实”情境

语文阅读教学是一种理解、吸收、鉴赏和评价的思维过程，是搜集处理信息、认识世界、发展思维、获得审美体验的重要途径。在阅读教学中巧妙运用多媒体创设出形象鲜明的投影图画，辅以生动的文学语言，并借助音乐艺术的感染力，再现教材提供的“真实”情境，化静为动，变无声为有声，通过绚丽的画面，悦耳的音乐渲染气

① 李吉林 . 情境教学实验与研究 [M]. 成都：四川教育出版社，1988：42-43.

② 夸美纽斯 . 大教学论 · 教学法解析 [M]. 北京：教育科学出版社，1986:67-68.

氛，使学生如临其境，如见其人，如闻其声，合理运用多媒体对文字、图像、声音以及动画影视等进行综合处理，变抽象为直观，帮助学生理解感悟，使学生乐学好学。

如一年级语文《荷叶圆圆》阅读课的教学设计，在学生正确、流利、有语气朗读理解课文内容的基础上，教师借助多媒体在学生面前徐徐展开一幅生机勃勃的“池塘荷叶”图，孩子们一边看，老师一边动情地描述，为学生再现文章意境：“小朋友，看！满池绿绿的、圆圆的荷叶多么清亮迷人，荷叶是小水珠的摇篮，小水珠躺在荷叶上，眨着亮晶晶的眼睛，多么舒坦；荷叶是小蜻蜓的停机坪，小蜻蜓立在荷叶上，展开透明的翅膀，多么悠闲；荷叶是小青蛙的歌台，小青蛙蹲在荷叶上呱呱放声歌唱，多么欢快；荷叶是小鱼儿的凉伞，小鱼儿在荷叶下笑嘻嘻地畅游，多么惬意……”伴随柔美的轻音乐，教师绘声绘色地描述，学生聚精会神地看着、听着、放飞着想象，深深地陶醉在课文所描绘的意境之中。这时候，教师顺势引导：“孩子们，除了小水珠、蜻蜓、小青蛙、小鱼儿，还有好多小动物也喜欢荷叶呢！它们会把荷叶当作什么？又会怎么说、怎么做呢？”孩子们小手林立，争先恐后：“荷叶是蚂蚁的小船，蚂蚁坐在荷叶上，划着小船去游玩。荷叶是蝴蝶的秋千，蝴蝶落在荷叶上摇啊摇，荡秋千……”教师借助多媒体把孩子们带入文中的情境，他们置身其中，主动地走进了学习的角色，孩子们在相互交流、沟通、补充中拓展着自己的想象空间，迸发出智慧的火花。此时，他们的思维和想象已插上快乐飞翔的翅膀，任心中活跃着的栩栩如生、呼之欲出的意象畅快流淌。

（二）借助动作演示，变文字为可视性画面

做中学是孩子学习的一大特点，低年级的学生年龄小，需要老师把相对枯燥和难懂的内容，活化为更为直观的动作，变抽象的文字为可视化动作。因此，教学中教师可以借助动作演示，或者师生共同的动作演示来创设生动的演示操作的情境，增强对文本中词句的理解和运用，提升学习兴趣。

在教学二年级语文《纸船和风筝》一课时，为了理解区分两个同音字“漂”和“飘”的不同含义，我带着学生一边朗读句子一边用自己的手做动作，“纸船漂呀漂”，学生的一只只小手就像一只只纸船在胸前漂，“风筝飘呀飘”，学生一只只小手飘过了头顶，教室里是一只只水里漂流的纸船，一只只风中飘荡的风筝，学生用自己的一只只小手把文字转化成可视化的动作，在做一做中发现了“漂”指的是在水里漂，和水有关系；“飘”有风才会飘，和风有关系，理解了两个同音字的不同含义和运用，初步感受了偏旁表意的构字规律，同时体悟到了两个好朋友之间用“风筝”和“纸船”传递的真情和友谊，为学生营造了一个宽松愉快的课堂气氛，愉悦了心情，为学习奠定了良好的基础。在语文教学中，遇到难理解的部分我们可以试着把文字转化为可视化的动作，学生好动好玩的心理得到满足，便处于兴奋、主动、积极的学习状态，可以充分发挥内在潜能，并使学习行为向更高层次发展。

二、巧设游戏情境，激发学生学习积极性

教育学家卡罗琳曾说：“孩子们的工作就是游戏，在游戏中激发他们的思维，是他们最愿意接受的。”①在小学低年级语文教学中，要充分抓住儿童的身心特点，灵活地将学习活动贯穿到趣味游戏中，让学生在玩乐中学习与发展。

（一）阅读教学游戏化，畅享阅读之趣

若要让好动爱玩的学生主动阅读，更好地理解文章需要，那么教师就要契合教学内容，设计游戏活动，如设计角色扮演、争做小导游、竞赛等游戏，给学生创造趣味性、愉悦性强的游戏天地，让学生体验语文学习乐趣，畅游知识海洋，积累丰富语言知识，提高学生综合素养。

如部编版语文二年级上册的《狐假虎威》一课，为了帮助学生理解寓意，我设计了“森林突袭”角色表演游戏，游戏情境是这样的：小动物都在森林里玩耍，忽然看到狐狸摇头摆尾地走来了，后面跟着号称“森林之王”的大老虎，小动物们吓得惊慌失措，纷纷逃跑。游戏开始了，教室变成了一座美丽的大森林，每一位同学都带着各种小动物的头饰，来扮演森林里的小动物，请两位同学分别扮演凶猛的老虎和狡猾的狐狸，“狐狸”带着“老虎”在“大森林”里大摇大摆地走了一圈，“小动物们”在“大森林”中四处逃窜，窃窃私语。老师随机采访：“小狐狸，你怎么那么神气啊？”“如果不神气的话，老虎就会识破我的诡计，然后就把我吃掉了。”老师再采访一下“老虎”：“你为什么东张西望，疑惑不解呀？”“因为我觉得

① 卡洛琳·爱德华兹，莱拉·甘第尼，乔治·福尔曼．儿童的一百种语言[M]．罗雅芬，连英式，金乃琪，译．南京：南京师范大学出版社，2006:16–17.

很奇怪，这些小动物们以前都怕我的，今天怎么都怕这只又瘦又小的狐狸？”“小动物们，这是为什么呀？”“我们是怕狐狸身后的大老虎。”小动物们七嘴八舌地说……至此，角色扮演的游戏，让学生从浅白的语言文字里读出了故事的寓意，学生畅享阅读之趣。

（二）识字教学游戏化，畅游识字乐园

小学语文识字教学，教师要善于抓住学生的游戏心理，结合实际教学需求，将识字教学寓于各式各样的游戏活动中，让学生漫步识字乐园，体验字词的韵味，提高脑力劳动效率。以下是我两年多时间探索的识字游戏：

1.“欢乐对对碰”

低年级的识字教学中，大部分是形声字，教学中可以一字带出一串，减轻识字的负担，增强其趣味性，因此设计游戏的时候，教师在课前准备一转盘，课上指名学生转转盘。随着转盘的转动，行旁和声旁会组成不同的汉字。例如，形旁“氵”“马”“女”“亻”便分别与声旁“也”组成四个不同的形声字——池、驰、她、他。这样一种有童趣而又极富智慧的拼字游戏，不但能让小学生在快乐的游戏中轻松地掌握一批具有规律的汉字，而且也形象地告诉了学生形声字是由形旁和声旁两部分组成的：声旁表音，形旁表示字义的类属。

2.“谜语识字”

根据低年级儿童喜爱猜谜的特点，教师将某些识字内容编成谜语，分组让学生在猜谜的过程中学习新知识，每组 3 ~ 5 人最为适宜。教师先将准备好的谜面均分给每个小组（谜面可以由教师提供也可以学生自编），然后组织学生先在小组内进行猜字谜比赛，采用计分制，每组将产生一名得分最高者晋级决赛。最终教师将评选出冠、亚、季军，并给予奖励。

3.“头饰表演识字”

带上头饰表演是孩子们喜爱的游戏，他们在同学面前有展示自己的愿望，所以在教有关动物名称时，教师可事前准备动物头饰，让学生扮演动物，并模仿动物的声音、动作、外形特征。识字教学时教师常安排学生演一演，学生既得到了施展才华的机会，又加深了对动物的了解，更重要的是牢牢记住了动物的名字。如教小学语文二年级上册识字一课时，课前教师让学生去搜集有关课文中动物的一些信息，课上让学生戴上孔雀、大雁、老虎等动物的头饰表演，在表演中孩子们和生字成了朋友。

游戏教学情境是多种多样、丰富多彩的。教师可以联系学生的生活实际来创设游戏情景，强化他们的生活体验，激发学生主动参与的意识，从而营造愉悦的课堂氛围，使学生积极主动地进行学习。

（三）开发故事情境，发挥学生学习的主体性

教师要善于开发故事化的学习资源，设计形象生动的故事场景，引发孩子的情感体验，将儿童情感活动与认知活动结合起来，促使儿童的思维、想象、记忆等一系列的智力活动处于最佳状态，激发学习的积极性、主动性。

小学低年级的语文教学，拼音教学是基础，是语文学习的重点和难点，教师通过创设有趣的故事情境，增强汉语拼音学习的趣味性，孩子们不知不觉地成了故事中的小主人公，慢慢地变身为故事的主角。

1. 童话故事引路，开启智趣之门

汉语拼音的四声调比较难，对于刚刚入学几天的一年级学生是一个难点。于是我创设了一个童话故事的情境，让孩子们变成拼音宝宝，他们戴上汉语拼音的头饰，手握方向盘开着小汽车，到山路崎岖、风景优美的龙庆峡景区游览。瞧！小 ɑ 开着小汽车出发了，小汽车在平平的路上开着，小 ɑ 高兴地唱起歌来（一声啊），没想到面前出现了一个大斜坡，小 ɑ 始料不及，惊叫，学生一起喊出（二声啊）；加大马力好不容易爬上大斜坡后，又看到一个大大的拐弯（学生瞪大眼睛担心地叫起来：三声啊）；历尽艰辛，小 ɑ 终于看到了龙庆峡，他开下了大大的斜坡，高兴地说：“终于到了！”（学生松了口气感慨：四声啊）孩子们早已成了故事的主人，孩子们乐此不疲，拼音四声调悄然融进了跌宕起伏、形象生动的情节之中，开启了美妙的拼音学习之旅！

2. 学生自编故事，突破学习难点

每一个拼音字母都是一个充满情感的、灵动的生命，讲着故事、学着拼音，学着拼音、听着故事，学生自编的一个个小故事在拼音教学中上演……

复韵母的读音和形状学生掌握起来有一定的困难，特别是一些形近的韵母学生更是难以区分，编故事的方法行之有效，久而久之，学生纷纷效仿，他们自己编的小故事有情有趣。如学习复韵母 ui 和 iu，学生先在小组里创编故事，然后集体交流展示。听！这是孩子们创编的“赛跑”故事：小点 i 真淘气，和 u 赛跑比高低，小点 i 落在 u

身后，ui（喂）ui（喂）快站住，小点 i 跑到 u 前面，伸出拇指 iu（优）iu（优）。一个有趣的故事区分了 iu 与 ui 的音和形，激活了学生的思维，孩子们创编着故事歌谣，老师退出课堂的中央，他们成了学习的主体。小故事一个接一个，合辙押韵，充满乐趣：小点 i 好淘气，跟 e 赛跑比高低，小 i 跑到 e 前面，伸出双手 ie（耶）ie（耶），小点 i 落在 e 身后，叹起气来 ei（诶）ei（诶）。既能使学生从读音上有一个形象的记忆过程，又能帮助学生正确区分形近字母，寓教于乐。知识融入了故事情境之中，彰显出活力和美感，激发了学生的学习兴趣，孩子们真正成为学习的主人。

总之，在小学低年级语文教学中，运用情境教学法，创设与当前学习主题相关的学习情境，可以营造更加活跃的课堂氛围，激发学生的学习兴趣，提高学生的想象力和创造力，为语文课堂注入了活力和魅力。

导师点评

小学低年级语文学习的趣味性是形成今后持续性学习的内驱力的重要基础，它决定了学习效率的提升，学习习惯的养成，可以说，低年级学生学习兴趣的产生相对于知识的获取显得更为重要。

贺艳霞老师结合个人实践经验，对本主题进行了较为具体的说明，并力图在教学操作层面提炼出相应的策略。大体来说，可以在本文中理出三个比较有效的教学策略。

其一，提供情境化的学习路径。教师基于教学内容，提供了一些适合低年级学生、将相对枯燥的内容活化为更为直观的图像、音乐的举措，遵循了低年级学生以形象思维为主的特点。其二，创建游戏化的学习平台。语文学习中的听、说、读、写是基本的学习行为，怎样于低年级教学中摆脱机械的、单一的听、说、读、写训练行为，而将之融入更适于学生的行为体验？贺老师以游戏化的方式达成这一目的，效果比较显著。其三，开发故事化的学习资源。低年级学生的阅读、识字、表达离不开故事，一个人的童年因故事而精彩，教师在帮助学生认识抽象事物、概念的过程中，对其进行故事化的加工和转化，这是促使学生爱上语文的重要过程。

（点评导师：北京教育科学研究院特级教师 张立军）

主要参考文献

[1] 邓俊华 . 浅谈故事教学法在语文教学中的运用 [J]. 吉林教育，2016（6）.

[2] 中华人民共和国教育部 . 义务教育语文课程标准（2011 年版）[M]. 北京：北京师范大学出版社，2012.

[3] 夸美纽斯 . 大教学论 · 教学法解析 .[M]. 北京：教育科学出版社，1986.

[4] 卡洛琳 · 爱德华兹，莱拉 · 甘第尼，乔治 · 福尔曼 . 儿童的一百种语言 [M]. 罗雅芬，连英式，金乃琪，译 . 南京：南京师范大学出版社，2006.

[5] 郭振南 . 小学语文情境教学的研究［D］. 长春：东北师范大学，2016.

[6] 李吉林 . 情境教学实验与研究 [M]. 成都：四川教育出版社，1988.

[7] 韦志成 . 语文教学情境论 [M]. 桂林：广西教育出版社，2001.

“最近发展区”理论指导下的小学数学活动设计的实践研究

李淑芳[①]

我校一些教师在设计学习活动时，经常出现活动设计要求过低或过窄，限制了学生的思维；或者活动设计要求过高，学生解决的难度过大；或者活动设计要求不明确，学生不知道如何进行探究等问题。笔者借鉴“最近发展区”相关理论，以学生的现实发展水平为基点，在学生的“最近发展区”内精心设计学生的数学学习活动，通过分析课前调研情况、找准问题生长点、挖掘认知冲突点、探究思维发展链等多种方法，借助一个个数学活动不断将学生的潜在发展水平转化为现实发展水平，不断地创设新的“最近发展区”，取得较好的效果。

① 李淑芳，北京市延庆区第一小学数学老师。理论导师是北京教育科学研究院基础教育教学研究中心小数室主任张丹教授，实践导师是北京市东城区教师研修中心特级教师王彦伟。

Practical Research on the Design of Mathematical Activities in Primary Schools under the Guidance of the Zone of Proximal Development

Li Shufang

Some teachers have met problems while designing classroom activities. For example, the activities are not challenging enough, which limits students' learning; some activities are overly challenging, which cannot be conducted by students; or some activities are not clearly instructed, which confuses students in doing inquiry-based learning. Based upon the theory of Zone of Proximal Development (ZPD), the author designs math activities through diagnostic assessment, understanding students' current level, spotting students' learning proximity and researching on students' cognitive development. The author constantly sets up new ZPD for students and transforms students' potential development level into realistic development level with the help of carefully designed mathematics activities. The measures have turned out to be effective in our practice.

笔者有幸参加了北京教育学院和延庆区教委联合举办的延庆区“双名工程”，结合我校“变教为学”教学改革中活动设计出现的问题，确立了“‘最近发展区’理论指导下的小学数学活动设计的实践研究”课题。本文是研究的基本成果。

一、我校小学数学教学活动设计存在的主要问题

2016 年 2 月，北京市延庆第一小学确立了“小学数学‘变教为学’的实践研究”课题，以数学学科为龙头，强调从学生的实际出发，设计教学活动，让学生站到课堂的中央，成为研究问题和解决问题的主人。

教师运用“最近发展区”理论，以学生的现实发展水平为基点，在学生的“最近发展区”内实施教学，精心设计数学学习活动，不断将学生的潜在发展水平转化为现实发展水平，不断创设新的“最近发展区”，最终实现学生的发展。

但是在教学实践中，笔者发现一些教师在设计教学活动时存在以下几个问题。

（一）教学活动设计要求过低或过窄，限制了学生的思维

【案例一】人教版六年级下册《圆锥的认识》一课。学生在五年级的学习中已经有了认识立体图形的学习经验，又刚刚学习过《圆柱的认识》。因此，我们想利用知识经验之间的迁移来设计活动，引导学生的自主学习。于是，在课程一开始就设计了下面的学习活动：

活动单：先在小组内说说圆柱体的特征是什么，是怎样发现圆柱体特征的。然后从底面、侧面、高等几方面独立研究圆锥的特征，再在小组内进行交流。

学生按照活动要求，回顾了圆柱体的研究过程及圆柱体的特征，发现了圆锥体外形上的特征。

案例分析：在教学实践中，我们发现这样的活动设计要求过低。一方面，没有充分利用学生的“最近发展区”，虽然教师有意识地放手让学生自主学习，但是关于《圆柱的认识》的回顾有些多余，因为学生刚刚学过，对这部分的知识和经验印象很深。另一方面，活动设计的要求过于具体，限制了学生的自主探究和思考的空间。

（二）活动设计要求过高，学生感觉根本解决不了

教师活动设计超出了学生的“最近发展区”，学生在活动开始时可能就会产生放

弃的想法，在活动进行中他们的状态也不积极，使得活动实效性不强。

【案例二】人教版六年级上册《数学广角——数与形》例 1（图 1）。

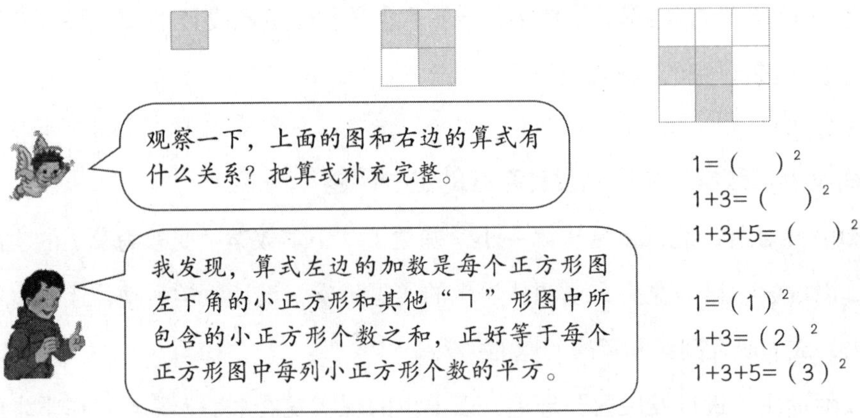

图 1　数与形

活动设计：教师先板书 1、3、5、7、9，请学生观察这些数有什么特点，然后添加上“+”变成加法算式，请学生计算。学生一般会运用凑整的方法解答。之后，教师增加难度，出示 1+3+5+7+……+29，请学生计算。并提出如下活动要求。

活动单：先独立计算，尝试发现规律。再在小组内交流自己的发现，总结计算的方法。

这样的活动设计一方面是希望给学生独立思考和探索的空间，在学习过程中建立数与形之间的联系，寻找规律，发现规律，运用规律，提高计算能力。另一方面是想通过数与形结合的思考方法，使学生经历猜想与验证的过程，培养学生积极探究，大胆猜想验证，灵活运用知识的能力。但是，学生在自主探究时只能想到（1+29）×15÷2 的方法，并没有出现教师预期出现的“奇数个数的平方”的方法。

案例分析：课后反思，学生的表现真实体现了学生已有的知识和经验，而教师期望出现的方法，距离学生的已有知识经验和思维水平比较远，不符合学生认知的“最近发展区”。

（三）活动设计要求不明确，学生不知道如何进行探究

【案例三】人教版六年级下册第二单元《生活中的百分数》中学习折扣问题，使学生体会生活中折扣的含义以及折扣带来的优惠。

活动：利民商店面包平时售价每个 4.00 元，晚上 7 点打九折，过了八点会打八折，你选择哪个时间段去买？为什么？

案例分析：这一设计中，教师的本意是想让学生算算哪个时间段买面包更便宜，体会打折带来的优惠。但是，活动单中提出的问题是，你选择哪个时间段去买？学生思考的角度就偏离了这道题的设计意图。他们从食品的质量、数量、保质期等方面提出想法，有的同学还从路程的远近，是否有时间去买等各个方面表达自己的观点，还因各个观点的不同还发生了争执，导致数学课变成了生活购物研究课。如果教师提出明确的要求，哪个时间段去购买更省钱呢？学生就会从折扣角度去思考，更好地完成本节课的目标。

《义务教育数学课程标准》（2011 版）指出："教师教学应该以学生的认知发展水平和已有的经验为基础，面向全体学生，注重启发式和因材施教。教师要发挥主导作用，处理好讲授与学生自主学习的关系，引导学生独立思考、主动探索、合作交流，使学生理解和掌握基本的数学知识与技能，体会和运用数学思想与方法，获得基本的数学活动经验。"①这些理念进一步强调教师要了解学生的现实发展水平，并通过一系列的学习活动，使学生达到潜在的发展水平。

二、“最近发展区”理论的主要观点

（一）“最近发展区”理论的提出

“最近发展区”理论是由苏联著名的教育心理学家维果茨基提出的。维果茨基认为：教育对儿童的发挥能起到主导作用和促进作用，学生发展的任何时候，不是仅仅由成熟的部分决定的，需要确定儿童发展的两种水平：一种是已经达到的发展水平，即现实发展水平，表现为学生能够独立地、自如地完成教师提出的智力任务；另一种是儿童可能达到的发展水平，即潜在发展水平，指学生还不能独立完成任务，必须在教师的帮助下，在活动中，通过模仿和自己努力才能完成的智力任务。这两种水平之间的距离，就是“最近发展区”。

（二）“最近发展区”理论的主要观点

1.“最近发展区”是动态发展的

“最近发展区”是随着学生个体或群体认识水平的不同而在不停发展变化的。在

---

① 中华人民共和国教育部. 义务教育数学课程标准（2011 年版）[M]. 北京：北京师范大学出版社，2012：2-3.

课堂教学中，教师应该以动态发展的眼光看待学生，一方面承认学生都有发展的可能性，另一方面要准确了解、摸清学生的两种发展水平，并据此确定和创设学生的“最近发展区”，超出学生“最近发展区”的教学无疑是无效的、困难的教学，降低学生的“最近发展区”的教学必定是枯燥乏味的教学，是重复劳动，只有在适合学生的“最近发展区”内进行的教学才是有效的、良好的教学。

2. 强调教学的最佳期

“教学除了最低界限，还存在一个最高教学界限，这两个界限之间的期限就是教学最佳期。”①儿童对于某种知识和能力的掌握都有一个最佳期，这也是人的身心发展的关键期提出的要求。所谓发展关键期是指身体或心理的某一方面的机能和能力最适宜形成的时期。在教学最佳期之外的教学或因超出“最近发展区”，或因停留于现实发展水平而不能对儿童未成熟的心理机能施加影响，从而不能有效地促进儿童心理机能的发展。

3. 教学应走在儿童发展的前面

维果茨基辩证地阐明了教学、学习与发展之间的关系。儿童的发展与教学、学习联系在一起，教学、学习与发展之间的关系被清晰地表达为一个三位一体的过程，融入一个积极互动与合作的空间，即“最近发展区”。所以，维果茨基认为“教育不应当以儿童发展的昨天，而应当以儿童发展的明天为方向。只有这样，教育才能在教学过程中激起那些目前尚处于‘最近发展区’内的发展过程”。②他还认为，在教育教学过程中，重要的不是把重点放在学生现在已经完成的发展过程，而是关注学生正处于形成状态或正在成熟、发展的过程。

三、基于“最近发展区”理论指导的数学活动设计

（一）分析课前调研数据，设计学生学习活动

在课前用调查问卷的形式调研学生对新知识的认知情况是设计学习活动的基础。课前诊断分析能让教师发现学生的实际现有水平和可能达到的水平，找到学生“最近发展区”。在“最近发展区”进行活动设计，让学生从现有水平轻松愉悦地过渡并进

① 维果茨基．维果茨基教育论著选[M]. 2版．余震球，译．北京：人民教育出版社，2005:16-17.

② 维果茨基．维果茨基教育论著选[M]. 2版．余震球，译．北京：人民教育出版社，2005:58.

入新的“最近发展区”。

以北京市延庆第一小学一年级“11 ~ 20 各数的认识”为例展开研究。11 ~ 20 各数的认识是在学生认识并理解了 10 以内的各数的含义，熟练地数出 10 以内各数，初步建立起“10 个一是 1 个十”的概念的基础上展开的。为了准确把握学生的现有发展水平，在导师的指导下，我们运用问卷调查法对学生进行调研、分析（见表 1）。

表 1 北京市延庆区第一小学一年级“11 ~ 20 各数的认识”调研分析

调研问卷	正确率	错误举例	调研分析
1. 学具袋里有许多数字宝宝，请你把 11 ~ 20 这些数字宝宝拿出来，并按顺序排一排。	95.2%	有一位同学没有拿出 19。有一位同学拿 11 时把 10 和 1 两张卡片放在一起。	绝大部分学生会数 11 ~ 20 以内的数，并能准确拿出 11 ~ 20 各数，排出顺序。
2. 填空 ①从右边起第一位是（ ）位，第二位是（ ）位。 ② 1 个十和 2 个一合起来是（ ）。	95.2% 69%	1 个十和 2 个一合起来是（3）、（20）	学生初步知道个位和十位，但对十几的数的组成并不理解。
3. 看图写数 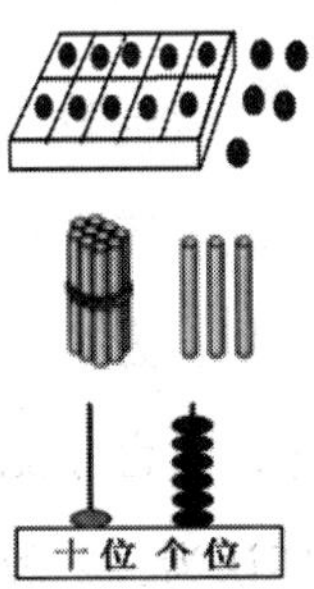	90.4% 59.5% 16%	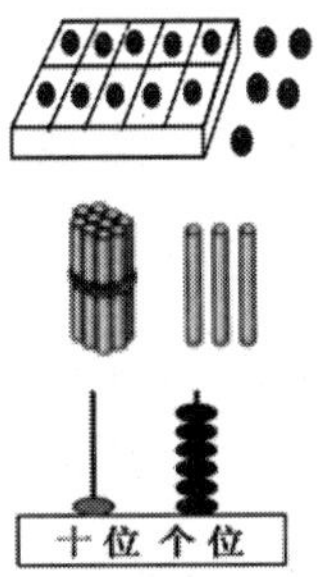105 4 7	学生没有从整体观察，而是把十几的数分成了两部分来写；学生没有 1 个十的概念。
4. 选择一种方法圈出或画出 18 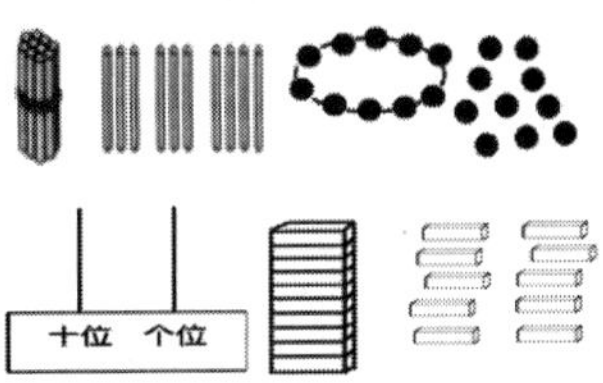	47.6%	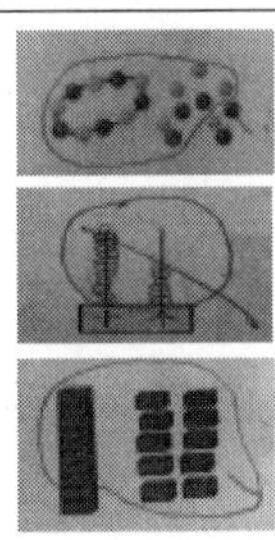	有的学生没有认真数；学生不会用十进制计数法表示数；对位值还没有认知。

通过调研分析，教师准确把握学生在学习“11 ~ 20 各数的认识”的现有发展水平是：90% 以上的学生能够借助直观的实物数出 11 ~ 20 各数，能准确拿出 11 ~ 20 各数，了解数的顺序，但是学生对用十进制计数法表示十几的数以及数的组成、位值制等缺乏认知，这也正是学生应达到的潜在发展水平，需要教师精心设计有效的学习活动，帮助学生提升思维。

因此，在引导学生理解数的组成、用十进制计数法表示 11 ~ 20 各数时，我们设计了这样的学习活动：

活动一：你们的学具篮里有大豆、小棒、小正方体和计数器，请你选择一种你最喜欢的学具，表示 13。比一比，看谁不用数，一眼就看出是 13。

学生用不同学具模型表示出了 13：有的学生数出 10 颗大豆放在袋子里，袋子外面放 3 颗，合起来表示 13；有的学生数出 10 根小棒捆在一起，是 1 个十，加上 3 根小棒表示 13；有的学生数出 10 个小正方体摞放在一起，代表 1 个十，加上 3 个一表示 13；有的学生在计数器十位上拨 1 颗珠子表示 1 个十，在个位上拨 3 颗珠子，表示 13。通过学生的自主发现，探讨几种模型之间的联系，从而很好地理解了 13 的组成，深刻体会了十进制计数法。

在感受位值制时，设计了比较开放的学习活动。

活动二：请你用两颗珠子表示出不同的数，并说说你是怎么想的。

经过尝试和交流，学生知道两颗珠子都放在个位上，就可以表示“2”；两颗珠子都放在十位上，就可以表示“20”；还可以表示“11”，一颗珠子放在十位上，表示 1 个十，另一颗珠子放在个位上，表示 1 个一，1 个十和 1 个一合起来就是“11”。学生很好地理解了位值的思想，并告诉学生，随着你们知识的增加，两颗珠子还能表示更多的数呢！

通过这个案例研究我们体会到，只有了解学生的“最近发展区”，教师才能依据“最近发展区”设计并组织有效的学习活动，在课堂上才能做到有的放矢。

（二）找准问题生长点，设计学生学习活动

利用“最近发展区”，把问题带进课堂，创设在学生“最近发展区”内的问题情境，使新的教学内容同原来的知识产生联系，学生的知识就比较容易实现迁移，学生的思想也容易敞开，创造性思维也极易得到发挥。因此，有了良好的问题情境，一方面学生能够运用原有的认知结构，另一方面通过教师的循循诱导和启发。问题就容易得到解决，而此时学生学习的兴趣最大，认识思维活动最活跃，将最有利于促进学生智力向更高层次发展，一旦解决问题就有一种成就感，对学习就会更主动、更热情，此时此刻的学习成为一种乐趣，心理负担随之减轻，从而极大地提高学习的内驱力。

在教学北京版《数学》二年级上册最后一个单元《有趣的数》时，学生的现有水平是能够熟记表内乘法口诀，并能熟练地用口诀求积、求商，会填写乘法口诀表以及初步发现口诀表中隐藏的一些规律，同时也积累了探索并发现数的排列规律的活动经验。学生的潜在发展水平是能够利用数、形、式结合的方式探索正方形数的规律，发展数感、几何直观能力、推理能力，初步感知数形结合的思想。在教学时，我为学生设计三个学习活动。

活动一：把学习单上的乘法表填写完整，看看你发现了什么规律？你还有什么问题？

在梳理、解决学生问题的过程中，提炼新问题：为什么有的乘法口诀可以填出两个数，对应着两个不同的位置，有的乘法口诀只能填出一个数，对应着一个位置？引出学生的第二个活动：

活动二：找出一句乘法口诀只对应一个位置的数，结合乘法表写出他们是“几乘几”得到的，再用图表示乘法算式的含义，看看你又有什么新的发现？

在学生发现正方形数的特点后，问学生：你还想研究或了解什么新的问题吗？学生思维非常活跃，有的问“刚才我们研究了正方形数，有没有长方形数？”还有的问“还有其他形状的数吗？”教师出示第三个活动要求。

活动三：请你在图中找出长方形数、三角形数、五边形数。

教师顺势拓展三角形数、五边形数等。整节课学生兴趣盎然，学生的问题与老师设计的活动有效对接，一环紧扣一环，在问题的有效解决中，学生的思维得到不断发展。

（三）挖掘认知冲突点，设计学生学习活动

在学生发展过程中制造认知冲突，同样可以发现并进入学生的“最近发展区”，即在引导学生重新思考、质疑原有认知的过程中学习新的知识，从而在“新”“旧”认知的矛盾中，定位新的“最近发展区”。现代心理学指出：有意义的学习过程是原有知识同化新知识的过程。这个同化的过程就是学生从现有水平过渡到发展水平的过程。

教学时根据学生的认知特征，在已有知识基础和新的知识或学生可能达到的水平之间制造认知冲突，引发学生对已学知识的重新审视，质疑原有的知识，产生自主补充新知识的欲望，经过同化过程顺利进入下一个发展区。

在教学“位置与方向”时，学生已有八个方位（东、西、南、北、东北、西北、东南、西南）的基础，如何更准确地表示八个方位以外的位置是本节课学习的目标。教学时设计了这样的师生活动。

活动一：老师站在教室靠北的一侧，请以自己的位置为观测点，说说老师的位置。

学生给出不同的答案：（1）老师在我的正北面；（2）老师在我的东北方向上。第二种答案引发部分学生的不同意见，因为东北方向是指东和北之间夹角 45° 的方向，而前面的同学都快跟老师平行了，用东北方向不合理。看来学生对原有知识的应用产生认知冲突。这时顺势引导，学生经过讨论，很自然地想到了在东北方向基础上加上一定的角度来表示方位更准确。

接着，又设计第二个活动。

活动二：请以李明同学的位置为观测点，说说李明西南方向的同学有谁？如何用六位表示具体一位同学的位置？你发现了什么问题？

通过找西南方向的某一位同学的游戏开展下一环节的学习。学生从找到 6 位同学，到意识到只说方向不能找到具体的一位同学，又一次对刚建立的认知产生新的冲突，并在他们的自主调整和结合教师的板书基础上加上了具体的距离。这节课中学生产生两次认识冲突，通过自己的努力与教师的帮助，一次次改变自己的认知冲突到达下一个发展区。而认知冲突之间就是学生学习这部分知识的“最近发展区”，也正是教学的最佳期。作为教师，只是为学生创设了这样一个学习活动，搭建了从现有水平过渡到发展水平的桥梁，让学生轻松愉快地完成新课学习，进入下一个发展区。

四、探究思维发展链，设计学生学习活动

有效的教学活动是环环相扣、层层递进的，促进学生思维的深入发展。教学不仅要从学生的现有发展水平出发，还应为学生新的发展创设一个连接点，教学走在发展前面。数学教材都有一定的系统性，前面知识是后面知识的基础，后面知识是前面知识的引申和发展。教师在进行活动设计时应充分了解学生原有的知识基础并为学习新知识建立一个连接点，形成思维发展链，更好地促进学生对新知识的理解和把握，促进思维纵深发展。

儿童心理发展是一种连续、渐进的过程，是一个持续不断的变化过程。当某一种心理活动在发展变化之中而又未出现新质变时，它就正处于一种量变的积累过程。这种一定的心理变化在未达到新质变而进行着的孕育更新的质的量变，就表现为心理发展的连续性。实际上，每一种心理过程、心理特征的发展，都以先前的状况为基础，都是对先前心理活动的继承与发展。因此，教学时依据学生“最近发展区”设计渐进的学习活动，可以有效促进学生思维发展。

在执教三年级下册的“简单的小数加减法”这一内容时，笔者设计了四个逐渐推进的学习活动，使学生在个体学习、同伴对话、小组合作以及全班分享的过程中，借助他们熟悉的元角分、米与分米等已有知识基础和生活经验理解小数点对齐的原因。

活动一：独立尝试计算 6.8+3、6.8+1.6、6.8−3 和 3−1.6。

面对学生的种种情况，先不急于公布答案，而是把主动权交给学生，引出活动二。

活动二：请给上面的算式讲一个生活故事。

计算来源于生活，针对《简单的小数加减法》内容的重难点，即理解小数点对齐的原则，引导学生从生活中的情境去理解算理。通过学生给算式讲生活故事，自己调动生活经验创编故事，以及在与他人对话交流的过程中，自主完成了符号和文字的语言转换，同时结合熟悉而具体的生活情境感悟到小数加减法的意义与整数加减法相同。

活动三：自主探索小数加减法的计算方法，并结合一个故事说一说为什么这样算？

通过自悟，然后是小组交流、全班交流的活动过程，使学生能够同时结合更多的情境理解，做到举一反三，加深对小数加减法的算法和算理的理解。

活动四：用一两句话概括地说一说小数加减法怎样计算？

最后的活动是总结提升，学生用一两句话概括小数加减法的计算方法，也可以把自己的总结与书上的方法对照，提升学生的总结概括能力。

通过这样的活动设计，一环紧扣一环，学生的潜在发展水平不断转化为新的现实发展水平，在新的现实发展水平的起点和基础上，又产生新的潜在发展水平，并产生、形成新的“最近发展区”，于是，教学又落在学生新的“最近发展区”内，促进学生思维不断地向前发展。这样的课堂让学生感受到学习是自悟的过程，用情境理解算理，把文字语言和符号语言以及图形语言进行转换，引导学生富有兴趣的探究与充满自信的交流。而作为教师的我们只是配角，主要作用是导学、助学和诊学，并且要努力做到时刻关注每一位学生、给每个学生机会，真正实现“变教为学”的课堂。

总之，只有我们在学生“最近发展区”精心设计出有实效的学习活动，真正把“以教为主”的课堂教学变为“以学为主”的课堂教学，把课堂上以教师“讲授”为主的教学活动转变为以学生自主或合作展开的学习活动，让学生的学习活动占主导地位并贯穿始终，才能真正实现生本课堂，让每个学生自主快乐地获取知识，健康快乐成长。

导师点评

教师作为研究者已经获得越来越多的共识。本研究较好地体现了教师做研究的主要特征。

首先，教师做研究的主要目的是改进教学。如果我们将研究看成发现和解决问题的过程，那么教师做研究的目的是从自己的教学经历中发现问题并尝试加以解决，从而改进教学。而本研究正是源于李老师学校“变教为学”实践中，教师设计学习活动时产生的问题。进一步，李老师分析了这些问题的表现，一个重要的原因是教师在设计学习活动时，没有基于学生的“最近发展区”。不难看出，这个研究不仅扎根于教学实践，而且将关注点放在了学生上，同时还借鉴了维果茨基提出的 “最近发展区”理论指导，这就使得研究具有重要的实践价值，并且具有了理论基础。这一点对于一线教师是非常可贵的。

教师做研究还要给出自己的“教学处方”，并且进行成果表达。本研究在“最近发展区”理论的指导下，给出了改进教学的方法策略。这些方法策略正是教师创造性的集中体现。具体策略包括分析课前调研，设计学生学习活动；找准问题生长点，设计学生学习活动；挖掘认知冲突点，设计学生学习活动；探究思维发展链，设计学生学习活动。我们相信，一线教师如果长期关注某方面的研究，就会逐渐形成自己的实践智慧和教学特色。

做研究还要用证据说话。如果说教师每天都在“不自觉”地发现和提出问题，那么如何将这种不自觉的行为提升到研究的水平呢？其中非常重要的一个方面是“用证据说话”，需要养成用证据说话的意识。本研究中一个一个的案例，既是对教学策略的具体阐释，又能从中看出研究成果已经在教师的实践中起到了作用。同时，李老师也发现通过研究，教师们在活动设计时更加关注从学生已有的经验出发，从学生的需求和问题出发，在学生的“最近发展区”内设计活动，学生就能积极主动地参与有层次的数学学习活动，自主探究，合作交流，经历数学化的过程。这些变化就是此项研究价值和成果水平的最好证明。当然，我们还需要更加系统、科学地寻找“证据”，将研究进一步深化。

（点评导师：北京教育科学研究院教授 张丹

北京市东城区教师研修中心特级教师 王彦伟）

主要参考文献

[1] 中华人民共和国教育部．义务教育数学课程标准（2011 年版）[M]. 北京：北京师范大学出版社，2012.

[2] 维果茨基．维果茨基教育论著选 [M]. 余震球，译．北京：人民教育出版社，2005.

[3] 徐美娜．“最近发展区”理论及对教育的影响与启示 [J]. 教育与教学研究，2010.

[4] 刘次律．中学数学教学中如何利用“最近发展区”[J]. 数学通报，2003.

[5] 郜舒竹．“变教为学”中的学习活动 [J]. 教学月刊（小学版）·数学，2014（10）.

[6] 孙秉涛．“变教为学”需找准新、旧关联——以“体积和体积单位”学习活动设计为例 [J]. 教学月刊（小学版）·数学，2014（5）.

[7] 李晓璐．“变教为学”需设计好学习活动——以“平行四边形的面积”为例 [J]. 教学月刊（小学版）·数学，2014（11）.

[8] 林崇德．发展心理学 [M].3 版．北京：人民教育出版社，2018.

促进学生思维发展的“生生互动”课堂教学的研究

卫素霞[①]

针对我校合作学习课堂中的“生生互动”存在多“服从”少“思辨”，多认知性、少情意性，多浅层次、少深层次等问题，作者从科学构建小组，促进情感互动，学生共享思维；精心设计问题，促进思辨互动，拓宽学生思维；优化课堂讨论，促使深度互动，发展学生思维；教师课堂干预，促使“生生互动”，师生共展思维四个方面探索“生生互动”的数学课堂，促进学生思维发展。

---

① 卫素霞，北京市延庆区旧县中心小学数学老师。理论导师是北京教育科学研究院基础教育教学研究中心小数室主任张丹教授，实践导师是北京市东城区教师研修中心特级教师王彦伟。

Research on Peer Interaction for Students' Thinking Development

Wei Suxia

Instead of having plenty of critical thinking, affection, high level questions, our cooperative classroom's students interaction has more obedience, knowledge-based and low-level questions. The author explores a series of measures to promote Math classes' peer interaction for students' thinking development by appropriately grouping students, facilitating students' effective interaction, encouraging students' shared thoughts and carefully designed questions for mutual critical thinking and optimizing classroom discussion with more interaction.

课堂教学是一个多主体间的交流互动活动，不仅存在教师与学生之间的互动交流，也存在学生与学生之间的互动交流。本文的“生生互动”是指学生之间的交流、质疑、争辩、补充。“生生互动”可以使课堂生动起来，可以充分调动学习思考的积极性，有利于思维发展。

一、我校数学课堂“生生互动”存在的主要问题及原因

（一）我校数学课堂“生生互动”存在的主要问题

1. 多“服从”的单向型互动，少“思辨”的双向互动

【案例一】教授五年级《梯形的面积》一课时，学生在前两节课有关平行四边形面积、三角形面积的学习中已经有了学习经验，在独立思考阶段很快想出了几种推导面积公式的方法。课堂进入互动分享阶段：

第一小组上台展示，我们组有三种推导公式的方法：第一种，把梯形分成两个三角形，两个三角形的面积之和就是梯形的面积，三角形①的底是梯形的上底，三角形②的底是梯形的下底，因为三角形的面积是底乘高除以 2，所以梯形的面积就是上底加下底的和乘高除以 2。第二种方法是……，第三种方法是……你们对我们组的分享有什么补充？

班上同学不管是全部理解的，还是似懂非懂的，或是根本没听懂的，一致举绿灯通过（因为这次的发言人是同学心目中的数学王子），孩子们完全服从这一小组的想法。课下，我向孩子们了解到：有的孩子没听，没交流；也有的怕交流出错；还有的有不同的想法却不愿意补充……这样的互动课堂成了单一的互动，失去了“生生互动”的意义。

2. 多认知性互动，少情意性互动

【案例二】教授五年级《最大公因数》一课时，在互动分享找最大公因数的方法环节中出现了这样的一幕：第一小组交流用枚举法找出 18 和 24 的因数后，再找他们的公因数，然后找出最大公因数；第二小组立即补充，可以只找 18 的因数，再从中筛选出 24 的因数就可以，比你们组的简单一些；第三组也不示弱，可以从 18 的最大因数找起，逐个排查是不是 24 的因数，更快……

看似知识技能的交流有发展，学生智慧的交流有提高，是热闹的“生生互动”场

面，但又有哪位同学关注了其他同学的思考优势，关注了其他同学的情感变化呢？课堂上缺乏与学生真诚的内心沟通，缺乏与学生真挚的情感交流。

3. 多浅层次互动，少深层次互动

在课堂教学互动中，我们常常听到教师或同学连珠炮似的提问，学生机械反应似的回答，这一问一答看似热闹，实际上，此多为“物理运动”，而非“化学反应”，即缺乏教师对学生的深入启发，也缺乏学生对教师问题的深入思考；我们还常常看到，在学生对某一问题的回答中，有许多雷同与重复，缺乏激烈的辩论，少见强烈的反驳。所有这些现象反映出课堂的互动大多在浅层次上进行，没有思维的碰撞，没有矛盾的激化，也没有情绪的激动，整个课堂像一条潺潺溪流单线条前进，而没有大海的潮起潮落、波浪翻涌。

（二）出现问题的原因

1.“生生互动”的理念得到师生的认同，在行动落实上并不尽如人意

在数学教学过程中，学生是学习活动的主体，学生所学的数学知识是人类思维活动的结果。学生学习这些知识时，必须通过积极的思维活动，把数学知识通过“再创造”转化为自己的思维结果，并用自己的思维方式去重新创造有关的数学知识，发展成新的知识。但是，在“再创造”过程中，学生难以独立完成重现思维过程的任务，需要教师在学生已有的认知水平和知识经验的基础上，激发学生的学习热情，提供充分的数学活动的机会，巧妙的组织、恰当的引导，以缩短学生建构思维活动的成果的过程。但调研发现，我校大部分数学教师在课堂上互动一段时间后就又以教师的教为中心，实现有效的“生生互动”是有难度的，而且很多教师也缺少实践的信心，认为学生在课堂上思辨争论太浪费时间。

2. 教师对“生生互动”的实际效果存在理解与执行上的一些问题

具体体现如下：一是只重形式，轻视方法。课堂上出现就题论题、就题辩题的互动方式，学生之间就一道题交流解题方法，不会交流自己的思考路径，缺少互动的方法，仅有形式没有方法的指引。二是只重学生，轻视教师。有教师认为“生生互动”就是学生的事，只要生生之间在交流、对话就可以了，缺乏老师与学生间的交流。三是只重小组学习，轻视其他互动方式。当前大多数课堂教学中所采用的“生生互动”的方式都以小组合作的形式进行，将学生分成小组进行的学习并不一定是小组合作

学习。

3. 教师把“生生互动”看成获取书本知识的手段

数学课堂除了强调知识与技能目标之外，还应该关注学生获取知识的过程与方法，关注学生学习过程中的情感、态度与价值观，而课堂教学中的“生生互动”正是这一理念的体现，在学习中学会交流，在交流中学会体验与成长。但是，在现实的教学中由于各种原因异化了“生生互动”的本质，使课堂中的“生生互动”仅成了获取、掌握书本知识的手段，至于是否起到了学生间人际互动、交流与合作的效果，是否使学生在学习过程中体验到了乐趣与进步，这些往往被忽视或淡化，“生生互动”所彰显的人际交流的价值被知识课堂所取代。

鉴于以上问题，我们从以下几个角度进行“生生互动”课堂教学探索，旨在促进学生思维发展。

二、科学构建小组，促进情感互动，学生共享思维

“生生互动”的形式多为小组合作，可以采取“组内异质，组间同质”的原则。分组时要考虑小组成员在性别、学业成绩、智力水平、个性特征、家庭背景等方面的差异，合理搭配分组，这样他们才会互相影响，互相学习。构建小组以后，还要对小组合作技巧进行培训。如推选一位能力较强的同学担任组长，以调控小组内的学习和纪律问题，安排组内同学有序地交流问题，合理分配任务，检查任务完成情况等。

此外，学生在合作学习中存在不会倾听，自己说自己的情况，不能客观审视自己的学习成果的价值，更不能从伙伴的身上发现优点，弥补自己的不足。学生在合作学习中缺少反思，因为倾听得不够，或者听了也没思考，不知道学习他人身上的优点，反思自己的不足。因此，在合作学习的过程中，要培养学生“三会”：

第一，学会倾听，不随便打断别人的发言，努力掌握别人发言的要点，用笔记下来，并对别人的发言作出评价。

第二，学会质疑，听不懂时，请求对方进一步解释。

第三，学会组织、主持小组学习，能根据他人的观点，做总结性发言。

三、精心设计问题，促进思辨互动，拓宽学生思维

（一）在“探究点”处促互动，展思维

孩子对“一知半解”的事物更容易产生探究的欲望。因此，教师在“新旧知识的结合点”上设计新问题，并把此作为探究点，引发学生的认知冲突，引导学生探究思考。

如“同分母分数的加减法”的教学，算法理解并不难但对算理的理解则会有一定的困难。学生往往“知其然而不知其所以然”。引导学生探究理解“同分母分数的加减法的算理，发展学生的思维能力”是这一节课的重点。

教学中，我们设计了如下的互动过程，师生共同列出算式：$\frac{1}{8}+\frac{3}{8}$，我问：“结果是多少呢？”很多学生说是$\frac{4}{8}$。立即有同学继续追问：“$\frac{1}{8}+\frac{3}{8}$为什么等于$\frac{4}{8}$，你们是怎样想的？你能告诉我们吗？”……学生们开始寻求证明自己答案的途径和方法。此时引导学生通过互动，展示不同的思考方法，比如说 1 个$\frac{1}{8}$+ 3 个$\frac{1}{8}$就是 4 个$\frac{1}{8}$，即$\frac{4}{8}$，也有的化成小数解释，还有的画图解释。

教师可从学生的问题出发精心设计教学问题，在“生生互动”的过程中自然引出答案。我正是利用了学生对知识的“一知半解”，设计挑战性的问题，与学生进行有效的互动，帮助学生深入地理解和掌握所学知识。

（二）在“思考点”处促互动，展思维

作为一节数学课，数学思维的体现始终是核心。然而，由于学生个体客观存在差异或者教学内容的难易，会使有些知识比较难以把握。此时，有意识地参与学生的讨论，增强“生生互动”的成分，帮助学生学会数学地思考，把握学生学习过程中的“思维点”，便显得尤为重要。

如在“体积与体积单位”教学中，我设计了这样一个“生生互动”的环节：

学生通过活动探究后，已经对以上长方体和正方体的体积有了统一意见：如果用小正方体量的话，长方体的体积是 124 个小正方体，正方体的体积是 125 个小正方体。长方体的体积小于正方体的体积。我又神秘地说：“因为正方体中的小正方体比长方体中的小正方体多一个，所以正方体的体积大。那么你们能猜到下面遮住的形体的体积谁大谁小？”多媒体呈现三个用圆形纸片遮住的形体，下面分别标有 16 个小正方体、4 个小正方体、6 个小正方体。大多数学生一开始认为第一个形体体积最大，因为它有

16个小正方体。突然有学生说不一定，渐渐地有不同意见的学生多了起来。我顺势引导：“你们为什么会有不同意见？”学生自信地说：“三个图形中的小正方体大小可能不一样。”于是我展示三个形体，证明学生们的理解相当有道理：确实在没有知道小正方体大小是否一样时，只知道正方体数也是没有办法判断形体体积大小的，比较自然地引出：测量形体的体积需要有统一的单位。

如果课堂是一湖平静的春水，那么好的问题设计就是一阵阵微风，只有吹动湖水，生生有效互动起来，课堂才是鲜活的、有生命力的，才能让所有学生真正成为学习的主人，才能促使学习方式的真正转变，从而达到数学教育的目的。

四、优化课堂讨论，促使深度互动，发展学生思维

（一）以“经历”为特征深度互动，发展思维

学习是一个以知识学习过程为载体提高能力的一种活动。有效的“生生互动”应该有“经历”知识发生发展过程的特点。

如在“立方分米、立方厘米、立方米的认识”的教学中，我让学生把搜集到的物品放到桌上，有粉笔盒、大纸箱子、磁带盒等。我让学生量一量自己感兴趣的物品的体积。学生开始自主操作并及时反馈，有的说：“我量的粉笔盒的体积大约是1立方分米。”“我量的磁带盒的体积大约是350立方厘米。”立即有同学提问：“你们是怎样量的？能清楚地介绍一下吗？”其中一个学生回答道：“我把粉笔盒的长摆上几个小正方体，我把粉笔盒的宽摆上几个小正方体，我把粉笔盒的高也摆上几个小正方体。”接着另外一位同学展示，他量的是磁带盒的长度。我引导他说明量的过程。最后我继续引导：“看来大家已经认识这两位新朋友了，那能不能找出它们之间的关系呢？”学生交流讨论后，有的说：“都是长度单位。”有的说：“一立方分米有1 000个立方厘米。”“你从哪里看出来的？”我引导学生继续探究新知，学生则借助投影演示介绍。

本环节中，“生生互动”的过程在展示学生动手操作的同时，已经切入对立方分米与立方厘米之间关系的认识，经历了1立方分米=1 000立方厘米的感知、认识过程。

（二）以“思考”为特征深度互动，发展思维

有效的“生生互动”，必须有师生思维碰撞的过程。它既可能是师生思维的冲突，

也可能是师生思维过程的相互补充。

如“方向与位置”一课，教师在尝试确定八达岭长城位置的过程中，通过设计三次标出八达岭长城准确位置的活动，学生经历确定物体的位置方法的思考过程，理解要想确定一个物体的位置，只知道方向或距离是不行的，需要同时知道这两个条件才行。在探究中，初步理解东偏北、南偏西等的含义，发展学生的空间观念。

在自主探究环节，我设计了几个矛盾冲突点：

矛盾冲突1：只知道八达岭长城就在朝阳实验小学的西北。

（认为可以标位置的）请同学们在这幅图上标出八达岭长城的位置。

（认为不可以标位置的）你来解释一下为什么不行？

引发互动：只知道八达岭在朝阳实验小学的西北不行，那要知道什么呢？

矛盾冲突2：只知道八达岭长城距离朝阳实验小学约60千米。

（认为可以的）请同学们在黑板上标出八达岭长城的位置。

（认为不可以的）引发互动：不能？怎么不能，来解释一下。

矛盾冲突3：只知道八达岭在朝阳实验小学的西偏北40°。

（认为行的）请同学们标出八达岭长城的位置。

知道了西偏北40°，现在能标出八达岭长城的位置吗？

在每一次的认知冲突中，学生都能互动对话，来自他人的信息被自己所吸收，自己的思考经过他人的补充，就产生了新的思想。把学生的表层互动逐步引向纵深层次互动，完成了一次促进学生思维完善的过程。

五、教师课堂干预，促使“生生互动”，师生共展思维

教师要充分发挥学生主体性，又要把控和介入课堂，处理好教师主导与学生主体的关系。

（一）关注学生的差异

在实际的教学中，有的“生生互动”仅局限于教师与个别学生的互动。这样的互动有时是需要的，但不是我们所提倡的“生生互动”的主要方式。其实，在有效的“生生互动”中，也许对话的是教师与个别学生，但关注的应该是全体学生。因此，教师在组织“生生互动”时，必须关注学生间客观存在的差异，尽量引导不同层面的学生

参与互动，让他们展示不同层面的思维水平，从而有利于调动起各个层面学生的学习积极性。

（二）引导学生合作

小组合作学习是引发全体学生互动的一个有效策略。

如在“众数的认识”教学中，其中有道题需要计算20个数的平均数，教师问学生，可以怎样算？这时，教室的气氛顿时活跃起来，因为孩子们发现自己计算太麻烦，而且和同桌合在一起还是不好算，怎么办呢？短暂的讨论后，孩子们就想到了和另外小组的合作，“1.475,1.475”“哇！这么快！”教室里充满惊叹声。

在这里，学生不仅探究了数学知识，同时由学习材料引发了对学习方式的探究，而且，老师没有一句要求合作的提示语，但学生们却通过互动，自然地用到了合作学习的方式，顺利地计算了平均数。这让我们真切地感受到，在学生需要时，教师适时地组织互动，这样的学习就一定会产生良好的效果。

总之，“生生互动”作为学生数学学习的一种必不可少的方式，要真正体现它的有效性，需要教师不仅在理念上重视它，更要在实践中处理好互动中形式与实质的关系，要以平等的师生观来指导与学生的交往过程，通过师生平等对话，构建愉快和谐的数学课堂“学习共同体”。

导师点评

卫素霞老师敏锐地捕捉了一线需亟待解决的在课堂教学中如何真正落实“生生互动”的问题，开展了以解决实际问题为主要指向的行动研究，是源于实践、为了实践、通过实践的研究，体现的是研究与工作应用的一体化。

现代数学教学论认为，数学教学是数学思维活动的教学。揭示学生思维过程，培养学生数学思维能力，始终是数学课堂教学的核心目标和首要任务。卫老师在课题研究过程中，始终以发展学生数学思维为立足点，立足数学思维能力的培养来设计数学活动，旨在从互动教学的认识和理解出发，试着去探讨基于“生生互动”的数学课堂教学策略，期望对少、慢、低效的数学课堂有所改进。运用多种策略，加强课堂教学中的“生生互动”，激活不同层次学生的思维，促进学生数学思维的发展。该研究在推进教育改革以及促进教师教育观念的更新、教学实践的创新方面有着积极的意义。

该研究突出了以下特点：一是从学生真问题起步。卫老师源于教学中的真问题，即传统课堂把课堂中人与人之间的影响仅限于教师与学生之间的彼此影响，否认学生团体之间的彼此影响，否认学生同伴之间的相互影响。从本质上讲，教与学的“成人—儿童”双边观过低地估计了课堂中“学生—学生”关系的重要性。二是循课例轨迹前行。卫老师把本课题的研究落实在课堂实践中，在活动设计时更加关注“生生互动”，关注积极主动地参与有层次的数学学习活动。本研究中的案例，既是对教学策略的具体阐释，又能看出研究成果已经在教师的实践中起到作用。把握数学思维行进的轨迹，引导学生在获得数学知识的过程中经历思维不断攀升的过程，促进数学思维的发展。

（点评导师：北京市东城区教师研修中心特级教师 王彦伟
北京教育科学研究院教授 张丹）

主要参考文献

[1] 吴正宪，范存丽 . 让儿童在对话中学数学 [M]. 北京：教育科学出版社，2017.

[2] 张乃达 . 数学思维教育学 [M]. 济南：山东教育出版社，1990.

[3] 佐藤学 . 学校见闻录——学习共同体的实践 [M]. 钟启泉，译 . 上海：华东师范大学出版社，2014.

[4] 游琼英，欧小丽 . 耕耘生命的牧场探寻小学教学分享式教学策略 [M]. 成都：四川师范大学电子出版社，2016.

在小学“品德与社会”学科教学中培育学生国际理解素养的实践研究

李立荣[①]

小学“品德与社会”课程是培育学生国际理解素养的良好渠道。本文在调研我校“品德与社会”教学中国际理解素养培育问题的基础上，从培养目标的制定、地方课程与国家课程的教材融通、课堂教学活动的设计、学科综合实践活动的设计四个方面分析小学“品德与社会”教学中培育学生国际理解素养的举措。

① 李立荣，北京市延庆区千家店学校品德与社会课教师。理论导师是北京教育学院王远美副教授，实践导师是北京市西城教育研修中心樊雪红副教授。

Practical Research on Cultivating Students' International Understanding Competencies in the Teaching of "Morality and Society" in Primary School

Li Lirong

"Morality and Society" course in primary schools is a good channel to cultivate students' international understanding competencies. This article, based on the survey of how to improve students' international understanding competencies in "Morality and Society" in my school, proposes some measures through goal settings, the integration of local and national curricula, classroom activity designs and cross-curriculum activity designs.

21世纪的今天，世界经济呈现出全球化、一体化的特征。只有拥有国际意识、国际交往能力和国际竞争能力的人，才能在日益激烈的国际竞争与合作中处于优势地位。这就使各国教育的人才培养目标，不仅要适应本国的发展需要，更要立足于世界舞台。我国把国际理解素养作为中国学生发展的核心素养，培养学生的国际理解素养也成为小学“品德与社会”学科的一个重要目标。

一、品德与社会学科对培育学生国际理解素养的要求

（一）国际理解素养的含义

伴随全球化浪潮的日益推进，世界各国越来越紧密地联系在一起，全球化带来的不仅是合作和竞争，还有不同文化的差异和冲突。据此，许多学者提出在有差异的国家文化中追求一种和谐共生的教育，因此国际理解教育受到青睐。1946年联合国教科文组织第一届大会上首次提出国际理解教育，目的在于增进国家间的相互理解，从而促进世界和平发展。联合国教科文组织经过对两次世界大战的深刻反省，认为人类的相互理解和尊重是消解对立和仇视、实现和平的重要基础，由此建议各国在学校教育中实施国际理解教育，培育学生国际理解素养。

中国学生发展核心素养指出，国际理解素养①是指具有全球意识和开放的心态，了解人类文明进程和世界发展动态；能尊重世界多元文化的多样性和差异性，积极参与跨文化交流；关注人类面临的全球性挑战，理解人类命运共同体的内涵与价值等。国际理解教育强调的是国际视野，但其前提却是民族情怀。只有尊重和认同本民族文化，才能尊重和理解不同民族、地域、国家的文化。

（二）品德与社会学科明确提出培育学生国际理解素养的要求

2001年，我国《基础教育课程改革纲要（试行）》把培养国际理解意识作为素质教育的一个有机组成部分，列为现代人文素养的一个方面，提出要培养学生的国际视野。2011年教育部制定的义务教育《品德与社会课程标准》中关于情感、态度、价值

① 中华人民共和国教育部. 中国学生发展核心素养[J]. 上海教育科研，2016（10）：85.

观目标部分包括“尊重不同国家和人民的文化差异，初步具有开放的国际意识”的内容。可见，对学生进行国际理解素养培育已经成为小学品德与社会学科中至关重要的部分，国际理解教育也成为“品德与社会”学科教育的重要构成。

近年来，国际理解教育在北京、上海、深圳等经济发达、国际交往频繁、文化活动丰富、思想理念活跃、教育基础良好的城市逐渐展开，北京中小学国际理解教育实践更是走在全国的前列。北京教育学院早在 1999 年就开始了国际理解教育课题，开发的《国际理解》教材成为北京市地方课程教材。目前，北京有很多学校正在进行国际理解教育的教学实践探索。

二、 品德与社会学科教学中培育学生国际理解素养方面存在的主要问题

北京市延庆区正面临着从北京市后花园迈向国际一流生态文明示范区的重大历史发展机遇期，2019 年举办世园会、2022 年举办冬奥会，在这样的背景下，延庆区对学生国际理解素养的提升提出了更高的要求。

调研发现，我校“品德与社会”学科在培育学生国际理解素养方面存在一些问题，具体如下：

一是教师的素养还不能满足国际理解教育的要求。国际理解教育的实施，要求教师拥有良好的国际知识和较好的国际交流技能及对国际理解的态度。我校教师的知识储备量稍显不足，对国际理解的内涵与目标还缺乏清晰的认识，还不能对教材进行有效整合，课堂教学方法相对单一，不知道如何进行教学设计，也没有形成系统的学科教学策略。

二是学生生活空间的局限导致学生的国际理解素养薄弱。我校地处深山区，社会生活环境相对艰苦，学生家庭相对贫困，单亲家庭和留守儿童占到学生总数的 40%，学生周一至周四全部在校住宿，周末也极少到本村以外的地方。他们的社会见闻局限在闭塞的狭小空间里，他们对世界的认识局限在课堂上，局限在互联网的空间里，缺乏亲身实践的机会，国际理解素养亟待提升。

三是国际理解教育还处于散点式阶段。虽然我校在课堂教学中渗透国际理解教育，在社会大课堂活动中设计了相关内容，在各种班队活动中体现了相关要求，但教育活动中的连接点与提升点还没有得到关注，体系化设计还不够，学生的收获还是零零散

散的，还不能真正形成国际理解素养。

三、研读课标，制定适切的教学目标

“品德与社会”课程是在小学中高年级开设的一门以儿童社会生活为基础，促进学生良好品德形成和社会性发展的综合课程。是将品德、行为规范、法制、爱国主义、集体主义、社会主义、地理、环境、历史和文化教育等有机融合的一门学科。在课程内容的设置上从学生个体开始，随着学生逐步扩大生活范围到家庭、学校、社会、祖国，以至世界。最终的落脚点是让学生着眼世界，做能够参与世界竞争与合作的合格建设者与接班人。

在“品德与社会”学科中培育学生的国际理解素养有着得天独厚的优势。依据“品德与社会”课程的具体目标与中国学生发展核心素养的要求，结合本校学生发展现状，从他文化理解、地球村的生活、人权平等、缔造和平、环境保护五个方面制定了我校“品德与社会”教学中培育学生国际理解素养的具体目标：①通过对他文化的探究，学习理解他文化的方法，理解文化的多样性与普遍性。②了解地球村的丰富多彩，理解急剧发展的全球化带来的积极、消极影响，培养全球公民的素质。③使学生认识到人无关性别、种族、肤色、宗教、语言、财产，均为平等之人，具有基本的自由和权利。④使学生了解战争、暴力造成的冲突与纷争给人类带来威胁与伤害，培养学生从小维护世界和平的意识。⑤使学生从全球角度思考人类的环境和资源及未来社会，培养可持续发展的实践态度。

四、解读教材，把地方课程和国家课程有效整合

吃透教材是教师的基本功。为此，我研读《品德与社会》教材和《国际理解》教材，从内容上对两套教材进行了梳理，把目标相同或相近的内容提炼出来，进行有效的课堂融通（见表1）。

表 1 《品德与社会》[①]教材和《国际理解》[②]教材内容整合

《品德与社会》国家教材编排	年　级	单　元
尊重他人	6	2
乘上信息直通车	4	1
共建绿色小窗口	4	1
各具特色的建筑与民居	6	1
色彩斑斓的服饰	6	1
精妙绝伦的世界建筑	5	2
不同的节日和习俗	6	1
京剧武术魅力无穷	6	2
艺术世界的发展和变化	6	2
悠悠一古城	4	2
世界奇迹探秘	5	2
中国书画享誉世界	6	1
艺术世界的发展和变化	6	2
我国古代的丝绸之路	5	2
不同的节日与习俗	6	1
胡同遍京城	4	2
珍爱生命　热爱生活	6	2
不同肤色的人们	6	1
不断发展的世界	6	2

《国际理解》地方教材编排	年　级	单　元
见面的礼节	4	1
生活中的问候	4	1
跨越空间的交往	4	1
多彩的生活	4	1
城市的象征	4	1
节日与风俗	4	1
天南地北话体育	4	2
五彩缤纷的艺术	4	2
古老的神话世界	4	2
人类文明的记忆	4	2
视觉的盛宴	5	1
走出国门	5	1
中国欢迎你	5	1
生命的交响	5	2
生命的和谐	5	2
生命的质量	5	2
永恒的探索	5	2

教师依据教学内容和教学目标在教学中把两者巧妙融合，可以使课堂内容更丰富、形式更多样，同时让“国际理解”和“品德与社会”两门课程在内容和思想上相互补

① 兰宏生. 品德与社会 [M]. 北京：首都师范大学出版社，2008:9.

② 方中雄. 国际理解 [M]. 北京：北京出版社，2008:6.

充和支撑，实现国家课程与地方课程教育目标的双赢。例如在《国际理解》四年级上册有“跨越空间的交往”一课，其中涉及互联网的内容，有对网络利与弊的认识，也有网络安全的警示。而这一内容在《品德与社会》四年级下册第一单元“乘上信息直通车”和“共建绿色小窗口”两个主题中也有涉及，教学时就可以将内容融合运用，同时达成两门课程的育人目标。

五、聚焦课堂，做好教学活动设计

课堂是素养培育的主要渠道，而有效的教学设计是课堂成功的前提。根据“品德与社会”课程标准和国际理解素养培育目标的要求，结合学生的年龄特点、认知水平设计科学的教学活动方案，选取适合学生实际学习需求的课程资源，关注生成的课堂教学资源，促进学生国际理解素养的形成。

教学活动设计过程中我注意做到以下三个方面。

（一）活动多样，注重体验

“品德与社会”课程以儿童直接参与丰富多彩的活动为主要教学形式，寓教学于活动之中。通过多种教学活动，帮助学生获得丰富的情感体验，形成良好的品德和行为习惯，提高适应、参与社会的能力。对于身心发展水平不高的小学生而言，通过体验式活动，推动学生的全方位发展。

在“不同的国家和地区”一课的教学设计中，我模拟“绿水青山看中国”节目，设计了贯穿全课的竞赛活动，利用文字、图片、视频资源让学生在解读、欣赏的过程中了解异域文化，认识世界的多样性，并通过思想碰撞懂得尊重和理解。学生兴趣高涨，参与积极，在个别存在分歧的事例上经历了求同存异的过程。

（二）资源适切，丰富认知

小学“品德与社会”课程包罗万象，涉及的内容方方面面。能否积极有效地开发利用各种课程资源，关系到本课程性质、目标的实现，制约着课程实施的质量。因此，教师需要根据学习需要开发丰富的课程资源支撑学习活动。

在信息技术飞速发展的今天，我们可以通过互联网为学生开设若干了解世界的窗口。尤其是在我们这样的深山区学校，互联网的充分利用可以适当丰富学生的认知，弥补学生生活实践中的欠缺。在“成功外交牵手世界”“多方参与影响世界”“世界大战的灾难”“世界需要和平”等多个教学内容中我都引导学生通过互联网上的信息筛选与阅读了解中国对世界的贡献及责任，了解战争对人类的危害，构建和平发展意识。同时我还充分利用教学用具拓宽学生视野，丰富学生认知。在“多彩的地球村”一课，我会拿出“全球54个国家公园”的扑克牌；“不同的国家和地区”我会拿出俄罗斯的套娃、日本的寿司、多个国家的货币；“不同肤色的人们”我会让学生搜集自己最尊敬的世界名人照片；地球仪更是我带领孩子看世界的“常规利器”。

（三）充分预设，巧用生成

课堂教学既是提前预设的过程，更是一个动态生成的过程。面对教学内容的信息多变、形式的丰富多彩、学生的动态反映，教师须洞察课堂变化，及时捕捉、判断、重组各种信息，灵活驾驭教学过程，适时调整教学活动，推进教学过程在具体情境中的有效生成，和学生一起感受生成的精彩。比如，在“不同的国家和地区”一课中有巴西狂欢节的介绍。狂欢节上，男女老少身着华丽的节日盛装倾城出动，通宵达旦地跳流行的桑巴舞，化装游行。男人们穿着女装跳着热辣、激情的舞蹈，女人们则穿着男装，学着男人的粗犷……人们忘却自己，尽情狂欢。这就是巴西文化，亦是世界文化的重要构成，基于这样的考虑，我决定给学生展示狂欢节的盛景。但巴西的狂欢节与中国人的内敛含蓄、不张扬存在冲突。在教学设计时，我充分考虑到这一情况，在众多的视频材料里选择了相对保守的服装和舞姿，尽管是这样，当孩子们看到满身油彩、着装奇特的男男女女尽情释放自己的时候，眼里仍充满了惊异，有的捂脸、有的惊叹、有的直接发出“老师，这是什么啊？”的喊声，课堂秩序瞬间混乱起来。面对学生们的表现，我保持沉默，微笑地注视着他们，这时我发现：个别扭头的学生眼睛在偷瞄着屏幕，捂脸的学生正透过指缝观看屏幕。视频播放完之后，我用疑问的目光注视了学生几秒，然后重申了之前提出的问题：①巴西的狂欢节在什么时候进行？②在狂欢节上人们是怎么着装的？③人们又是如何狂欢的呢？④你觉得在狂欢节的时候他们快乐吗？这时学生被迫从刚才的惊异中回过神来思考这一连串的问题，最终的结论是巴西人过狂欢节是极为开心快乐的。这时我告诉学生，在狂欢节的时候，人们忘掉了富裕和贫穷，忘掉了忧愁和烦恼，忘掉了紧张和疲劳，只剩下欢乐。此时，全国上下不分高低贵贱，不分种族肤色，都似一朵朵欢乐的浪花汇入欢乐的海洋。这种欢乐的气氛也感染着来自异乡的旅行者，不少外国人也情不自禁地融入其中。使学生在思想上由最初的不接受，转变为试着去了解。我适时地引导学生课下去关注狂欢节的历史和庆祝方式的发展等相关信息，做一个狂欢节的节日活动设计方案，使学生站在国际理解的角度去看待文化的发展与传承。虽然在此过程中还有很多需要考虑的细节，但是能够让孩子从不接受到试着去了解并初步理解，给了我坚持的信心和动力，我认为这样的设计为学生打开了一个通向世界的窗口，使学生的视野不断扩大，以我国民族文化为基础放眼世界，去感受其他国家的特有文化及世界各民族文化的差异，并学会用一颗宽容理解的心去欣赏其他国家、民族的文化，进一步认识到世界也是一个家，促使学生和平共生理念的生成。

六、关注体验，开展学科综合实践活动

《北京市实施教育部〈义务教育课程设置实验方案〉的课程计划（修订）》指出：中小学校各学科平均应有不低于 10% 的课时用于开展校内外综合实践活动课程。倡导教与学要打通学科世界和生活世界；学校要提供满足学生全面而有个性地发展、可持续发展、特需发展的课程；跨越学科边界、课堂边界、资源边界、时空边界，构建没有固定圆心和半径的师生学习圈和生活圈。

据此，在设计“品德与社会”学科综合实践活动时要考虑国际理解素养的培育。在“不同的国家和地区”“地球村里去采风”“古老的丝绸之路”等教学内容实施之后，我组织学生开展“一人一国”“世界奇迹大讲堂”“丝路之光”等多个学科综合实践活动。活动过程中学生通过收集整理资料、制作电子课件、手抄报等方式，多角度了解世界各国的历史文化、风土人情等。我推荐、指导优秀学生作品在“千小大讲堂”“千小大舞台”进行交流分享。在此过程中让学生了解地球的神奇，感受生物的发展与变化，感受不同民族、不同国家的生活习俗和特色文化，并启发学生挖掘其背后的内涵，形成更深层次的认知，促进学生国际理解素养的形成，也使学生的教育不再是散点式，而是持续的系列化教育。

经过两年的行动研究，老师们提升了自己的国际理解素养，提高了课标解读、教材整合、教学设计的能力，教学实施能力也不断提升，学生的国际素养与综合能力得到很大的提升，更加关注地球、关注各国生活、关注世界大事，扩大了国际视野，增强了对不同国家、民族、地区文化的探究兴趣，提升了文化理解和沟通交往的能力。

导师点评

本研究准确把握国家与北京市基础教育课程改革的方向。结合延庆区建设国际一流生态文明示范区的发展机遇和学校实际，以“品德与社会”学科课程为载体，开展学生国际理解素养培育研究，对扩大农村学生的国际视野，培养学生的全球意识和文化理解能力意义重大。

本研究体现了发展学生核心素养的育人理念。在对学校“品德与社会”学科教学中培育学生国际理解素养现状开展调查的基础上，聚焦问题，重点研究，采取课标研读、教材比较、活动设计、综合实践活动开展等策略，强化在“品德与社会”学科教学中培育学生国际理解素养，落实发展学生核心素养的育人理念。

本研究需要进一步思考三个问题。一是进一步加强对小学生国际理解素养内涵的研究；二是关注品德与社会课程向道德与法治课程的过度，开展学生国际理解素养的跟进研究；三是把握 2019 年世园会、2022 年冬奥会的机遇，持续开展学生国际理解素养研究，促进农村学生全面发展。

（点评导师：北京教育学院副教授　王远美）

主要参考文献

[1] 兰宏生 . 品德与社会 [M]. 北京：首都师范大学出版社，2008.

[2] 钟启泉，崔允漷，张华 . 为了中华民族的复兴　为了每位学生的发展——基础教育课程改革纲要（试行）解读 [M]. 上海：华东师范大学出版社，2001.

[3] 林崇德 .21 世纪学生发展核心素养研究 [M]. 北京：北京师范大学出版社，2016.

[4] 方中雄 . 国际理解 [M]. 北京：北京出版社，2008.

[5] 王远美 . 理解　共享　合作：国际理解教育的理论与实践探索 [M]. 北京：北京出版社，2011.

[6] 中华人民共和国教育部 . 品德与社会课程标准（2011 年版）[M]. 北京：北京师范大学出版社，2012.

[7] 姜英敏 . 全球化视域下的国际理解教育政策比较研究 [M]. 太原：山西教育出版社，2018.

在小学体育教学中提升体育教育功能的实践研究

赵起云[①]

调查发现，当前北京市延庆区小学体育教学存在过于注重运动技能训练，轻体育教育功能发挥的现象，因此需要挖掘体育教学特有的育人价值与功能，真正使体育课堂教学成为培育学生全面发展的重要途径。作者从合理制定教学目标，有效落实核心素养；合理创设教学情境，激发学生学习兴趣；合理选择教学方法，拓宽体育育人途径；合理使用体育器材，充分发挥器材功能；合理运用多元评价，引导学生全面发展等方面进行了行动研究，取得较好效果。

① 赵起云，北京市延庆区第二小学体育教师。理论导师是北京教育学院陈雁飞教授，实践导师是北京市中关村三小郭金贵副校长。

The Practical Research on the Promotion of Educational Function of Primary Schools' Physical Education

Zhao Qiyun

According to the investigation, the author finds that primary schools' physical education pays too much attention to the training of sports skills and pays too little attention to the educational function of physical education. Therefore, it is necessary to explore the unique educational value and function of physical education and make physical education teaching become an important way to cultivate students' all-round development. Some effective action research we conduct are establishing reasonable teaching goals, effectively putting in place the core competencies, reasonably creating teaching environment, stimulating students' interest in learning, choosing appropriate teaching methods, broadening the access to its educational purpose, using sports equipment reasonably, giving full play to the equipment's educational function, using multiple evaluation methods reasonably, which will help students to have a well-rounded development.

体育课不仅起着强身健体的作用，也肩负着全面发展人才的艰巨任务。而现实中的小学体育课堂教学存在重视技能传授和身体素质提升，轻视体育教育的作用，使得体育教育缺失严重。

鉴于此，笔者认为有必要对小学体育教学中教育因素的缺失与回归问题进行深入研究，明确体育教育价值，使学生在健康成长的同时受到良好的体育品德教育，形成健全的人格。

一、小学体育教育因素缺失现象分析

《义务教育体育与健康课程标准》（2011 年版）[①]指出：注意激发学生运动兴趣，引导学生掌握体育与健康知识、基本技能和方法，增强学生坚强的意志品质、合作精神和交往能力等，为学生终身参加体育锻炼奠定基础，促进学生健康、全面发展。

体育与健康课程是一门以身体练习为主要手段、以增进中小学生健康为主要目的的必修课程，是学校课程体系的重要组成部分，是实施素质教育和培养德智体美劳全面发展人才不可缺少的重要途径。

因此，小学体育不仅是进行健体的教育，也是促进全面发展的教育。但是目前小学体育教学中存在教育因素缺失的情况。笔者于 2017 年采用问卷调查法与访谈法调研了北京市延庆区小学体育教师 120 人，其中男教师 86 人，女教师 34 人。在问卷调查中，问卷的结构主要分为调查对象的基本情况、对体育教育的认识、课堂教学中的一贯做法等内容；问卷共发放 120 份，回收 115 份，有效问卷 110 份；在访谈调查中共走访教师 30 人，其中城区 20 人，川区、山区各 5 人。

（一）小学体育教师对体育教育重视不够，教学目标单一

体育学科的测试成绩多数以数量、高度、远度等为依据进行考核，上级部门在评价学校体育工作情况时，多以学生的体质健康是否达标、竞技比赛的成绩如何来评价。因此造成部分教师为了学生身体素质，加大练习频次和强度，为了在竞技比赛中取得优异成绩，带领少数“体育精英”进行集训与参赛等。

从表 1 的统计结果看，小学体育教师认为体育学科对学生的作用，排在第一位的

① 中华人民共和国教育部．义务教育体育与健康课程标准（2011 年版）[M]．北京：北京师范大学出版社，2012：1.

是“提高身体素质”，占 94.64%，其次是提高意志品质和提高合作能力。这些统计结果说明体育教师对体育学科功能的认识是非常正确的，是可喜可贺的，但也让我们不难看出老师对体育提升学生审美能力与创新能力认识的不足。

表 1 北京市延庆区小学体育教师关于体育学科作用调研统计表

选 项	比重 / %
提高身体素质	94.64
提高审美能力	7.14
提高意志品质	82.14
提高合作能力	80.36
提高创新能力	16.07

由于对体育教育价值重视不够，很多教师的课堂教学目标设计单一，基本以技能训练，提升身体素质为主，对体育中的教育目标重视不够。

从图 1 可以看出，53.57% 的教师认为“体育课提升身体素质”最重要，32.14% 的教师认为“学会做人”很重要。体育课主要任务是提升学生身体素质的观点无可非议，但是对体育课育人的目标重视程度还不够，在访谈中也发现，实际教学中育人功能缺失者较多。

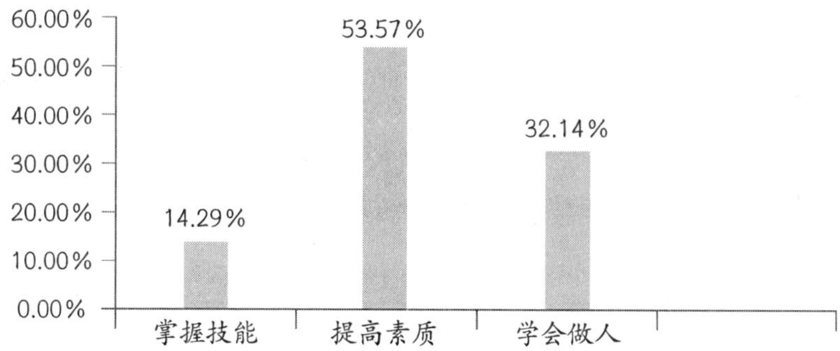

图 1 北京市延庆区小学体育教师关于体育教学目标的认识结果图

由此可见，需要从思想上高度重视体育教学，转变体育课程只是提升身体素质的目标的认识，强化小学体育是实施体育教育，充分认识体育育人的重要价值。

（二）有些小学体育教师为避免体育“事故”，不重视强度大的体育项目

从图 2 统计结果看，48% 的体育教师认为教学最担心出现安全事故，经过访谈了

解，老师认为出现学生安全问题后，处理起来很麻烦，缺少必要的政策保障，教师很难放开手脚进行体育教学。为了安全，不少教师过多地强调纪律规范，有些所谓的“危险”项目被搁浅，导致学生柔韧、协调、力量等身体素质发展不足，培养学生抗挫折能力、勇敢、顽强和克服困难的意志品质的项目被割舍。除此以外，部分教师的专业素养也限制了一些体育项目的开展。通过访谈发现，有部分“教非所学”教师，对于一些器械类项目、柔韧类项目，自己也不能很好地完成，这也是造成放弃这些项目教学的一个因素。

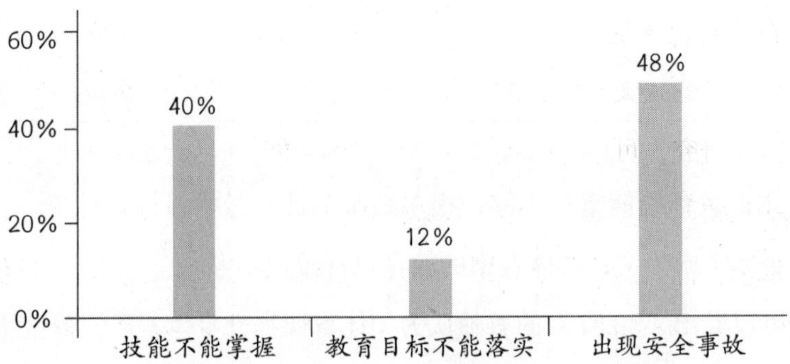

图 2　北京市延庆区小学体育教师体育课上最担心的问题结果图

（三）部分小学体育教师教学观念滞后，教学方法单一，影响体育教育功能发挥

从表 2 的结果看，延庆区小学体育教师认为上好体育课的影响因素，排在前三位的是“娴熟的运动技能、合理的练习方法、良好的课堂氛围”。应该说教师比较关注课堂氛围的创设和练习方法的选择。但是“以人为本的课堂理念”排在了最后一位，可见以生为本的思想还没有引起教师的高度重视，眼中有人，是培养全面发展人才的重要基础，只有这样才能更好地将体育教育回归课堂。

表 2　北京市延庆区小学体育教师关于上好一节体育课的关键因素统计表

选　项	比重 / %
渊博的体育知识	33.93
娴熟的运动技能	75
良好的课堂氛围	66.07
合理的练习方法	71.43
以人为本的理念	28.57

有部分小学体育教师在设立教学目标时忽略了关键能力、必备品格等方面的思考，导致教学中缺失教育因素的渗透和培养，体育课成为技能传授的“训练场”。也有少部分体育教师虽然注重体育教育，但采用的教学方法单一，练习形式枯燥，造成学生参与兴趣不足，以及体育教育的作用和价值功能发挥不足的情况。

二、提升小学体育教育功能的举措

体育教育以培养全面发展的人才为最终目的，在帮助学生形成技能、提升身体素质的同时，帮助学生养成终身体育锻炼所需的、全面发展必备的情感与品格、运动能力与习惯。在北京市延庆区“双名工程”项目组的安排下，在导师的指导下，针对体育教学中教育因素的缺失现象，本人着力寻找体育回归教育本真的途径，通过五个“合理”举措的行动研究，可以有效提升体育教育的功能。

（一）合理制定教学目标，有效落实核心素养

体育与健康学科的核心素养是体育与健康学科本质观和学科教育价值观的反映，是学生通过学习体育与健康学科后所表现出来的关键能力与必备品格。[①]体育与健康学科核心素养的本质追求是对待体育与健康的积极态度，是将体育与健康知识技能运用于生活之中的能力，是在体育与健康实践过程中的良好体验、个性形成。要想落实好体育学科的核心素养，最关键的是要合理制定体育课的教学目标。这里所说的合理是指：依据课程标准和学生特点，有效整合知识与技能、过程与方法、情感与态度三维目标，同时关注运动能力、健康行为、体育品德三个方面的培养。

教学目标是教学设计的核心，是落实核心素养、培育全面发展的人的关键。因此，教学目标要明确、具体、操作性强，对教学目标的达成情况可以进行检查和评价。[②]通俗地讲，就是教师在课前思考：这一节课着重解决什么问题，让学生获得什么，用文字把它交代清楚。那么如何制定教学目标呢?

通过图 3 可以看出，合理的教学目标设计必须以课程标准、教学内容、学生情况分析为依据，以教学活动设计为途径，以教学评价为保障，才能有效落实教学目标，

---

① 宁志勇，朱美芳 . 体育教学中怎样培养学生核心素养 [J]. 体育教学，2017（8）.

② 陈雁飞 . 体育新课程教学与教师成长 [M]. 北京：中国人民大学出版社，2009:90-101.

培育核心素养。

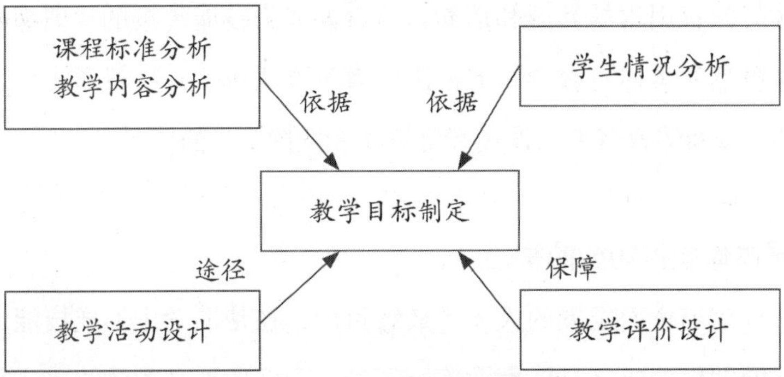

图3　小学体育教学目标设计结构图

（二）合理创设教学情境，激发学生学习兴趣

本文所说的教学情境，是指教师在教学过程中创设的情感氛围。境，是指教学环境；情，是指师生之间的情感交流。情因境而生，境为情而设，情与境的统一方为情境。在体育教学中精心创设教育情境，力图提供全面、客观的教育信息，珍视学生的好奇心和求知欲，注重学生的需要、体育品德的内化，形成健全的人格。

例如，在“立定跳远”教学中，教师抓住学生年龄特点，并根据学生生活经验，创设小青蛙跳荷叶的教学情境，荷叶在水上漂浮的情景在孩子们的头脑中呈现，使得孩子们很容易理解并掌握双脚落地要轻巧、平稳的要点，同时让学生知道小青蛙是益虫，是保护庄稼的小能手，养成保护小动物、珍惜劳动果实的好品质。

在体育教学中，精心设计教学情境，可诱发学生的学习动机，调控学生的情感，激发学生的积极性、主动性、创造性、竞争意识和求胜欲望。在情境体验中培养学生的社会适应性，促进学生的身心健康发展，引导学生树立正确的人生观、价值观，既能提高教学质量又能达到良好的教育效果。

（三）合理选择教学方法，拓宽体育育人途径

体育教学方法是在体育教学过程中，教师与学生为实现体育教学目标和完成体育教学任务而有计划采用的、可以产生教与学相互作用的、具有技术性的教学活动的总称。体育教学方法主要包括教学策略、教学技术和教学手段三个主要的层次。常用的体育教学法包括：以语言传递信息为主的教学方法，如讲解法、问答法和讨论法；以直接感知为主的方法，如动作示范法、演示法、纠正错误动作法、保护与帮助法、视听引导法等；以身体练习为主的体育教学方法，如分解练习法、完整练习法、领会教学法和循环练习法；以情景和竞赛活动为主的体育教学的方法，如运动游戏法、运动竞赛法、情境教学法等。①

小学生活泼好动，好奇心极强，教学方法不能都局限在讲解—示范—练习上。在实际教学中，根据不同的教学情况，应用讲授、练习、引导、游戏、竞赛等多种方法，设计出更多具有特色的教学策略，提高综合运用多种教学方法的有效性，调动学生学习的积极性。比如游戏法、比赛法，把两者很好地结合起来，就能把课上得既生动又富有实效，让学生在“玩中学”“学中玩”，从而到达“乐此不疲”之境界。

例如，在游戏“钻山洞”教学中，教师改变以往一味地讲解、强调游戏规则的做法，而是通过引导学生发现问题、解决问题的方式组织游戏。如搭建山洞没有尽力撑到最高，两脚之间距离过小，造成“火车”通行过慢，“山洞”与“山洞”之间不够紧凑，造成“火车”通行的距离过长而导致失败。这种探究方法让学生深刻地体会到从失败走向成功的喜悦，提升了学生体能，凝聚了团队力量，也培养了自觉遵守纪律的良好品质。再如，情景教学法，这种方法主要适用于小学低段学生，这个阶段的学生热衷模仿、想象力丰富、形象思维占主导，通过情景的创设不仅能够激发学生的参与兴趣，而且不同的情景也会起到不同的教育效果。

（四）合理使用体育器材，充分发挥器材功能

教师要因地制宜、合理开发和利用课程资源，但在使用器材（学具）时要注意以下四个方面：

（1）安全放在首位。使用器材要把安全放在首位，结合年龄特点选择性地使用器材。

（2）针对性要强。使用器材要有针对性，能够运用器材解决教材内容的重点和突破教材内容的难点。

（3）利用率要高。使用器材要尽量做到一物多用，减少不必要的搬运时间，提高课堂练习密度。

（4）确保练习负荷密度。运用器材要注意分组的合理性，充分考虑学生的练习次

① 周登嵩.学校体育学[M]. 北京：人民体育出版社，2004:170-200.

数，确保练习的负荷、密度。

在教学中合理开发和运用、摆放体育器材，既能够提高教学实效，又能激发学生的学习积极性。例如在玩自制布袋时，教师引导学生思考布袋有哪些玩法？学生们很快想出五花八门的玩法，有的钻进布袋子里学袋鼠跳，有的钻进布袋子里学毛毛虫一扭一扭地往前爬；有的两人一组，把布袋当成托盘用来抛接球；有的几人合作把布袋拼在一起当成障碍物练习跨跳……不同的玩法丰富了游戏的内容，激发了学生的想象力、创造力，学生也获得了成功的快乐，增强了自信心。

（五）合理运用多元评价，引导学生全面发展

评价的目的在于培养学生对体育运动的兴趣，帮助学生掌握科学的方法与技能，全面发展学生身心。但体育教学评价存在注重学生的学习成绩，忽视对学生学习过程的评价，忽视学生全面发展和学生个体差异等情况的评价。笔者采用了多元的评价体系，不同的评价主体进行评价，在育人的同时，激发了学生参与锻炼的积极性。

（1）评价内容多元。包括学生的体能、健康知识、运动技能、学习态度、运动习惯以及意志品质、人际交往能力和合作精神等在内的多元化评价。评价注重结果，更要注重过程；注重学生在体能、技能等方面的发展，更要注重态度、情感、意志等因素的发展。

（2）评价主体多元。评价主体多元就是要解除教师评价“一票权”问题。在评价活动中，学生作为评价主体，充当“评价者”和“被评者”的角色，强调学生的学习评价不仅要有教师的参与，同时也要重视学生个体的自我评价和学生群体的相互评价。评价主体多元调动了学生评价的积极性和创造性，保证了对学生的评价的全面性、科学性和发展性。

（3）评价方法多元。采取定量评价与定性评价相结合的方式进行评价。对田径类、技巧类等项目采取定量评价；而学生学习中非智力因素，如学习态度、意志品质、人际交往和合作意识的评价是无法用量化的手段来实现的，所以采取定性评价的手段，结合学生的自评和互评，对学生做出正确的评价。

总之，立德树人是时代赋予我们的使命。作为学校教育重要组成部分的体育，应以它特有的教育环境、教育方法、教育规律发挥其育人的特殊作用，为培养全面发展的新型人才打下良好基础。作为体育教师要树立以人为本的理念，合理进行教学设计，充分发挥体育育人功能，让学生在掌握运动技能的同时，养成良好的健康行为，形成良好的健康品德，培养德智体美劳全面发展的学生。

导师点评

本文研究小学体育教育因素，很好地体现出体育的育人功能，是当前研究的热点问题。坚持立德树人的指导思想，体现体育学科核心素养，找出一种在体育课堂上有效落实体育品德培养的路径与方法。

本文以呈现调查数据的方式分析了延庆区体育教师在体育教育方面存在的思想重视不够、不重视运动强度大的项目、教学观念滞后等问题。针对问题，提出“五合理”的解决途径，即教学目标合理、情境创设合理、教学方法合理、器材使用合理、教学评价合理，用教学案例的形式说明每一途径的操作与实施要求，全面着力于体育教育因素的落实，从而提升小学体育教育功能，培育全面发展的学生。

本文在研究方面需要进一步加强研究的深度与广度，在深度方面进一步强化教师因素的多样性与相关性研究；在广度方面强化体育教材本身的教育因素的挖掘与提炼。

（点评导师：北京教育学院教授 陈雁飞）

主要参考文献

[1] 中华人民共和国教育部．义务教育体育与健康课程标准（2011 年版）[M]. 北京：北京师范大学出版社，2012.

[2] 陈雁飞．体育新课程教学与教师成长 [M]. 北京：中国人民大学出版社，2009.

[3] 宁志勇，朱美芳．体育教学中怎样培养学生核心素养 [J]. 体育教学，2017（8）.

在小学美术“设计·应用”课中培养学生创意实践能力的教学策略研究

吴亚琼①

本文从分析小学生创意实践能力的内涵和小学美术“设计·应用”课中培养学生创意实践能力方面存在的主要问题入手，提出“设计·应用”领域教学改进的三大策略：现代信息技术整合、小组合作、情境创设。引导学生在“设计·应用”课中，在模仿设计的基础上，尝试画设计图，从而进行创新设计，在设计完成后进行实践应用并追踪应用效果，进行再修改、再完善，使学生在设计与应用中提高创意实践能力。

① 吴亚琼，北京市延庆区第四小学美术教师。理论导师是北京教育学院林泰然副教授，实践导师是北京市东城区教师研修中心何墨荣老师。

The Research of Teaching Strategies of Fostering Students' Creativity in Primary School Fine Arts Class of "Design & Application"

Wu Yaqiong

This paper starts with the analysis of the connotation of pupils' creative ability and the main problems in cultivating students' creativity in the "design and application" unit of Arts of primary school and puts forward three strategies for teaching improvement in the field of "design and application" : modern information technology integration, group cooperation and situation creation. In the course of "design and application" , students are guided to learn design drawings on the basis of imitation, so as to carry out innovative design. After the design is completed, students are required to carry out practical application and track the effectiveness of their designs, make further modifications and improvements, promoting their creative ability in design and application.

创意实践能力是指根据一定的目的或任务，进行有创新性的构思并有意识地进行设计、改造、应用等活动的能力。具体内容包括：模仿设计，即模仿教师示范作品的设计；创新设计，即在模仿设计的基础上，根据课业任务，进行有创造性的构思，经过替换或改造形成新的富有创意的设计；画设计图，即依据创造性的构思，形成设计理念，尝试将设计步骤或设计效果用画图的形式进行呈现；实践应用，即设计成品在实际中的应用；追踪完善，即在应用中追踪设计成品的应用效果，寻找不足进行完善或再创造。

一、我校小学美术“设计·应用”课培养学生创意实践能力方面存在的主要问题

（一）学生创意实践能力发展现状不容乐观

课题组对延庆区第四小学、大柏老小学、八里庄小学、靳家堡小学等 9 所课题成员学校三至六年级共 2 352 名学生进行创意实践能力现状调研。结果见图 1。

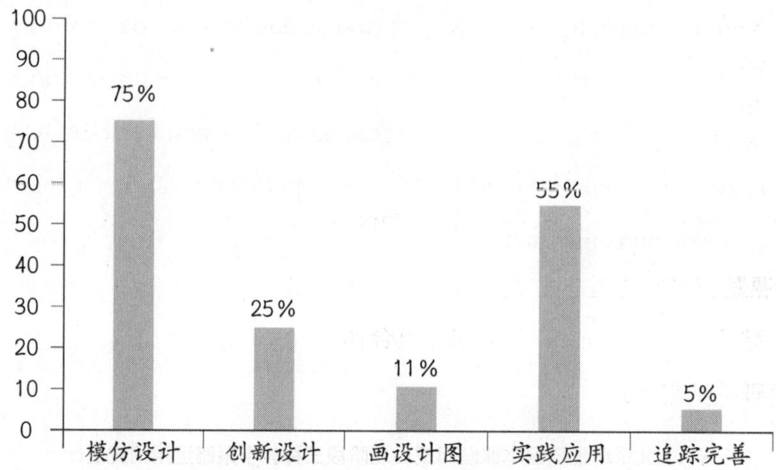

图 1　北京市延庆区本课题成员校学生创意实践能力调研结果

调查发现，学生习惯性地对教师的示范作品和课本上的范例进行模仿（占 75%），自己主动进行创新的较少（占 25%），能够“画设计图”的仅占 11%，“实践应用”是设计目的之一，能够进行“实践应用”的为 55%。笔者认为，“追踪完善”是在实践应用之后的又一个新起点，但在调研中发现，“追踪完善”的比例仅为 5%。由此可见，学生整体的创意实践能力有待提高。

（二）学生喜欢的教学策略调研

教学策略“是关于有效地解决教学问题的方法、技术的操作原则与程序的知识。主要包括三方面内容，一是解决教学问题的方法、技术，二是这些方法技术的操作，三是操作中的要求和有目的有计划的操作程序”[①]。这种观点强调教学策略是解决教学实际问题的方法、技术、行为、程序。

课题组成员在“设计·应用”领域主要采取学生喜欢的小组合作、信息技术整合、情境教学，调研发现，学生喜欢的教学策略（见图 2）依次排序为：小组合作、信息技术整合、情境教学、自主参与、探究发现，所占比例分别为 35.5%、30%、22.5%、8%、4%。

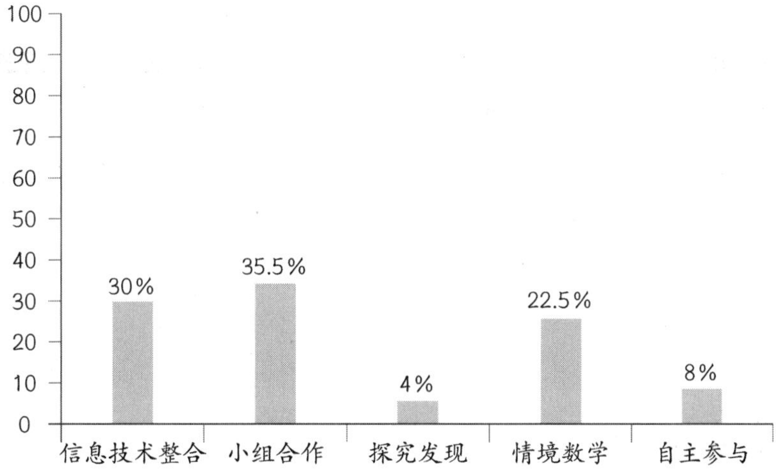

图 2　北京市延庆区本课题成员校学生教学策略选择调研结果

（三）课题组教师在教学方式上存在的主要问题

课题组对 25 名课题组教师在运用小组合作、信息技术整合、情境教学上存在的问题进行了调研（见表 1）。

表 1　北京市延庆区本课题组成员现阶段三种教学策略运用情况统计

教学策略	序　号	普遍现象	人　数
信息技术整合	1	图片呈现多，视频动画少	18
	2	欣赏环节使用较多，具体讲解设计方法及过程制作使用较少	12
	3	课件质量有待提高	25

① 杨广馨，白彬华 . 小学美术课堂有效教学策略研究 [M]. 北京：北京科学技术出版社，2012：1.

续表

教学策略	序　号	普遍现象	人　数
小组合作	1	课前准备、课后拓展与小组合作脱节	22
	2	小组合作形式较为单一	15
	3	小组合作学习评价不完善	25
情境教学	1	很少使用情境教学	6
	2	对常用的情境教学不清楚	8
	3	对情境教学的设计意图挖掘不够	22

二、培养学生创意实践素养教学策略分析

（一）信息技术整合策略

《义务教育美术课程标准》（2011 年版）指出：“学生在美术学习过程中，丰富视觉、触觉和审美经验，获得对美术学习的持久兴趣，形成基本的美术素养。”①信息技术的充分利用，使美术教学手段向多元化发展，如实物展示、投影运用、多媒体音像的引进，适应学生认识的发展和身心发展，使“设计 · 应用”教学用简易、新型、交互、愉悦的学习方式，满足学生需要，形成创意实践能力。

1. 通过信息技术整合，增强视觉冲击力，拓宽学生思路

“设计 · 应用”领域，有很多作品值得欣赏和借鉴，现代化的幻灯、投影、录像、录音等多媒体，为全方位、多角度地展示作品提供了最有力的保证。教学中，克服图片欣赏为主的现象，更多地加入声音、动画，将声、光、电、影像等融为一体，为学生创造一个色彩缤纷、声像同步、亦动亦静的环境，增强视觉冲击力，提升学生学习兴趣，促进思维发展。如《瓶盖玩偶》一课，flash 的制作，将瓶盖到玩偶的变身进行直观的演绎，再配上生动的语言描述，凸显设计理念的同时，引发学生想象，激活想象思维。道具添加环节，更是让普通的瓶盖玩偶变身足球小子，配上足球比赛场景和欢快的音乐，一场激烈紧张的足球赛就马上开始了。在这样的视觉冲击下，从激发学

① 中华人民共和国教育部 . 义务教育美术课程标准（2011 年版）[M]. 北京：北京师范大学出版社，2012：6.

生的学习兴趣，到培养发散思维、想象思维，再到产生强烈的创造欲望，为创新设计打好基础。

2. 通过信息技术整合，增强示范多样性，突破模仿设计

设计是造物和创物的活动。教师示范同信息技术整合，凸显直观性的同时，增强示范多样性，突破模仿设计，形成创新设计。例如《各种各样的杯子》一课，教师用简单的技法引导学生对一个圆柱和锥体进行变形，直观地为学生提供思路，有助于学生设计杯子造型，在短时间内顺利完成作品。将此过程以课件的形式呈现在多媒体上，提出：“如果为幼儿园、大酒店、公司办公室设计杯子，你会调整、替换哪个部分？”学生根据自己的审美判断，提出自己的见解，教师利用白板的拖拽、重复、描画、擦除、放大、替换等功能，将学生描述的不同的杯子形象一一展示。在展示的过程中，学生尝试用简笔画的形式记录设计的过程，既学习了“画设计图”的初步方法，又实现了“创新设计”的思维历程，继而在教师的引导下，根据杯子的适应人群选择适合的材料进行设计制作，把信息技术中平面图形之间的替换，转换为“实物替换”，突破模仿设计，达到创新设计。

3. 通过信息技术整合，突出重点、难点，生成创新设计

运用信息技术，把所学知识、技法进行提炼、概括，经过分析、比较、综合、分类等而系统化，在拓展延伸环节，教师可以利用摄录技术来录制、编辑、重放，对关键步骤和技巧进行放大、分解、透视，并适当插入指导说明，强化重点，突出难点，以达到事半功倍。在播放录像的过程中，可以运用录像的重放、慢放、暂停等功能，插入讲解，使学生对疑难问题把握得更准确，掌握得更扎实，促进创新设计的生成，同时，课题组教师将各自制作的优秀视频，放到群中共享，为更好地研究教学节省出时间和空间。

（二）小组合作学习策略

1. 课前、课中、课后合作一体化

小组合作学习多用于课上的学习，但课下搜集和课后拓展，学生基本上是独自完成的，与课上的合作脱节。本课题研究中，将合作由课上延伸到课前与课后，引导学生从课下搜集信息和资料，到课上学习，再到课后拓展，完全以合作的形式进行，使整个学习更具连贯性。如《瓶盖玩偶》一课，学生以合作的形式完成自己的设计。笔

者在拓展环节中，引导学生欣赏瓶盖玩偶、操控智能瓶盖玩偶、遥控瓶盖玩偶，孩子的热情再次被调动，笔者以“同学们课下可以咨询信息技术老师，将自己的瓶盖玩偶进行再变身，也让它动起来”为结束语。课下，学生确定再创作的方向：或智能、或遥控、或发光、或说话，结合自己新的设计思路，再次构建新的合作小组，共同搜集信息与知识，创作出一个个更加新奇、有趣的瓶盖玩偶，使学生认识到实践应用不是学习的终点，在追踪效果的过程中，发现问题、寻找解决问题的方法就是开启新的创新的过程。

2. 问题入手，深度合作

小组合作学习，注重从问题入手。即：引导学生经历提出问题—分析问题—解决问题—归纳总结的过程。“问题”是人思维发展的源泉，有了问题才会思考，才会深入探究，在探究中进行深度合作。教师要引导学生从不同的角度思考，或尝试画设计图，或拆毁原来的作品，或替换别人设计的局部，或在原有基础上添加，学生在解决问题的过程中，从有意识的替代、添加、画设计图到无意识的运用这样的思维路径去设计、去创造，在潜移默化中形成创意实践能力。

3. 丰富合作形式

（1）分组形式多样化。根据教学内容和学生实际情况进行多样化分组，如就近分组（座位相邻）、同级分组（认知水平相当）、设计形式分组（平面设计或立体设计）、主题分组（根据设计主题）等。各组以流动的形式排座，教师重视小组合作交流的引导，给学生以更多思考和表达的时机，让学生学会合作，学会交流，学会归纳，学会创新。如《有趣的仿生设计》一课，教师课前引导学生，结合延庆区绿色大事“世园会”“冬奥会”，运用仿生设计的形式，为各活动场馆设计物品。学生首先选择场馆，确定设计物品，寻找仿生来源，搜集设计所用媒材，学生根据自己的爱好，自发成组，在此过程中，学生发散思维、想象思维得到训练，创新意识、合作能力得到提升。

（2）交流形式多元化。合作学习中，常用三种问答方式交流：一是“朋友式”交流，即学生间互相提问、补充，回答问题与解答问题的均为学生；二是“职责式”交流，即各组成员均有不同的分工和职责（组长、代言人、记录员、外交员等），按照分工进行汇报交流；三是“代号式”交流，即每个学生一个数字编号，在提问或补充时，不看举手与否，只叫代号，不求完全正确的答案，只求发表自己的看法。交流方式的转变，使得学生的注意力提高，思维更加活跃，动手实践更加积极。

（3）评价形式多维化。课题组研发了“八度”评价，即从八个维度评价小组合作学习（见表2）。

表2 北京市延庆区第四小学小组合作学习“八度”评价表

评价维度	评价项目	评价细则（标准）
热度	积极思考，主动发言	课上积极思考学习内容，明确设计理念，发表自己的设计观点。
精度	认真倾听，清晰表达	听清同学描述的设计观点、理念或方法，并时刻作好清晰地表达自己为同学提出改进建议的准备。
密度	合作有序，高效达成	提前了解设计内容，根据主题或理念寻找合作小组并积极参与课前搜集、课上学习、课后应用和追踪等活动，主动参与讨论、探究，给同伴补充或提出不同意见。
广度	人人参与，思维穿越	运用已有知识将新知识进行关联、联想，形成知识网络，对知识进行外延和拓展。尝试突破模仿设计，用多种方法、多层次、多角度思考解决问题。
新度	见解独特，方法多样	深入思考，采用画设计图、阐述设计理念、讲解、联系实际等方法尝试创新设计。
深度	质疑思辨，升华提高	课上要多问几个为什么。灵活运用所学知识，学会在深度思辨中提高自己的认识水平。课后反思自己的学习活动，取长补短。
厚度	拓展实践，注重积累	在课上通过欣赏、实践等方法完成设计；课后进行应用并跟踪完善，寻找二次创作或提升的切入点，进行再创造，在应用中将知识进行巩固，形成知识链条，增加知识的厚重性，将知识技能转化为创意实践能力。
亲和度	举止文明，自信大方	在发言时目视老师和同学，说普通话，声音适中，语言流畅。不同情境中，还会用神态、动作、表情或者运用展示工具配合自己的表达。

“八度”评价让学生能够全方位、立体化地进行合作交流，形成学生主导的小组合作型课堂。

（三）情境教学策略

情境教学能够以生动形象的场景，激起学生的学习热情，连同教师的语言、情感，教学内容以及课堂气氛形成一个广阔的心理场，作用于学生的心理，延伸到课堂，活跃学生思维，拓宽思路，为创新设计寻找到新的突破口。

1. 创设故事情境，培养学生想象思维，突破模仿设计

模仿设计仅仅是创意实践能力中最基础的能力，要想提升创意实践能力，还需要在模仿设计的基础上突破。一个生动的故事能激发孩子的想象力，引导孩子构思新的

想法或新的设计。如《有趣的仿生设计》一课，老师讲述一个设计大师在母亲生日来临之际，以仿生的形式为母亲设计生日礼物的历程。在故事中，引导孩子想象“如果你是这个设计师，看到这些生物，你会为妈妈设计什么样的礼物？”有的尝试画图，有的商讨设计理念，有的选择材料，孩子们在故事情境中进入自己的角色，在潜移默化中激发求异思维，培养想象思维，提高创新意识，突破模仿设计，为创新设计做好铺垫。

2. 创设生活情境，增强设计意识，做到实践应用

“艺术源于生活”，每位学生都有不同的生活体验，学生们通过对生活的记忆、联想、感受，增强表现生活、创造生活的认识，因此，教师要善于创设生活情境。

在《靠垫设计》一课中，孩子们在给现有靠垫找位置的过程中，总结靠垫设计注意事项，理清靠垫设计的理念，依据设计理念进行设计和评价，在学习中增强设计的意识，学会设计的方法。《瓶盖玩偶》一课，结合 2022 年冬奥会在北京延庆区举办的契机，笔者以动漫的形式创设冬奥现场的情境，结合学生滑雪训练的经历，运用瓶盖为冬奥会设计吉祥物，激发学生学习兴趣的同时，了解设计理念及设计思路。寻找创设情境的切入点，给学生形成一种开放的学习空间和探究空间，使学生的学习过程成为参与发现知识的主动探究的过程，在校级冬奥会吉祥物评比环节，更是激发出学生的创造热情，为实践应用打好基础。

3. 创设游戏情境，参与体验，实现创新设计

“游戏”在小学生眼里，永远是快乐而有趣的活动。教师要设计欢快、充满挑战的游戏，以便开发学生潜能，使他们不断发现新现象、新知识、新创意。如在《杯子的设计》一课，教师创设“圆柱、圆锥大变身”的游戏。发给每人一个圆柱、圆锥，教师示范将圆柱变形，进而引发思考：“还能怎样做？圆柱能变出更多的形体来吗？请你试一试。”学生尝试卷折、添加、替换等方法，试图将圆柱、圆锥变身，在参与体验中，尝试用简笔画的形式记录不同的变身效果，最大限度地激发学生学习兴趣，开发学生的创造性，实现创新设计。

三、取得初步成果

通过两年的行动研究，面向参与研究的学生 2 352 人进行问卷调查，相同的问卷

内容，却收到不同的结果，学生在创意实践能力方面都有不同程度的提升，学生从模仿老师或模仿课本的设计，转向按照自己的设计理念，尝试画设计图并进行创新设计，最终在实践中应用（见图3）。

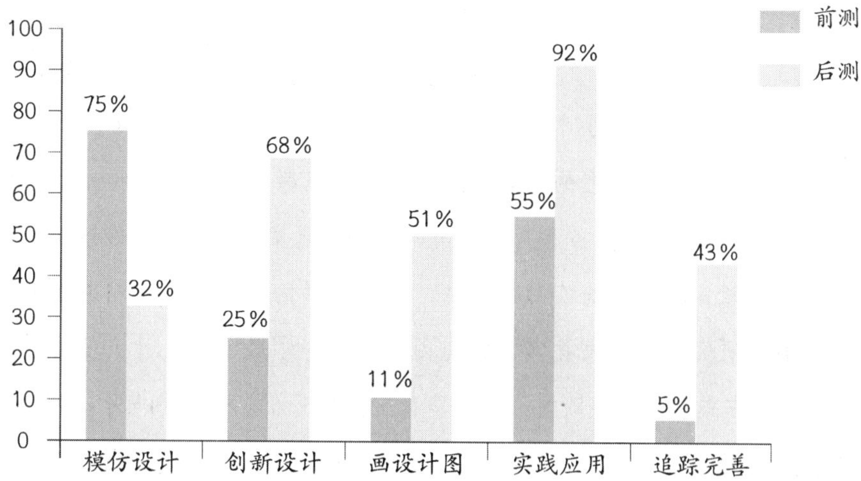

图3　北京市延庆区第四小学学生创意实践能力前、后测对比

调查显示，五项测试内容，“模仿设计”的百分比由前测的75%下降到32%，实现了由“模仿设计”到“创新设计”的突破；“创新设计”比例由前测的25%上升到68%；尝试“画设计图”的比例由前测仅有的11%上升到51%；能将自己设计的物品在生活中进行“实践应用”由前测的55%上升到92%；在设计应用之后，依然能够“追踪完善”作品，并进行逐步再完善、再创造的比例由前测的5%上升到43%。学生由原来适应教师讲解，自己跟进思考的模式，转向在教师引导下，通过不同的教学策略，置身不同的学习环境，积极思考，大胆实践，增强创造性思维，提高创意实践能力。

自课题实施以来，课题组成员承担两节市级研究课、4节区级研究课、8节市级综合实践开放课，两次专题报告，对延庆区小学美术教师进行引领示范。课题组教师撰写的专题论文、案例、教学设计获国家级、市区级一、二、三等奖共计52篇，教师的专业发展得到极大提高；学生参加市区级动手操作竞赛，95人次获得一、二、三等奖。

总之，在小学运用“设计·应用”课程培养学生的创意实践能力，需要转变观念，更需要相应的教学策略的支撑，怎样在小学阶段培养学生的设计意识、学会画设计图、在模仿设计的基础上进行创新设计，掌握设计方法的同时，学会实践应用并追踪完善、进行再创造，形成受益终身的创意实践能力，还需要我们进一步研究。

导师点评

吴亚琼老师的课题研究以小学美术“设计·应用”课中如何培养学生的创意实践能力为研究对象，选题结合自己的本职工作，聚焦一线教师及课堂，研究主题和目标明确。作为一线教师能对当下义务教育阶段美术学科创意实践核心素养的落实有思考，对如何提升学生创意实践能力有实际的研究，是很难得的。吴老师研究态度认真，研究方法科学有效，研究过程清晰扎实，研究内容符合小学美术“设计·应用”课的特点，对学生的学习方式和创意实践能力提升路径有细致分析。对新导向下的“设计·应用”课教学的老问题，提出了自己的独特见解。对调查数据的分析与梳理细致明晰，研究成果丰富，开发出“八度”评价量表，为提升美术学科核心素养做了前瞻性的探索，课题研究具有特色和推广价值。

（点评导师：北京教育学院副教授　林泰然）

主要参考文献

[1] 林崇德 . 21 世纪学生发展核心素养研究 [M]. 北京：北京师范大学出版社，2016.

[2] 尹少淳 . 尹少淳谈美术教育 [M]. 北京：人民美术出版社，2016.

[3] 中华人民共和国教育部 . 义务教育美术课程标准（2011 年版）[M]. 北京：北京师范大学出版社，2012.

[4] 杨广馨，白彬华 . 小学美术课堂有效教学策略研究 [M]. 北京：北京科学技术出版社，2012.

[5] 尹少淳 . 小学美术教学策略 [M]. 北京：北京师范大学出版社，2010.

教师对幼儿自主游戏进行观察与评价的行动研究

刘胤[①]

本研究立足幼儿的自主游戏活动，通过“注意—识别—回应”三段式开展观察与评价的实践研究。“注意”即采用“看、听、问、做、思”的方法对幼儿的自主游戏进行观察与记录；“识别”即重点结合“兴趣爱好、关键经验、学习策略、学习品质”几个方面对幼儿的自主游戏进行解读、分析、评价；“回应”即主要运用“经验支持、材料支持、心理支持”来支持幼儿发展。

① 刘胤，北京市延庆区第三幼儿园教师。理论导师是北京教育学院陈晓芳副教授，实践导师是北京市第六幼儿园原园长陈小明。

Action Research on Teachers' Observation and Evaluation of Children's Self-directed Games

Liu yin

Based on pre-school children's self-directed activities, this research carried out a practical study of observation and evaluation through three stages of “attention, identification and response”. “Attention” means observing and recording children's self-directed activities by means of “seeing, listening, asking, doing and thinking”. “Identification” refers to the interpretation, analysis and evaluation of children's self-directed activities from the aspects of “interests and hobbies, key experiences, learning strategies and learning quality”. “Response” mainly uses “experience support, muterial support and psychological support” to uphold children's development.

> 教育部出台的《幼儿园教师专业标准（试行）》提出：教师要“关注幼儿日常表现，及时发现和赏识每个幼儿的点滴进步，注重激发和保护幼儿的积极性、自信心；有效运用观察、谈话、家园联系、作品分析等多种方法，客观地、全面地了解和评价幼儿；有效运用评价结果，指导下一步教育活动的开展”①。可见，教师观察幼儿、解读幼儿并有效支持幼儿园发展，是幼儿园教师必备的专业技能要求。教育部《3～6岁儿童学习与发展指南》出台后对幼儿观察评价提出了新要求“成人要积极、充满希望地看待儿童的成长，对儿童的学习和发展抱有正向、美好的期许，要养成一种积极的心理态势和行动准备，随时随地、主动地收集、接纳来自儿童的发展表现和信息，观察与评价成为教师的一种习惯和工作方式”②。

本研究依托延庆区8所直属园和中心园10名教师组成研究团队开展行动研究，本文是初步研究成果。

一、幼儿自主游戏观察与评价的内涵分析

（一）幼儿自主游戏的含义

1. 自主游戏的界定

北京、上海、广州、南京等地先后提出了“自选游戏”“本体性游戏”“自由游戏”“自主游戏”等概念，并逐步在幼教界扩大影响。虽然提法不同，但其宗旨都是一样的，即强调“自”“本体”，强调幼儿是游戏的主人，幼儿能自主地选择、支配游戏活动，在游戏中充分享受趣味性、娱乐性。

有人认为：“自主游戏是幼儿在一定的游戏环境中根据自己的兴趣和需要，以快乐和满足为目的，自由选择、自主展开、自由交流的积极主动的活动过程。”③

还有人认为：“自主游戏是幼儿园组织与开展幼儿游戏的基本形式，并集中体现了幼儿园教育以游戏为基本活动这一保教原则的贯彻与落实。科学而适宜地支持与引

---

① 教育部教师工作司．幼儿园教师专业标准（试行）解读[M]．北京：北京师范大学出版社，2013:26.

② 中华人民共和国教育部．3～6岁儿童学习与发展指南[M]．北京：首都师范大学出版社，2012.

③ 邱学青．自主性游戏讲评的研究[J]．幼儿教育，2000(4):13.

导幼儿的自主游戏是幼儿园教师专业能力的重要表现。”[①]

本研究认为自主游戏是幼儿在游戏中自主选择游戏内容、游戏的材料、游戏的伙伴，充分展现幼儿的兴趣和需要，能有愉悦体验的游戏。教师在自主游戏中的作用在于激发幼儿的积极性和主动性，为幼儿创设良好的游戏环境，为幼儿自发、自愿的活动提供条件，并在游戏中评价幼儿、支持幼儿发展。

2. 自主游戏的主要特征

（1）自发自由。在自主游戏中，幼儿有自己支配和选择游戏的权利，他们玩什么？和谁玩？怎么玩？都是由幼儿自己做主，而不是由教师安排的，是幼儿主动积极参与活动，是一种自发行为。在游戏的过程中，幼儿在哪里玩？需要什么材料？玩什么情节或生成什么新的内容与新的计划，都出自幼儿的游戏意愿。因此，在自主游戏的过程中，他们的状态是自由的、主动的、积极的。

（2）轻松愉悦。由于是幼儿自发、自愿的自主游戏，所以他们在游戏的过程中时刻能表现出一种轻松、愉悦、兴奋的状态。“一味追求快乐的游戏过程，游戏就会退化为变成傻淘傻闹”[②]，而自主游戏过程中有幼儿对自主发现的问题进行的探索、更有教师基于幼儿需求的不断支持，都会让幼儿体验获得成功的愉悦与快乐，这种愉悦也是最深层的快乐发展。

（3）幻想虚构。自主游戏鼓励幼儿依据个人的愿望进行天马行空的想象，所以，幼儿在自主游戏中往往将动画片中的角色、喜欢的图画书中的情境以及现实生活中零散的经验加以虚构融合到游戏中，因而经常出现“生妹妹”“豌豆射手”“佩奇的家”等游戏情境，这也正是儿童的心理特点所决定的。

（4）动态发展。由于受幼儿情绪化、兴趣易转移等年龄特点的影响，幼儿自主游戏的内容、情节常常表现出动态变化性。如当幼儿对搭建坦克产生兴趣后，他们会从平面拼搭到立体拼搭，从立体建构再到大型建构，最后发展成为一个“坦克游戏基地”，自由开展建构游戏、角色游戏等。由此，自主游戏是持续动态的，充满了各种发展可能性。

---

① 丁海东 . 幼儿园游戏与指导 [M]. 北京：高等教育出版社，2013:183.

② 杜威 . 我们怎样思维·经验与教育 [M]. 姜文闵，译 . 北京：人民教育出版社，2005:67.

（二）幼儿自主游戏观察与评价的内涵

蒙台梭利认为："唯有通过观察，才能真正了解孩子的内在需要和个别差异，以决定如何协调环境，并采取应有的态度来配合幼儿成长的需要。"

刘晶波认为："观察是研究者按照一定的目的和计划，在自然状态下对研究对象进行系统连续全面的直接观察，并作出准确、具体以及详尽的记录，以便全面掌握所要研究的情况，收集有关资料加以分析和解释，获得对研究问题的理解与认识。"①

基于此，本研究中的观察与评价是在幼儿自主的游戏中，教师聚焦在某个（某组）幼儿，去观察幼儿的行为，从幼儿在自主游戏的行为和行为变化中搜集信息，分析解读幼儿并作出价值判断，在此基础上进一步制订幼儿发展支持计划，促进和拓展幼儿的学习。

二、幼儿自主游戏观察与评价的过程和方法

本研究采用"注意—识别—回应"三段式结构，进行幼儿自主游戏的观察与评价，具体见图 1。

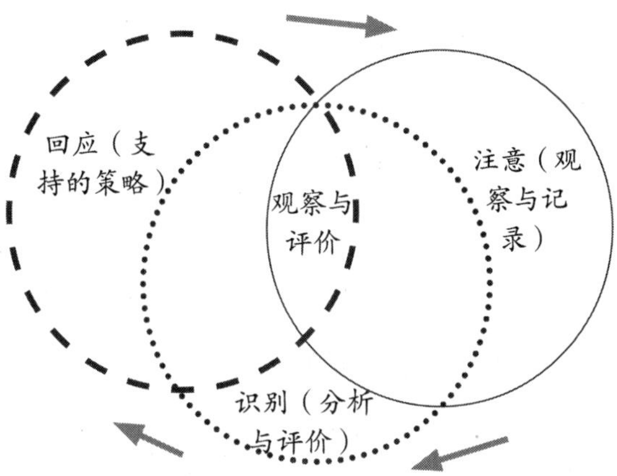

图 1 幼儿自主游戏观察与评价结构图

（一）"注意"

1.“注意”的方法

幼儿自主游戏观察与评价中的“注意”，指的是对幼儿活动的观察与记录。教师

---

① 刘晶波 . 学前教育研究方法 [M]. 北京：光明日报出版社，2016：92.

聚焦某个（某组）幼儿，用开放的心态，调动感官去注意幼儿自发自主的行为，特别是要关注幼儿能做的、感兴趣的事情，了解幼儿的需求。

案例 1 “机器人达人”自主游戏中教师的“注意”

在游戏时间，本来我在“棋牌室”陪小朋友下棋，但听到瑞瑞和绚羽叽叽咕咕地在美工区边聊边做，他们开心的样子吸引了我，我不禁把目光转向他们。

原来他们在一起制作机器人！只听瑞瑞说“找个小纸盒当耳朵”，绚羽便去找。瑞瑞说：“用胶条粘”，绚羽便拿来胶条……他们合作得那么默契。拉锁有点长，瑞瑞又取下剪掉一截儿。机器人做好了，我当场表扬了他们，瑞瑞紧接着对我说：“刘老师，我告诉您，我还要给机器人装机械系统呢！”“什么是机械系统？”我忙问。瑞瑞兴奋地说：“有爆炸系统、防冻系统……”“好啊，太棒啦，刘老师等着你给我惊喜呢！”

第二天的活动时间，瑞瑞迫不及待地来到美工区取出那个机器人，打开身体的后盖，开始在身体里面连接电线。他在机器人身体的各个部分都加上白瓜子和蚕豆，并告诉我“这是‘维生素’，有了‘维生素’机器人身体就有能量，能给各部分发‘电’。裤子也得加‘维生素’，让腿有力量，跑得快些。这是手臂防水装置，如果进水了机器人就没法工作。这是大脑防水装置，没有防水装置就会爆炸”。他又打开手臂盒，接上天线。装好飞行按钮，一个充满能量的机器人就做好了！

透过如上案例中教师对幼儿在美工区制作机器人的“注意”，我们可以看出，教师可能用到的“注意”方法有：

（1）看。看他（她）做了什么、怎么做的。如：教师看幼儿做机器人的身体、五官、服装，就连“拉锁有点长也剪掉一截儿”这样的细节也记录了下来。在看的过程中倡导“驻足五分钟”行动，幼儿园老师一天的工作纷繁复杂、千头万绪，让人分心的事情也时有发生。但是即便遭到外界干扰，也要努力“驻足五分钟”坚持把孩子活动看充分。

（2）听。听他（她）说了什么。听幼儿在游戏中与同伴、与教师之间的对话，如：“你去找个小纸盒当耳朵、用胶条儿粘、我还要给机器人装机械系统呢……”这些原汁原味的语言，都是幼儿思维、情感、经验的表达。

（3）问。问他（她）为什么这么做、怎么想的、还想怎样。如：教师看到幼儿在机器人的身体中装瓜子、蚕豆等物品的时候，有些不明白。于是就主动向幼儿询问，了解到幼儿关于“维生素”“天线”“防水装置”等创造性想法与行为。当然，在这个过程中，教师也体悟着孩子的表现所带来的惊喜。当然，教师要在适当的契机下进行询问，不能干扰幼儿的游戏。

（4）做。教师有时需要亲身体验、亲自实践幼儿的活动，了解幼儿的学习过程，努力感受其所思所想。

（5）思。思考他（她）带给你惊喜的地方是什么、是什么吸引他（她）的注意力、他的兴趣是什么、他（她）是如何整合并运用已有经验的、他（她）还期待怎样。需要努力用心地去思考孩子的心思和情绪情感。

2. 注意的要求——“三真”

（1）真正站在孩子的视角：努力倾听儿童的声音、站在儿童的立场思考问题、真正以儿童的感受和体验及解释问题的方式为主，重视儿童发起的活动。例如：在“机器人达人”游戏中，教师能够放下自己、从孩子的角度出发，去观察、倾听、询问、思考孩子在这个游戏中的言行，发现有价值的“魔法时刻”。

（2）真心关注孩子：教师在观察时，不仅需要去看，还需要用心去体会孩子的心思和情绪情感。所以，我们在观察的过程中倡导“驻足五分钟”行动。不可否认，幼儿园老师一天的工作纷繁复杂、千头万绪，即便在游戏观察中，让人分心的事情也时有发生。即便遭到外界干扰，也会努力“驻足五分钟”坚持把孩子一段活动看充分，避免出现“我想……我判断……大概……”等教师的主观臆断。

（3）真实记录幼儿的行为：教师要以客观描述为主，尽可能真实记录故事发生的场景、背景、幼儿的行为、语言等相关信息。具体的记录与描述恰恰是进行分析评价的关键点所在，同时会让记录更加鲜活，让人看后有重返现场的感觉。

（二）“识别”

1. “识别”的要点

幼儿园自主游戏观察与评价中的“识别”，是指教师基于注意到的现象来分析解读、评价幼儿的学习行为。在“识别”的过程中，教师可以从如下几个方面进行：

（1）兴趣爱好。他（她）到底对什么充满兴趣，感到好奇？这个兴趣点就是幼儿下一步学习发展的契机，更是教师分析以及支持的重点。幼儿在自主游戏过程中的成长点在哪里？就是那个精彩的、让人惊喜的“哇时刻”。如：在“机器人达人”的自主游戏中，从孩子们积极投入的状态中，可以看到“幼儿对制作、探究机器人充满兴趣和好奇”就是精彩时刻。于是，接下来对幼儿的分析也是围绕此核心点去寻找其背后的原因。

（2）关键经验。对照《幼儿园教育指导纲要（试行）》《3 ~ 6 岁儿童学习与发展指南》中各领域的目标要点，分析他（她）在自主游戏中获得了哪些关键经验。如：在幼儿制作机器人的过程中，可以看到幼儿在游戏中获得“自主的合作、积极的交流、精细的操作、细致的思维、大胆的表现、经验的迁移、有目的地做事、丰富的想象”等关键经验，这些分析就是对幼儿当前发展最真实的评价。

（3）学习策略。他（她）如何运用材料、方法达到自己的预设目标？结合幼儿两次制作机器人的全过程，能够看到他们所运用的学习策略有同伴学习支持、动手操作、做计划等，这些学习策略的运用，完全就是大班幼儿的动手操作、同伴合作、计划与完成计划等年龄特点和学习方式的具体表现。

（4）学习品质。在自主游戏现场，幼儿表现出哪些有助于学习的品质？我们在分析的过程中，不仅关注认知，更重要的是关注游戏中所蕴含的学习品质。如在“机器人达人”游戏中幼儿就明显表现出“主动性、积极性、坚持性、好奇、合作、探究”等良好的学习品质。

案例 2　“机器人达人”自主游戏中教师的“识别”

瑞瑞和绚羽第一次合作制作机器人，他们在整个过程中的积极、主动、认真、开心投入的状态让我看到他们对机器人充满好奇与兴趣。

他们制作身体、四肢，服装的拉锁都设计制作出来，说明他们开始努力将头脑中的经验表现出来。视觉的观察力、大脑的形象思维能力都丰富起来。所以，他们喜欢用各种工具和材料进行制作，表达着机器人的形象。

第二天，瑞瑞依然没忘完成他的机器人“事业”，继续专心装各种系统，他的举动让我看到他做事情的目的性、计划性、坚持性。特别是一开始先在身体上剪一个洞，为后面电线伸出来留下一条线路，机械系统、爆炸系统、防水系统……各种系统怎么完成，这种缜密的思考真是让我一个教师都感到惊叹。

孩子以物代物寻找各种材料来完成机械系统，白瓜子是维生素、小瓶盖成为爆炸按钮、各种颜色的绳子成为电线……这说明他具备了丰富的想象力，想象力始终贯穿于整个活动过程。

总之，这个表达与创造的过程更加让我看到会学习、能坚持、大胆想、爱动手的能干的孩子，一种对孩子、对童年的敬意油然而生。

2.“识别”的注意事项——“三精”

（1）寻找精彩——幼儿成长点。在幼儿自主游戏的过程中，那个精彩的、让人惊喜的“哇时刻”或许才是孩子的学习发展点，更是教师分析以及支持的重点。如：“引导教师基于观察记录去寻找孩子精彩的，让你惊喜、让你想抱抱孩子、亲亲孩子的时刻是什么？”，顺着这个精彩时刻去分析产生的原因，就容易找到接下来的支持策略。

（2）力图精准——发展可能性。精准识别幼儿的具体情况，才有可能提供适宜的支持来满足幼儿的发展需求。精准的识别一方面需要教师了解幼儿在本年龄段的学习特点、学习方式、关键经验，如：看幼儿“制作机器人”，应掌握大班幼儿操作活动、交往能力、思维水平等方面的学习特点。另一方面需要教师对幼儿个体特点的发展水平有所把握。

（3）关注精髓——学习品质。《3 ~ 6 岁儿童学习与发展指南》指出：幼儿在活动过程中表现出的积极态度和良好行为倾向是其终身学习与发展所必需的宝贵品质。学习品质对于幼儿的终身发展有更深远的意义，是孩子学习发展中的核心要素。我们在分析的过程中，重要的是关注自主游戏中所蕴含的学习品质。

（三）“回应”

1.“回应”的策略

幼儿自主游戏观察与评价中的“回应”，即支持的策略。在对幼儿的注意、识别环节后，进一步提出回应幼儿的策略和拓展方案，支持幼儿的持续性学习。本研究所涉及的“回应”策略主要有经验支持、材料支持、心理支持三大策略。

（1）经验支持。教师需要根据对幼儿的分析识别，找到幼儿进一步发展的可能性，然后基于幼儿的年龄特点和发展水平，帮助幼儿筛选和扩展经验。例如在“机器人达人”中，教师可以通过与其他活动整合，不断丰富幼儿的经验。与科学领域活动相结合，通过机器人的图书、光盘，让幼儿和“机器人小米”“机器人小胖”进行互动，感受“扫地机器人”的功能，尽可能满足幼儿对机器人的兴趣和认知需求。

（2）材料支持。游戏离不开玩具材料，材料是幼儿游戏的支柱，更是支持幼儿游戏的重要策略之一。当看到幼儿有游戏的兴趣与需要时，教师就要及时为幼儿创设环境、提供支持。例如，教师可以在美工区丰富制作机器人的材料，还可以拓展到建构区、科学区、图书区等。同时，为幼儿提供的材料要充足，以充分满足幼儿选择的需求。

（3）心理支持。宽松、自由的心理氛围更能激发幼儿游戏的动机。游戏是自发、自愿、自主的活动。营造宽松自由的游戏氛围能给幼儿传递开心游戏的暗示或信号，让幼儿自由表达自己的愿望、自主选择游戏的权力，幼儿有被接纳和被许可的感觉。当教师发现幼儿有制作机器人的兴趣后，应给予关注、鼓励，幼儿在被支持、被关注、安全的心理氛围中，自主探索、自由创造、大胆表现、大胆创新。

案例 3　“机器人达人”自主游戏中老师的“回应”策略

策略一：寻找各种契机，丰富自身关于机器人的了解。抓住幼儿对机器人的好奇心和兴趣点，支持孩子进一步探究了解，丰富幼儿对机器人知识的了解，扩展经验。让孩子体验和“小米机器人”的对话，感受“扫地机器人”的功能，尽可能满足幼儿对机器人的兴趣和认知需求。

策略二：丰富机器人的相关材料。在美工区丰富制作机器人的各种材料；科学区丰富“小米机器人”材料；建构区进行机器人拼摆搭建；图书区丰富相关的材料。

策略三：“机器人达人作品展”。创设“机器人作品角”，将幼儿的机器人作品进行展示，并利用过渡环节为幼儿进行讲解，吸引更多幼儿对机器人的好奇心和探究心，并参与到制作活动中，在班级中进行“机器人”小主题活动。

2.“回应”的注意事项——“三实”

（1）充实。其一，要有充足的回应策略，幼儿在游戏中的学习发展是一个复杂的过程，需要各种具体可操作的策略，单一的策略不可能有效达到支持的作用。其二，在实践过程中，给予幼儿充足的时间和空间进行游戏。其三，为幼儿提供的材料要充足，充分满足幼儿选择的需求。

（2）务实。我们设计的支持策略是老师和孩子能够力所能及、实实在在地做到和完成的。

（3）扎实。策略扎实落地，可以落实到实际行动中。教师把每种策略落实到游戏之中，看到幼儿的发展与变化，而不是纸上谈兵。

总之，课题组运用“注意—识别—回应”模式来观察与评价孩子，促进了幼儿的发展，也促进了教师观念的转变与专业能力的提升。

导师点评

幼儿的自主游戏是幼儿自由、自主、自愿的游戏，自主游戏开放的物质环境、宽松的心理氛围，使幼儿能够毫无负担地释放自己好奇、好问、好探究的天性，因此，幼儿的自主游戏是教师窥探其心灵世界的窗口。

教师只有在观察幼儿的基础上，才能真正理解幼儿、尊重幼儿，才能洞察幼儿语言、情态、动作等外在表现行为背后的精神世界，也才能通过心灵与心灵的对话，对幼儿进行有的放矢的教育。教师对幼儿自主游戏的观察与评价，其实质就是教师用自己的心意、智慧和情感去触碰幼儿的心意、智慧和情感的过程，即心灵与心灵对话的过程。

作者抓住了幼儿教育的这一“精神内核”，以“幼儿的自主游戏”为提升教师观察、解读与评价幼儿能力的落脚点，从幼儿自主游戏的概念与特征的阐释出发，重点围绕教师“对幼儿自主游戏的观察与评价”的内涵分析、过程和方法等进行研究，总结出“注意—识别—回应”的“三段式”观察评价策略，并对适用于这些策略具体情境、步骤、注意要点等进行详细论述，给广大一线幼教工作者提供了良好的学习和借鉴。

（点评导师：北京教育学院副教授　陈晓芳）

主要参考文献

[1] 邱学青 . 幼儿园游戏指导 [M]. 北京：人民教育出版社，2015.

[2] 刘焱 . 幼儿园游戏与指导 [M]. 北京：高等教育出版社，2012.

[3] 潘月娟 . 学前儿童观察与评价 [M]. 北京：北京师范大学出版社，2015.

[4] 苏晓倩 . 教师如何观察和评价幼儿 [M]. 北京：中国轻工业出版社，2012.

[5] 盖伊・格朗兰德，玛琳・詹姆斯 . 聚焦式观察：儿童观察、评价与课程设计 [M]. 梁惠娟，译 . 北京：教育科学出版社，2017.

[6] 玛格丽特·卡尔．另一种评价：学习故事 [M]. 周欣，译．北京：教育科学出版社，2016.

[7] 朱敏慧．幼师观察评价力发展视野下“学习故事”的策略研究 [J]. 当代学前教育，2018（1）.

[8] 刘苗．幼儿教师观察记录的研究 [D]. 南京：南京师范大学，2017.

[9] 丁海东．幼儿园游戏与指导 [M]. 北京：高等教育出版社，2013.

[10] 杜威．我们怎样思维·经验与教育 [M]. 姜文闵，译．北京：人民教育出版社，2005.

[11] 周欣，黄瑾，华爱华，等．学前儿童数学学习的观察和评价 [J]. 幼儿教育，2012（6）.

[12] 刘晶波．学前教育研究方法 [M]. 北京：光明日报出版社，2016.

[13] 许洪媛．以区域游戏为载体提高教师观察能力的实践研究 [J]. 天津市教科院学报，2016（6）.

通过情境教学培养幼儿良好社会性行为习惯的策略研究

解春荣[①]

本文借鉴情境教学理论，结合小班、中班、大班幼儿发展特点，分别探索了假想游戏、角色换位、隐性互动、“大手”拉“小手”、“角色”巧“换位”、榜样导向、生活演练、竞赛助推等情境教学策略，有效地促进小、中、大班幼儿社会性良好行为习惯的培养。

① 解春荣，北京市延庆区第一幼儿园老师。理论导师是北京市教育学院副教授陈晓芳，实践导师是北京市第六幼儿园原园长陈小明。

Strategic Research on Developing Pre-school Children's Good Social Behavior Habits through Situational Teaching

Xie Chunrong

In the context of the situational teaching theory and the differentiation of three grades of kindergartens, this paper explores such strategies as simulation, role swopping, indirect interaction, teacher-kid cooperation, role model, example-driven and real life practice, and competition to foster kids' good social habits in the three grades.

一、情境教学对培养幼儿社会性行为习惯的作用解析

（一）情境教学的内涵

情境教学理论是全国著名语文特级教师李吉林提出来的。她认为“情境教学是通过创设优化情境，激起儿童热烈的情绪，把情感活动与认知活动结合起来的一种教学模式”①。她强调教师要善于创设情境，在境中做、境中思、境中冶，引导儿童在情境中学习与发展。

在李吉林老师的研究基础上，结合幼儿教育特点，笔者认为：幼儿园的情境教学是指在教学过程中，教师有目的地创设具有一定情绪色彩的、以形象为主体的生动具体情景，以引起幼儿一定的情感体验与活动参与，从而支持幼儿学习，并使幼儿的心理机能得到发展的教学方法。情境教学的核心在于激发幼儿的情感，寓教学内容于生动情境之中。幼儿园的情境教学强调情境具有生活性、趣味性、游戏性、适宜性的特点。

（二）幼儿社会性行为习惯的内涵及指标

所谓社会性是指人在社会化过程中获得的作为一个社会成员所具有的一切心理特征，如情感、性格等。它是个体社会化的内容和结果，并通过人际交往活动体现出来。幼儿的社会性主要表现在幼儿的自我意识、情绪情感、社会适应能力与人际交往等行为。

基于他人的研究，笔者认为幼儿社会性行为是其在交往、互动活动中对他人或某一事件表现出的态度、言语和行为反应。习惯就是人的行为倾向，也就是说，习惯是稳定的，甚至是自动化的行为。社会性行为习惯就是自动化了的社会行为反应。

课题组教师分别对大、中、小班幼儿社会性行为习惯方面进行了调研，并与《3 ~ 6 岁儿童学习与发展指南》《幼儿园教育指导纲要（试行）实施细则》中该方面幼儿发展目标进行对接分解，确定我园亟待培养的幼儿社会性行为习惯，见表 1。

表 1　北京市延庆区第一幼儿园各年龄班幼儿良好的社会性行为习惯表

小　班	中　班	大　班
能友好游戏不争抢玩具	自己的事情尽量自己做，不依赖别人	能够有礼貌地与人交往

① 李吉林 . 构建中国情境教育儿童学习范式 [N]. 中国教师报，2017-11-22.

续表

小　班	中　班	大　班
愿意做自己能做的事情	会用礼貌的方式向成人表达自己的要求和想法	自己的事情自己做，不会的愿意学
在提醒下能够做到不打扰别人	能够遵守各种规则	能够有序地按计划做事
在提醒下爱护玩具等物品	能够节约各种物品	爱护身边环境，节约资源

（三）情境教学对培养幼儿社会性行为习惯的作用

1. 情境教学能够引发幼儿的社会性行为发生

幼儿活泼好动，天性爱玩，教师可以在情境创设中，为幼儿引入游戏教学的情境，激发幼儿学习兴趣，提升幼儿学习积极性，引发幼儿的社会性行为发生。例如，我们开展教学活动“寻宝”，在教学过程中采用情境教学，为幼儿创设寻宝游戏情境，幼儿在众多的听课老师中寻找宝盒，规则是只有有礼貌地向老师表达自己的想法，并询问宝盒的情况，老师才给予帮助，从而让幼儿尽快找到宝盒。幼儿经过两轮寻宝的过程，加深了对交往语言运用的重视，并且学会了文明交往的方法，满足了找到宝盒的愿望，幼儿良好的社会性行为自然而然地发生，养成了良好的习惯。

2. 情境教学能够让幼儿社会性行为贴近实际生活

幼儿的生活经验少，教师可以创设与幼儿生活比较紧密的社会情境，不仅丰富了幼儿的生活经验，还提供了幼儿养成良好行为习惯的机会。如，针对幼儿园要来许多老师参观的情况，我带大班幼儿设计“我是小小接待员”的情境教学，幼儿迎接参观老师的到来，向老师礼貌地打招呼，并进行引路，同时发放参观证，为老师们倒水，还把自己提前做好的礼物送给老师，陪老师聊天，每一个小的情境都需要幼儿文明地与参观老师交往。接待之后，老师和小朋友结合“不愿意喝的一杯咖啡”展开讨论，从而了解在给别人倒水时要先了解对方的需求，然后再行动，在整个情境教学中幼儿明确了在交往中要了解对方的需求，并且礼貌地与人交往。

3. 情境教学能够提供幼儿社会性行为实践体验的机会

幼儿良好的社会性行为需要经过实践、体验、内化的过程，情境教学就为幼儿提供了这样的机会。例如，我们经常带领幼儿走进“超市”“延庆区创城办公室”“世界园艺博览会基地”等地方，让幼儿在情境中发现、辨别、实践、体验，从而知其然亦知其所以然，让充分的认知成为社会行为习惯养成的内动力，在实践体验中内化为行为。应该指明的是，情境教学的一个本质特征是让幼儿自然地融入情境，形成良好的做事行为，内化为习惯。

二、培养幼儿良好社会性行为习惯的情境教学策略分析

利用“境”能激“情”的原理，抓住“境”与“情”之相互关系对教育的作用——境引人、情动人，沿着“由境入情、以情导行”的思路展开教育。

（一）培养小班幼儿良好的社会性行为习惯的常用情境教学策略

1. 假想游戏策略

3、4 岁的幼儿常把自己假想的事情当作真实的事情，易沉迷于想象的情景，把自己当成游戏中的角色。因此教师就充分理解和接纳幼儿的这一特点，创设假想游戏情境，促进幼儿养成良好行为习惯。例如，幼儿在吃水果的时候浪费现象严重，于是，教师采用了“为梨妈妈找宝宝”的假想生活游戏情境。在吃午点前，老师拿起一个香梨神秘地说：“听说，梨妈妈的宝宝不见了，它可真淘气，一定是藏在了梨妈妈的肚子里！”听老师这么一说，孩子们七嘴八舌地说“梨妈妈的肚子里有小梨籽儿，肯定是他们，他们是梨妈妈的宝宝”。说完，孩子们就大口地吃起来，都在寻找着小梨籽儿。“老师，我找到了小梨籽儿，你看！”俊俊第一个吃出了小梨籽儿，高兴地捧在手心里，生怕弄疼了梨妈妈的宝宝。看到有人吃出了小梨籽儿，幼儿的动力更足了，都个个儿不停嘴地吃着，很快小梨籽儿都露了出来，老师赶紧拿来容器，幼儿纷纷把自己吃到的小梨籽儿，轻轻地放到了容器中，小梨籽儿越来越多，而幼儿手中的香梨却越来越小。幼儿把果肉都吃到了肚子里，兴奋地展示着自己的成果。幼儿在为梨妈妈找宝宝的假想游戏情境中，自然地养成不浪费水果的好习惯！

2. 角色扮演策略

3、4 岁的幼儿喜爱童话故事，自己也常生活在童话世界之中。因此，教师要运用这一特点，创设角色扮演游戏情境，使幼儿保持愉快的心境，同时把教育的要求顺利转化成幼儿自身的需求。如刚开学，小班幼儿入园时间比较短，如果我们把各种规则搬出来指导幼儿的行为，小班幼儿会接受不了。因此，我们把行为习惯的培养融入角色。例如，把幼儿当作小火车的车厢，一个接着一个排队；把幼儿当作小汽车，停车

入位坐在自己的小椅子上，不争也不抢；小班幼儿在各种角色扮演的情境中理解游戏和生活中的规则，懂得一个接着一个走，以及养成不争抢小椅子等好习惯。

3. 隐性互动策略

隐性互动策略是指创设静态的情感与信息交流的环境，潜移默化地影响幼儿行为的一种情境教学策略。环境布置中的情境教学即隐性互动。例如，小班幼儿刚来幼儿园不愿意独自如厕，总依赖老师拉手去如厕。为了让孩子养成“愿意做自己能做的事情”的行为习惯，老师把水枪的图案贴到小便池外边，小便池中间弄一个枪眼的图案，孩子们小便时就成了射击手，像是玩打枪的游戏一样，把小便尿到小便池中间部位，这样孩子们就积极主动地自己去如厕了，并能够把小便浇到池子里。通过隐性互动使幼儿养成自己事情自己做的好习惯。

（二）培养中班幼儿良好的社会性行为习惯常用的情境教学策略

1. “大手”拉“小手”策略

中班幼儿喜欢模仿，模仿是幼儿社会学习的重要方式。幼儿社会性的发展是在社会环境的影响下，在与周围成人的交往过程中、通过成人示范逐步实现的。因此，可以采用“大手拉小手”的策略，家、园共同为幼儿创设模仿及与周围成人互动交往的机会，邀请家长助教走进角色游戏情境，向幼儿伸出“一双大手”，拉起幼儿的“小手”。例如，邀请在饭店做服务员的家长示范讲解“宝贝餐厅”的服务工作，了解如何礼貌地招待顾客；邀请当交警的家长讲解如何做个交警，并学习指挥动作和指挥交通的方法，就连如何对违反交通规则的人罚款都进行情境演示，使幼儿真正了解交警的工作，做一个文明的坚守岗位的小交警；我们还邀请当医生的家长讲解如何为病人看病，对如何询问病情及看病的流程进行了情境演示，一边演示一边讲解，使孩子们真正了解了看病过程，以及每个环节的价值，从而有序做好每一件事。通过巧妙利用家长助教的资源，形成大手拉小手的氛围，让幼儿亲身感受礼貌的交往行为、有序的做事方法、物品的合理使用等，使这些良好的社会行为习惯融入各种角色的“工作”之中。

2. “角色”巧“换位”策略

中班幼儿的认知特征是以“自我中心”去认识和感知世界的。他们有着强烈的交往需求，这种需求可以在角色游戏活动中得以实现。因此，教师需要为幼儿创设角色换位的交往合作的游戏氛围，促进幼儿社会性行为习惯的发展。例如，幼儿在观察家长助教进行的角色游戏后，需要进行角色换位体验，需要更多的自我尝试体验的情境，感受角色的特点，通过扮演各种角色，以自己的想象来模拟现实生活中的人和事物，并运用象征性思考方式表现角色行为。幼儿成为角色游戏情境中的“工作人员”，家长助教成了“顾客”，孩子把自己看到的、学到的、想到的内容运用到“工作”之中，家长作为参与者，用自己的亲身感受反馈幼儿的行为表现，从而幼儿主动调整自己的行为。幼儿与同伴及成人之间进行角色换位，互相体验彼此的服务与沟通交流，感受自己行为的适宜性，从而内化自己的行为，形成独立而友好的做事习惯。

（三）培养大班幼儿良好的社会性行为习惯的常用情境教学策略

1. 榜样导向策略

榜样在幼儿社会性行为发展过程中起着一种示范性作用，会使幼儿通过观察、模仿别人的态度、行为，内化成一定的价值观，形成一定的行为习惯，儿童接触的人都可成为儿童学习的榜样。榜样更具有直观性、形象性，符合幼儿学习和思维特点。例如，我们邀请海军战士走进课堂，创设榜样导向的情境教学，孩子们看到精神抖擞的战士，便向他们提出感兴趣的问题，结合幼儿的问题，我们及时带领孩子们走进部队，为幼儿展现了真实的海军生活和训练时的情境，海军成为幼儿学习的榜样。在观察和学习海军战士整理床铺、洗漱、操练等活动中，幼儿决定要向叔叔阿姨学习，并且练习本领，挑战叔叔阿姨。他们挑战叠被子、快速洗漱、整齐走步，并且能够按计划做事，在幼儿园和家里能够做到自己的事情自己做，最终用质量和时间挑战海军叔叔阿姨，并且在家庭和幼儿园生活中不断练习与强化，这种情境的创设，为幼儿提供了向榜样学习的机会和平台，像榜样一样行动与思考，使幼儿更愿意学做事，并形成做事的好习惯。

2. 生活演练策略

《幼儿园教育指导纲要（试行）》指出：“幼儿园应为幼儿提供健康、丰富的生活和活动环境，满足他们多方面发展的需要，使他们在快乐的童年生活中获得有益于身心发展的经验。”同时，奥苏伯尔的意义学习理论、罗杰斯的非指导学习理论、布鲁纳的发现学习理论等，都主张重视儿童从生活中学习，杜威的进步主义教育思想也重视儿童的“生活世界”。因此，为了拓宽幼儿视野，我们经常带领孩子们走出幼儿园，走入幼儿更广阔的生活空间，来到周边社区、公共场所以及市区参加活动，每次活动我们都把社会性行为习惯目标渗透其中，创设适宜的生活情境，提供幼儿演练的机会，并在过程中关注幼儿的行为、分辨行为的适宜性，并且把实践活动中出现的问题记录下来。例如，在走进商场调查包装上的秘密情境中，商店的阿姨怎么都不理睬星星，老师就把星星的表现用相机录了下来，并现场讨论：“为什么阿姨不理睬星星？”孩子们通过观察讨论了解了原因，最主要的就是星星讲话时声音太大，说话不礼貌。（因为老师与商场阿姨提前进行了沟通，只有孩子们有礼貌地讲话和提问，阿姨才进行解释）明确了原因和做法后，孩子们就能进行礼貌的提问与交流活动，亲自感受礼貌交往在生活中的重要，从而愿意有礼貌地做事。

3. 竞赛助推策略

大班幼儿喜欢竞赛，竞赛能够调动幼儿更高的参与活动的积极性。所以在集体教学活动中我们经常会创设小组竞赛的情境，为幼儿提供互相合作、计划做事的机会，感受团队共赢的快乐，从中养成计划做事的好习惯。例如，我们设计“美丽的夏都公园”主题活动，通过各种实践活动丰富幼儿的感性经验，了解夏都公园的秘密，以及如何保护夏都公园等。为了和幼儿一起梳理并整理零散的实践经验，我们创设了小组竞赛情境，并开展“美丽的夏都公园 PK 赛”。每个小组 5 人，共同研讨、计划如何展示自己眼中的美丽夏都公园，方式、内容都由小组人员共同决定完成，时间为 1 个小时，看哪个小组介绍得最细致、清楚、完整。

当老师提出小组进行比赛时，孩子们做事的积极性更高了。他们马上分好了小组开始设计计划，并互相分工做事，把每个小朋友看到的、想到的、做到的都运用图示或者照片等进行表现，为交流介绍作好准备。他们之间的合作与分工，以及有计划地做事已不再需要老师提醒了，因为那是他们要快速完成任务所必须做到的。他们完成任务后进行交流介绍，不仅把夏都公园的样子和如何保护夏都公园表达出来，还把他们如何协商合作共同计划做事的方法都表达出来了，感受了团队合作共赢的快乐，小组竞赛助推了幼儿良好行为习惯的形成。

三、效果分析

通过一学年的行动研究，我园幼儿在社会性行为习惯方面获得了充分的发展，下面是前后测的量化结果对比表（见表2）。

表2 北京市延庆区第一幼儿园社会性行为习惯前后对比表

小 班			中 班			大 班		
	前	后		前	后		前	后
1. 能友好游戏，不争抢玩具	15%	85%	1. 自己的事情尽量自己做，不依赖别人	24%	88%	1. 能够有礼貌地与人交往	18%	95%
2. 愿意做自己能做的事情	10%	87%	2. 会用礼貌的方式向成人表达自己的要求和想法	25%	95%	2. 自己的事情自己做，不会的愿意学	15%	87%
3. 在提醒下能够做到不打扰别人	13%	95%	3. 能够遵守各种规则	32%	96%	3. 能够有序地按计划做事	10%	87%
4. 在提醒下爱护玩具等物品	16%	89%	4. 能够节约各种物品	26%	89%	4. 爱护身边环境，节约资源	15%	92%

通过以上表格可以看出，在研究过程中幼儿发生了很大的变化，尤其是在边研究边检验的过程中发现了幼儿良好社会性行为习惯在情境教学中的自然习得，并在日常生活中表现出来，得到了家长和社会的认可。

在研究过程中，我们重点强调了以下五点：

（1）依据幼儿的年龄特点创设情境，采用系统的、循序渐进、持之以恒的社会性行为习惯教育，达到良好的教育效果。

（2）依据幼儿社会领域学习的特点，为幼儿创设各种情境，让幼儿在情境中体验学习，感受社会性行为习惯的重要意义，知其然亦知其所以然，从而内化为习惯。

（3）采用计划与随机生成相结合的方式，创设适宜情境，把情境中蕴含的目标与教学目标相结合，助推幼儿良好社会性行为习惯的养成。

（4）融入多种资源，包括家长及社会人员的资源融入，同时包括幼儿园及家庭和社区等物质资源的利用，形成家、园、社一体化的情境体验空间。

（5）强调在社会行为方面的知、情、意、行相统一，形成幼儿需求驱动，避免片面强调“行”，让良好社会性行为自然发生，从而形成习惯。

导师点评

本研究针对当前幼儿在社会性行为习惯培养方面的不足，借鉴情境教学的精髓，利用“假想游戏”“角色扮演”“大手拉小手”“榜样示范”“生活演练”等情境教学策略，支持幼儿良好社会行为习惯的养成。在“境引人”“情动人”“由境入情”“以情导行”的过程中，帮助幼儿感知、体验、内化各种行为规范、社会规则以及社交礼仪等，取得了良好的效果。

通过情境教学培养幼儿良好的社会行为习惯的过程，实则是抓住了幼儿思维的直观形象性特点，以及幼儿学习过程的无意注意和有意注意交互协调的特点，力求以形象、具体、生动的场景，使幼儿产生身临其境的感觉，并通过环境暗示的作用，激发幼儿的无意识活动和积极的情绪情感的产生，以服务于幼儿的意识活动的过程；是使幼儿在一个由教师精心设计的、优化了的学习环境中，获得自我意识的萌芽，良好社会情感的产生，以及社会适应与人际交往能力的提升，从而最终促进幼儿自立、自主、自爱的人格品质的形成和发展，从一个自然人逐步过渡到社会人的过程。这一过程，对儿童的身心发展和生命成长来说，意义深远。

（点评导师：北京教育学院副教授　陈晓芳）

主要参考文献

[1] 徐优．幼儿园情境教学的运用研究 [D]. 重庆：西南大学，2012.

[2] 周念丽．学前儿童发展心理学 [M]. 上海：华东师范大学出版社，2011.

[3] 王萍 .3 ~ 6 岁儿童学习与发展指南解读 [M]. 长春：东北师范大学出版社，2013.

[4] 林崇德，张文新．认知发展与社会认知发展 [J]. 心理发展与教育，1996（1）.

[5] 孙云晓．教育就是培养好习惯 [M]. 南京：江苏教育出版社，2007.

[6] 李吉林．构建中国情境教育儿童学习范式 [N]. 中国教师报，2017-11-22.

后 记

Afterword

为使命而学 为发展而改

Learning for Mission and Reforming for Development

北京教育学院 陈丽

延庆，京郊大地一颗璀璨的明珠，2019年世界园艺博览会在这里光辉绽放，2022年冬奥会将在这里迎接四海宾朋，延庆区已经一步步从北京的后花园迈向国际一流生态文明示范区，将惊艳地展现在世界人民面前。延庆教育在这一历史机遇期要担当起助推器、加速器作用，这是国家与市区领导、延庆人民的期待与要求。正如时任延庆区教委主任魏旭斌在北京市延庆区“双名工程”启动会上指出：延庆区的总体定位与发展机遇为延庆区教育提供了独特的外部环境与内生动力，也对延庆区的教育提出了更大的挑战与更高的要求。延庆区“双名工程”是迈向伟大理想与崇高梦想的过程，承载着学校、市区乃至国家的寄托。

为贯彻落实人才强教战略，培养一支与延庆教育事业和经济社会发展相适应的干部教师队伍，培养一批有知识、会教书，有思想、能研究，懂专业、善育人的专家型教师；培养一批教育思想先进、理论素养扎实、创新能力突出、特色风格鲜明的专家型校长。延庆区教委委托北京教育学院启动了同时培养名校长和名师的“双名工程”。

延庆区“双名工程”，有着“五高”的特点：高起点（本着公正、平等、择优的原则，经过申报、推荐、面试、审核等环节，共有10位校长与10位教师脱颖而出，成为延庆区“双名工程”的学员）、高期望（期待成为北京市名校长、名师，成为首都基础教育领军人物）、高要求（学员在2年研修中有突破性成长，学校或教学有较大发展与提升）、高成果（学员实践成果与理论成果并重）、高支持（区教委政策与资金支持、市级“双导师”智力支持）。北京教育学院领导高度重视这样一个“五高”的“双名工程”，在何劲松院长的直接领导下，北京教育学院交流培训中心主任陈丽教授作为项目负责人，进行周密组织，精心设计。延庆区“双名工程”实行双导师制，项目组组建了一批（22 名）在北京市乃至于在全国有影响力的市级导师专家团队，为每位学员配备一名理论导师（要求理论导师有高度、接地气、有亲和力）与一名实践导师（要求实践导师有思想、有建树、有影响力）。

经过近一年的筹备，2017 年 1 月 11 日，延庆区“双名工程”启动仪式在区教委隆重开幕。时任中共延庆区委常委、宣传部部长祁金利、北京教育学院副院长汤丰林、时任中共延庆区委教工委书记王建军、时任延庆区教委主任魏旭斌、时任延庆区政府教育督导室主任闫利宽、北京教育学院交流培训中心主任陈丽、中共延庆区委教工委副书记王秦生、延庆区教委副主任张平、“双名工程”的导师们、学员们出席会议，正式开启了砥砺前行的两年研修之旅。

延庆区“双名工程”的设计基于对名校长、名师之名的思考。子曰：德薄而位尊，智小而谋大，力小而任重，鲜不及矣。”所以，我们理解的名校长、名师之名要名在立德、立功、立言上。立德，是指名校长名师要名在道德修养上，不仅是一般的道德修炼，还要修炼教育家情怀、视野与心胸，“德不配位，必有灾殃”。立功，是指名校长、名师要名在实践创新上，要有创新性、实效性、示范性的管理或教学实践，“能不称其位，其殃必大”。立言，是指名校长、名师要名在思想引领上，要形成具有前瞻性、系统性、深刻性的教育教学管理思想。

基于这种思考，设计两年的名校长、名师修炼之旅，以行动改进研究为主线，整合理论专题报告、实践导师学校跟岗学习、考察观摩、自学读书、交流展示等多种研修方式，形成学习线、研究线与展示线“三线交织”研修模式，开展了丰富多彩的修德、修道、修术①活动，不断提升学员站位高度、视野宽度、认识深度与工作实效度②。

① 北京教育学院汤丰林副院长在延庆区“双名工程”启动仪式上希望学员们不断地修德、修道、修术，提升自我。

② 北京教育学院钟祖荣副院长在延庆区“双名工程”第一学期阶段总结会上，肯定了学习状态兴而奋、学习形式多而活、学习效果实而达之后，对学员们提出要不断提升站位高度、视野宽度、认识深度与工作实效度的要求。

行动研究，助推发展

名校长名师的培养，其核心方式是行动研究。延庆区“双名工程”的行动研究强调三点，一是学员工作改进性研究，即对校长的学校管理与教师的教学实践需要突破的重大问题进行改进研究；二是团队合作性研究，即校长带着学校研究团队、教师带着志同道合者、同一导师的学员间、导师与学员间的团队合作研究；三是总结提炼式研究，践行着“反思—改进—提炼”的实践逻辑。[①]

延庆区“双名工程”行动研究遵循着统一要求与个性化研究相结合的原则。项目组进行统一的行动研究要求管理，如课题性质要求、时间节点要求、节点成果与标准要求，并对重大的时间节点组织交流与指导活动，如举行统一的开题论证会、阶段性总结交流会、论文撰写集中指导会、成果展示活动等，这样的统一要求保证了研究进度与研究质量。

各学员在导师尤其是理论导师的指导下，按照项目组的统一时间与标准要求，开展规范性行动研究，经过选题及课题方案撰写、开题报告与论证、过程性研究与阶段性总结、研究成果提炼与撰写等几个阶段。这种个性化研究过程，激发了学员与导师的主体性、积极性，使延庆区“双名工程”的行动研究活动丰富多彩。学员在研究中，改进了工作，提炼了办学思想（教学思想），推动了学校变革创新，形成了延庆教育经验。“当一个人一心一意做好事情的时候，他最终是必然会成功的。”

在行动研究过程中，导师们不负重托，精心指导。导师的“导”体现在导理论、导思路、导方法、导成果、导资源。非常感谢 22 位导师在学员研究过程中的付出与贡献！

名校长名师要“立言”，本书是延庆区“双名工程”学员们“立言”成果的集中体现。为进一步提炼校长的办学思想，提炼教师的教学创新经验，为进一步提升学员们的论文撰写能力与学术规范，使名校长名师也能够在行动研究方面发挥示范作用，项目负责人陈丽教授用了近三个月时间对每篇论文进行细致地指导与具体地修订，少

① 陈丽. 建构个性 追求品质——首都高中校长的特色建设之旅 [M]. 重庆：重庆大学出版社，2013：3-4.

则修订四五遍，多则修订十来遍，在一遍遍的修订过程中，学员们不断审视自己的实践，不断学习有关理论，逐步清晰了逻辑，提炼了观点，形成了思想，学会了严谨的表达方式。

本书仅仅是项目组集中推出学员的一项理论性研究成果，在两年的行动研究过程中，据不完全统计，延庆区名校长、名师们撰写论文 92 篇，其中公开发表论文 26 篇；获得市区级及以上科研奖 63 项。

跟岗学习，榜样示范

延庆区“双名工程”为每位校长、教师配备了一名在北京市非常有影响力的专家型校长、教师作为实践导师，如北京二中的钮小桦校长、北京二十一世纪国际学校范胜武校长、北京小学的李明新校长、北京海淀区翠微小学的许培军校长、小学数学特级教师北京小学于萍副校长、小学体育特级教师北京中关村三小郭金贵副校长等，这些实践导师，不仅办学或教学业绩突出，而且形成了独特的办学思想或教学思想。榜样在人的成长中至关重要，人在成长过程中需要寻找一个高手榜样并学习（学习导师的办学或教育思想与追求、学习导师的办学或教学经验与智慧、学习导师的人格魅力与境界），“鸟随鸾凤飞腾远，人伴贤良品自高”。然后学会像榜样一样思考与行动。最后希望超越榜样，也就是所谓的“青出于蓝而胜于蓝”。

我们的实践导师都是有大格局、大情怀、大智慧、大追求的教育家，他们精心安排为期一周的集中跟岗学习，耐心指导学员办学（教学）实践，与学员建立密切的合作关系，开放学校资源等，用自身行动很好地诠释什么是“名校长”“名师”，什么是“教育家”。亚里士多德说过：每天反复做的事情造就了我们，然后你会发现，优秀不是一种行为，而是一种习惯。深度跟岗学习，学员们从导师身上学到了一些优秀的习惯与品质。

考察观摩，互动提升

人的成长是在不断拓宽视野中进行的。虽然读书、听报告是增加见识的重要方式，但对于成人而言，考察观摩更是一种深受欢迎的方式，正如刘勰在《文心雕龙》中所言“操千曲而后晓声，观千剑而后识器。故圆照之象，务先博观”。根据研修需要，“双名工程”项目组在方案设计中安排学员到市级名校参访观摩。两年多的时间，学员们走进了清华附中国际部，领略了教育国际化风采；走进了中关村一小，领悟刘畅校长“尊重差异，开发潜能，一切为了孩子的健康发展”的办学思想；走进了北京正泽学校，感受李烈校长打造的“中国底蕴、世界眼光、面向未来”的民办学校；走进了北京顺义国际学校，体会国际学校在办学中的严谨、开放；走进了怀柔区实验小学，了解综合实践活动课程的顶层设计；走进了成都市一批名校，如电子科技大学附小、成华区熊猫路小学、武侯区实验学校、武侯区棕北中学等，进行观摩考察，学习了成都的教育经验，不一样的文化、不一样的教育让学员们深受启发。除了项目组集中安排外，各位导师也充分利用自身资源，为学员们提供了多样化的观摩学习活动。校长、老师在与同行的交流中，拓展了视野，碰撞了智慧，展现了风采。

理论学习，解惑释疑

延庆区很重视校长、教师的培训活动，每年为校长、教师们提供了较多聆听报告的机会。因此，在设计理论学习时采取的策略是：少而精，针对性与生成性相结合，项目组集中安排与导师个性安排相结合，专题报告与自学读书相结合。在启动仪式上，北师大教授、北师大昌平附属学校校长程凤春的“办人民满意的教育”报告拉开理论学习的序幕，之后项目组跟进研修需求，统一安排了北师大赵德成教授主讲“提升教学领导力”、北京教育学院李春山教授主讲“行动改进式课题研究注意事项”、《中小学管理》杂志社柴纯青社长主讲“学校课程建设”、北京教育学院吴欣歆教授主讲“教学思想提炼”、成都武侯实验学校原校长李镇西主讲“用一生的时间去寻找那个让自己吃惊的我”、北京教育学院外聘专家Gord Phillips主讲“以学生为中心的教学领导”等。这些报告对校长、教师在行动研究中出现的共性问题进行理论分析与案例研究，为学员解惑释疑，很有针对性。在此过程中，各位导师尤其是理论导师还充分发挥自己的资源优势，为校长、教师提供学习的机会，搭建学习平台，提升学员理论学养。

同时，延庆区“双名工程”强调“自学读书”。一个人的气质里藏着他读过的书，

“胸藏万卷凭吞吐”“腹有诗书气自华”。读书是一个人成长的重要路径。理论导师根据学员研修需要，每学期指定一本必读、精读的书目，提供3～5本泛读书目供学员学习，还要求学员撰写读书收获，旨在培养学员养成泛读与精读结合、读书与反思结合、读书与研究结合的良好习惯，也为学员的行动研究提供理论支撑。

展示交流，区域引领

名校长名师要能够、要乐于担负区域示范引领作用，发挥更大的影响力，为区域教育发展作更大的贡献。因此，延庆区“双名工程”设计了“展示线”，把展示交流作为重要研修方式。为此，一方面需要进行“区域引领”能力修炼，一方面进行“区域引领”平台搭建。

教师的“区域引领”一是体现在教学示范，二是体现在先进教学思想的引领，这两者也往往交织在一起。基于老师们的行动改进研究课题，导师们一方面指导学员提炼教学思想，一方面指导学员做研究课、公开课，进行磨课指导。10位名师都在延庆区做区级研究课；2位名师在成都市两所小学进行同课异构展示；9位名师举行了专场名师风采展示活动。另外，各位导师还利用自身资源支持教师在北京市乃至于在全国举行展示交流活动。如赵起云老师在陈雁飞教授的引导下，到广西忻城县进行了为期一周的现场培训与指导，录制了“国培计划专项培训”视频课。

校长的区域引领主要体现在办学思想与智慧的引领上。基于校长们的行动改进研究课题，导师们指导校长进一步提炼办学思想，总结办学经验，搭建展示平台，发挥示范引领作用。6位校长举行了专场办学实践展示活动，延庆区与河北保定市200多位校长参与学习；段金星校长与纪桂武校长在2018年京津冀小学校长办学特色研讨会上作了主题发言。

延庆区“双名工程”两年多的运行，取得一系列成果，是多方努力的结果，所以，作为项目负责人我要借此机会表示谢意！

感谢延庆区教育工委与教委的高度信任与大力支持！时任延庆区教委主任魏旭斌对该项目高度重视。无论是项目立项，还是项目实施过程，魏主任都亲自指导，全程关注，多次深入，体现了一位战略型领导的高瞻远瞩与对名校长名师群体成长的殷殷期盼！在魏主任的带领下，时任区委教工委书记王建军、副书记王秦生、延庆区政府教育督导室主任闫利宽、延庆区教委副主任张平等一批领导都非常关心该项目的运行，给予了大力支持。

感谢延庆区“双名工程”导师们的倾心指导与智慧贡献！两年来，导师们高超的教育智慧、高度的教育责任、先进的教育理论指导着、影响着延庆区名校长名师们以小汇大，不断突破！

感谢延庆区“双名工程”学员们的高度投入与不断自我超越！他们担负着引领延庆教育发展的使命要求，为使命而学，为发展而改。两年来，学员们克服工学矛盾，书写了一个个精彩的、感人的研修故事，一步步实现魏主任提出的“要像凤凰涅槃一样，由经验型校长教师成长为专家型校长教师，由区级名师名校长发展为市级名师名校长，引领延庆区教育优质发展，为延庆区孩子们的成长带来更美好的教育”①的目标。

感谢北京教育学院领导与专家的大力支持！延庆区“双名工程”是北京教育学院携手区域、服务区域的一个成功案例。何劲松院长作为该项目的开创者、设计者、指导者，全程关注、指导着项目运行。北京教育学院原党委书记杨公鼎、副院长钟祖荣、副院长汤丰林、院长助理董萍也参与活动，进行方向引领，活动指导，激励众人前行！北京教育学院一批优秀的专家如陈雁飞教授、杨雪梅教授、刘加霞教授、柴纯青社长、李春山教授、吴欣歆教授、王远美副教授、林泰然副教授、陈晓芳副教授等或作为理论导师，或作为培训专家进行智慧引领，展现了北京教育学院名师风采！

感谢北京市教委领导的关心指导！作为市区联手探索名校长名师培养模式的延庆区“双名工程”，一直得到市教委领导的高度重视与关心。虽然李奕副主任在前往延庆区“双名工程”启动仪式的路上因临时有事未能出席启动仪式，大家也能感受到市教委的关心、关爱与期待。在延庆区“双名工程”成果展示会上，市教委人事处副处

① 这是时任北京市延庆区教委主任魏旭斌在2018年1月11日延庆区“双名工程”年度总结会上的讲话，反映出魏主任对各位学员的殷殷期盼。

长邓永卫高度肯定这种市区合作培养名校长名师的做法，同时也对学员们提出希望，要在立德树人、弘扬高尚师德、学术专业发展、教育深综改等方面起模范带头作用。

感谢北京教育学院李小川老师对本书每篇文章的英文摘要的校对！感谢北京教育学院国际合作与交流处处长王振先对整本书英文部分的校对！

感谢重庆大学出版社编辑唐启秀老师的大力支持与细致指导！

“一朵花的美丽在于它曾经凋谢过”（[德]马丁·海德格尔），一个人的成长在于他曾经奋斗过。各位肩负使命，心怀梦想，坚定信念，在教育现代化之路上开始新的征程，担负起引领延庆区教育优质发展、为孩子们创造美好明天的使命！期待芳华绽放，贡献更多的经验！